Intervention nach häuslicher Gewalt

Clarissa Sammut Scerri · Arlene Vetere ·
Angela Abela · Jan Cooper

Intervention nach häuslicher Gewalt

Therapie für Paare und Familien

Springer

Clarissa Sammut Scerri
Department of Family Studies
University of Malta
Msida, Malta

Angela Abela
Department of Family Studies
University of Malta
Msida, Malta

Arlene Vetere
VID Specialized University
Oslo, Norwegen

Jan Cooper
Reading Safer Families
Reading, Berkshire, UK

ISBN 978-3-031-47949-6 ISBN 978-3-031-47950-2 (eBook)
https://doi.org/10.1007/978-3-031-47950-2

Die Deutsche Nationalbibliothek verzeichnet diese Publikation in der Deutschen Nationalbibliografie; detaillierte bibliografische Daten sind im Internet über https://portal.dnb.de abrufbar.

Dieses Buch ist eine Übersetzung des Originals in Englisch „Intervening After Violence“ von Clarissa Sammut Scerri, publiziert durch Springer Nature Switzerland AG im Jahr 2017. Die Übersetzung erfolgte mit Hilfe von künstlicher Intelligenz (maschinelle Übersetzung). Eine anschließende Überarbeitung im Satzbetrieb erfolgte vor allem in inhaltlicher Hinsicht, so dass sich das Buch stilistisch anders lesen wird als eine herkömmliche Übersetzung. Springer Nature arbeitet kontinuierlich an der Weiterentwicklung von Werkzeugen für die Produktion von Büchern und an den damit verbundenen Technologien zur Unterstützung der Autoren.

Planung/Lektorat: Wiebke Wuerdemann
Springer ist ein Imprint der eingetragenen Gesellschaft Springer Nature Switzerland AG und ist ein Teil von Springer Nature.
Die Anschrift der Gesellschaft ist: Gewerbestrasse 11, 6330 Cham, Switzerland

Wenn Sie dieses Produkt entsorgen, geben Sie das Papier bitte zum Recycling.

Inhaltsverzeichnis

Über die Autoren

Dr. Clarissa Sammut Scerri ist Leiterin der Abteilung für Familienstudien an der Universität Malta. Sie ist eine registrierte Beratungspsychologin, Familientherapeutin und systemische Supervisorin. Ihre Doktorarbeit mit dem Titel „Leben mit Widersprüchen von Liebe und Missbrauch: eine Grounded Theory des Verständnisses von Frauen über ihre Erfahrungen mit häuslicher Gewalt" suchte das Verständnis der Komplexität des Lebens in einer Familie, in der es Gewalt gibt, zu erhellen und zu vertiefen. Sie hat ihre Forschung auf verschiedenen lokalen und internationalen Konferenzen vorgestellt. Einer ihrer Artikel: „Ethische Dilemmata eines Klinikers/Forschers, der Frauen über ihre Kindheitserfahrungen mit dem Zeugen häuslicher Gewalt interviewt", wurde von dem WAVE-Netzwerk, Frauen gegen Gewalt, für den Corinna Seith Preis nominiert. Dr. Sammut Scerri ergänzt ihre Lehre und Forschung mit klinischer Praxis und Supervision im Feld, einschließlich einem Team von Sozialarbeitern, die mit Männern arbeiten, die in ihren intimen Beziehungen gewalttätig sind. Dr. Sammut Scerri schrieb Kap. 1 und 2 in diesem Buch.

Arlene Vetere, FBPsS, FAcSS ist Professorin für Familientherapie und systemische Praxis an der VID Fachhochschule, Oslo, Norwegen; Gastprofessorin für klinische Psychologie an der Universita degli Studi, Bergamo, Italien; und assoziierte Professorin für Familienstudien an der Universität Malta. Arlene lebt in Großbritannien, wo sie als klinische Psychologin, systemische Psychotherapeutin und systemische Supervisorin registriert ist. Vor zwanzig Jahren gründete sie ‚Reading Safer Families', einen Dienst zur Intervention bei familiärer Gewalt, zusammen mit Jan Cooper. Sie haben ausführlich über ihren Ansatz zur Sicherheit und sicheren therapeutischen Praxis mit Einzelpersonen, Paaren und Familien veröffentlicht. Arlene hat auch einen narrativen Bindungsansatz zur systemischen Praxis entwickelt, zusammen mit Rudi Dallos, der weit verbreitet veröffentlicht wurde. Arlene hat Kap. 3 und 4 zusammen mit Jan Cooper in diesem Buch verfasst; und schrieb Kap. 5 und 7.

Angela Abela ist Professorin und Gründungsleiterin der Abteilung für Familienstudien an der Universität Malta. Als klinische Psychologin, Familientherapeutin und systemische Supervisorin arbeitet sie mit Paaren, Kindern und ihren Familien und betreut Teams von Praktikern, die mit gefährdeten Familien arbeiten. Sie leitet das Nationale Zentrum für Familienforschung der Stiftung des Präsidenten von Malta für das Wohlergehen der Gesellschaft und ist Beraterin für die maltesische Regierung und die ständigen Ausschüsse für soziale und familiäre Angelegenheiten im Parlament. Als Expertin für den Europarat arbeitete sie an der *Politik zur Unterstützung positiver Elternschaft* und ist Hauptautorin der Strategischen Politik für positive Elternschaft für Malta, die 2016 eingeführt wurde. Sie hat umfangreich veröffentlicht und ist stellvertretende Herausgeberin von *Klinische Kinderpsychologie und Psychiatrie,* internationale Beratungsredakteurin von *Zeitgenössische Familientherapie* und ist im Redaktionsbeirat von *Children Australia.* Angela schrieb Kap. 6, 8 und 9 in diesem Buch.

Jan Cooper ist eine ehemalige psychiatrische Sozialarbeiterin und systemische Psychotherapeutin, die derzeit eine nichtklinische Zulassung beim United Kingdom Council for Psychotherapy in Großbritannien hat. Vor zwanzig Jahren gründete sie ‚Reading Safer Families', einen speziellen Dienst zur Intervention bei familiärer Gewalt, zusammen mit Arlene Vetere. Sie haben ausführlich über ihren Ansatz zur Sicherheit und sicheren therapeutischen Praxis veröffentlicht, wo Gewalt ein Anliegen ist. Derzeit konzentriert sich Jan auf das Schreiben und die Ausbildung zu ihrer Sicherheitsmethodik. Jan hat Kap. 3 und 4 zusammen mit Arlene Vetere in diesem Buch verfasst.

Kapitel 1
Wenn die Gewalt aufhört: Unterschiedliche Beziehungen und verschiedene Formen von Gewalt in der Familie

Physische und emotionale Gewalt ist in Paar- und Familienbeziehungen weit verbreitet (Amt für nationale Statistik UK 2014). Es gibt viele gängige Bücher darüber, wie man das Risiko zukünftiger Gewalt in Familien einschätzt und therapeutisch eingreift, um Familienmitgliedern zu helfen, die Gewalt zu beenden, einschließlich des Buches von einer der gegenwärtigen Autorinnen (Hamel und Nicholls 2006; Hamel 2005; Cooper und Vetere 2005). Es wird jedoch weniger darüber geschrieben, wie man Paaren und Familien hilft, nachdem die Gewalt aufgehört hat.

Viele Paare und Familien möchten nach dem Ende des gewalttätigen Verhaltens zusammenbleiben. Sich mit dem Erbe der Gewalt auseinanderzusetzen, oft auch mit intergenerationeller Gewalt und Trauma, ist sowohl für Familienmitglieder als auch für Therapeuten eine Herausforderung und komplex.

Heilung und Beziehungsreparatur sind der Schwerpunkt dieses Buches. Nach unserer Erfahrung nimmt dieser Aspekt der Arbeit genauso viel, wenn nicht mehr, therapeutische Zeit in Anspruch wie die Hilfe die Gewalt zu beenden. Die Konsolidierung von Veränderungen, der Aufbau von zwischenmenschlichem Vertrauen, die Unterstützung einer befriedigenderen Bindung und effektives Problemlösen beginnt mit der Bewertung und Intervention, aber dieses Buch ist der therapeutischen Arbeit mit den Nachwirkungen gewidmet – und dem Umgang mit ungelösten Verlusten, Enttäuschungen und Verletzungen, maskierten Traumareaktionen, Entwicklungsstörungen, Problemen des relationalen Selbstwertgefühls, der Affektregulation und der Unterstützung nachhaltiger Bewältigungsstrategien und des Gebens und Empfangens von mitfühlendem Trost und Pflege. Diese Aspekte der therapeutischen Arbeit sind der Schwerpunkt dieses Buches. Dies beinhaltet unweigerlich eine umfangreiche Zusammenarbeit mit dem professionellen Netzwerk, das sich mit dem Paar und/oder der Familie und ihren erweiterten Familienmitgliedern befasst.

Die vier Autorinnen bringen jeweils eine besondere Perspektive in dieses Buch ein. Clarissa Sammut Scerri hat eine Grounded-Theory-Ph.D.-Studie über die

C. Sammut Scerri et al., *Intervention nach häuslicher Gewalt*,
https://doi.org/10.1007/978-3-031-47950-2_1

Erinnerungen maltesischer Frauen an die Auswirkungen von häuslicher Gewalt in ihrer Kindheit und die anhaltenden Entwicklungs- und Beziehungsauswirkungen in ihrem Erwachsenenleben abgeschlossen (Sammut Scerri 2015). Angela Abela hat umfangreiche Forschungsstudien über Paarbeziehungen in Bezug auf Elternschaft und Unterstützung in einer sich verändernden Welt durchgeführt (Abela und Walker 2013). Arlene Vetere hat zusammen mit Jan Cooper ein spezialisiertes Familien- und Paargewaltinterventionsprojekt in Großbritannien geleitet (Cooper und Vetere 2005). Die vier Autorinnen teilen das Engagement für sichere therapeutische Arbeit mit Paaren und Familien, bei denen Gewalt ein Thema ist, und für die Unterstützung der Entwicklung von Vertrauen und emotionaler Sicherheit in Familienbeziehungen. Drei Autorinnen sind angewandte Psychologinnen, während die andere Sozialarbeiterin ist. Alle vier Autorinnen sind außerdem systemische Psychotherapeutinnen.

Der übergeordnete theoretische Rahmen dieses Buches ist systemisch und integrativ und bezieht sich auf Familiensysteme und Bindungstheorie (Dallos und Vetere 2009), Traumatheorie und die komplexe posttraumatische Belastungsstörung (=PTBS oder engl. PTSD; Ford et al. 2005; Van der Kolk 2014), narrative Theorie (Bruner 1990), feministische Theorie (Goldner 1998, 1999), Theorie von Resilienz- und posttraumatischem Wachstum (Morris et al. 2005), und eine Lebensspannenperspektive (Band-Winterstein und Eisikovits 2009) – und berücksichtigt Theorien des Reflective Functioning und ihrer Anwendung in der Arbeit mit Paaren und Familien (Asen und Fonagy 2012). Dies spiegelt die integrative Haltung der Autorinnen in Bezug auf die Verknüpfung von Theorie und Praxis in ihrer therapeutischen Arbeit mit Paaren und Familien wider. Jedes Kapitel wird die relevanten und verfügbaren Forschungsergebnisse für die therapeutische Praxis überprüfen.

In diesem Kapitel betrachten wir verschiedene Formen von Familienbeziehungen und verschiedene Formen von Gewalt in diesen Beziehungen. Wir bringen aktuelle Theorie und Literatur nicht nur über Gewalt in intimen Partnerschaften zusammen, sondern auch über Gewalt zwischen Geschwistern und Gewalt von Kindern gegenüber ihren Eltern. Wir verwenden klinische Anekdoten und Forschung auf diesem Gebiet, um einige der komplexen Familienstrukturen zu veranschaulichen, mit denen Familienmitglieder leben und mit denen Gesundheits- und Sozialfachleute zu kämpfen haben, wenn sie mit Familien arbeiten, nachdem die Gewalt aufgehört hat (DeVoe und Smith 2002; Mullender et al. 2002; Perel und Peled 2008; Sammut Scerri 2015).

Die Definition von häuslicher Gewalt, die wir in diesem Buch verwenden, ist diejenige, die vom Europarat (2011) auch als Istanbul-Konvention bekannt ist: „Alle Handlungen körperlicher, sexueller, psychischer oder wirtschaftlicher Gewalt, die innerhalb der Familie oder des Haushalts oder zwischen früheren oder derzeitigen Eheleuten oder Partnerinnen beziehungsweise Partnern vorkommen, unabhängig davon, ob der Täter beziehungsweise die Täterin denselben Wohnsitz wie das Opfer hat oder hatte".

Wir haben diese Definition gewählt, weil: (a) sie alle Formen von Gewalt anerkennt, einschließlich psychologischer Gewalt und auch Gewalt von Kindern gegenüber Eltern; (b) sie geschlechtsinklusiv ist; (c) sie Beziehungen in einem familiären Kontext, sowohl in der Vergangenheit als auch in der Gegenwart, berücksichtigt; und (d) sie explizit Fragen der Macht und Kontrolle in den Gewaltakten erkennt.

Wir möchten auch die folgende Definition von häuslicher Gewalt durch den Europarat hervorheben (1986):

> Jede Handlung oder Unterlassung, die innerhalb des Rahmens der Familie von einem ihrer Mitglieder begangen wird und das Leben, die körperliche oder psychische Integrität oder die Freiheit eines anderen Mitglieds derselben Familie untergräbt oder die Entwicklung seiner oder ihrer Persönlichkeit ernsthaft schädigt (Empfehlung Nr. R (85) 4).

Diese Definition entspricht der Komplexität häuslicher Gewalt in Familien, da sie den Begriff der Unterlassung anspricht – wie Kindesvernachlässigung einschließlich physischer, emotionaler, medizinischer, pädagogischer und unzureichender Aufsicht (Child Welfare Information Gateway 2012). Vernachlässigung und Unterlassungshandlungen können auch im Falle von Erwachsenen gelten, insbesondere wenn die Person nicht in der Lage ist, Risiken für sich selbst einzuschätzen, wie etwa im Fall vulnerabler älterer Familienmitglieder (Oxfordshire Safeguarding Adults Board 2016).

Diese Definition hilft uns auch, auf Fälle zu achten, in denen wir es unterlassen, über unsere eigene Sicherheit und die Sicherheit der Familienmitglieder nachzudenken. Wenn wir Familienmitgliedern helfen, gewalttätige Eskalationen in ihren Beziehungen vorherzusagen und zu verhindern, müssen wir ihnen helfen, darüber nachzudenken, was Sicherheit für sie bedeutet, wie sie aussieht, was ihnen passiert ist, dass sie nicht darauf achten. Wir finden es auch hilfreich, mit ihnen darüber nachzudenken, was in ihrer aktuellen Situation dazu beiträgt und sie daran hindert, ihre Sicherheit zu priorisieren (Siehe Kap. 3 und 4 für weitere Diskussion).

Betrachtung von Gewalt in intimen Partnerschaften

Ein Neuling auf dem Gebiet der häuslichen Gewalt könnte Schwierigkeiten haben, eine allgemein anerkannte Definition von Gewalt in intimen Partnerschaften zu finden. Tatsächlich werden in der Literatur verschiedene Begriffe verwendet: ‚Gewalt in intimen Partnerschaften', ‚Partnermissbrauch', ‚häuslicher Missbrauch', ‚Familiengewalt', ‚zwischenmenschliche Gewalt' und ‚elterliche Gewalt'. Diese verschiedenen Begriffe und die daraus resultierenden unterschiedlichen Definitionen, dessen was Gewalt in intimen Partnerschaften ausmacht, spiegeln die verschiedenen ideologischen Positionen in Bezug auf Erklärungen dieses Phänomens und die beste Art der Intervention und Reaktion darauf wider.

Eine dieser prominenten ideologischen Positionen ist die der Geschlechterforscher, die den Status von Frauen in einer von Männern dominierten Gesellschaft untersuchen und Gewalt gegen Frauen als eine der Ausdrucksformen sozialer Geschlechterungleichheit in der Gesellschaft sehen (DeKeseredy 2011a). Sie betrachten die verschiedenen Formen von Patriarchat in der Gesellschaft, zum Beispiel soziales Patriarchat und familiäres Patriarchat, als wichtige Erklärung für Gewalt und Zwangskontrolle von Frauen (Hunnicutt 2009). Sie verfolgen auch einen multidimensionalen Ansatz und untersuchen Themen wie Armut, Drogenmissbrauch, männliche Peer-Unterstützung und andere Faktoren, um Geschlecht und Gewalt zu verstehen (DeKeseredy 2011b). Einer der wichtigsten Beiträge von feministischen Wissenschaftlern, Aktivisten und misshandelten Frauen ist die Anerkennung, dass Gewalt gegen Frauen, einschließlich Gewalt in intimen Partnerschaften, existiert, dass sie ein großes soziales Problem und ein Menschenrechtsproblem ist (Osthoff 2002; Saunders 2002; Stanko 2006).

Eine weitere prominente ideologische Position, durch die Forscher und Wissenschaftler versucht haben, Gewalt in intimen Beziehungen zu verstehen, ist die Konzentration auf psychologische Perspektiven wie Persönlichkeitsstörungen einzelner Männer (Dutton und Bodnarchuk 2005), durch die Betrachtung von Bindungsstrategien zwischen Männern und Frauen in missbräuchlichen Beziehungen (Godbout et al. 2009), die Erfahrungen von Frauen mit Liebe in missbräuchlichen Beziehungen (Shah und Vetere 2012) und das gleichzeitige Auftreten von psychiatrischen Störungen und Drogenmissbrauch (Stith et al. 2011).

Diese unterschiedlichen philosophischen, soziopolitischen Positionen haben große Kontroversen auf dem Gebiet der häuslichen Gewalt hervorgerufen, die dazu geführt haben, dass Wissenschaftler und Praktiker sich oft in feindseligen Auseinandersetzungen engagieren, andere im anderen Lager beschuldigen, wissenschaftlich fehlerhafte Forschung zu betreiben, als Anti-Feministen zu gelten, als Männer von ihrer Verantwortung für ihr gewalttätiges und missbräuchliches Verhalten freizusprechen, als ‚Feind‘ zu gelten und von Frauenmissbrauch zu profitieren (Dutton 2010; Dutton und Corvo 2006; Nicolson 2010; DeKeseredy 2011c). Gleichzeitig besteht unter Wissenschaftlern verschiedener Paradigmen Einigkeit darüber, dass das Phänomen der Gewalt in intimen Partnerschaften komplex ist, dass es nicht nur einen feministischen Ansatz gibt (DeKeseredy und Dragiewicz 2007) und dass es verschiedene Seiten und nicht nur zwei Seiten der Kontroverse gibt (siehe Winstok 2013, für eine eingehende Analyse über die Rolle des Geschlechts bei Gewalt in intimen Partnerschaften).

In diesem Buch vertreten wir die Position einer Sowohl-als-auch-Perspektive (Goldner et al. 1990; Goldner 1998, 1999), in der wir die umfangreiche wissenschaftliche Arbeit aller Forscher und Praktiker anerkennen, die daran interessiert sind, ihr Verständnis, wenn auch aus verschiedenen Blickwinkeln, über dieses komplexe und gravierende soziale Problem, das Gewalt in Familien ist, zu teilen. Wie andere auf diesem Gebiet bekennen wir uns zu einer antioppressiven, gewaltfreien, sozial gerechten feministischen Position (Cooper und Vetere 2005; George und Stith 2014).

Als systemische Praktikerinnen glauben wir auch, dass es wichtig ist, ein tiefgehendes Verständnis für den Kontext zu haben, in dem eine spezifische Gewalttat stattfindet, die Geschichte der Gewalt im Kontext der intimen Beziehungen zu kennen und die Motivation, die Bedeutung und die Auswirkungen der Gewalttat in der Beziehung zu kennen (Kimmel 2002). Wir stimmen auch der Ansicht zu, dass nicht jeder, der Gewalt gegen seinen oder ihren Partner ausübt, ein Täter ist (Osthoff 2002; Johnson und Ferraro 2000) einschließlich Männer und Frauen, die Gewalt in ihrer Beziehung ausüben, aber dass andererseits die Anwendung von Gewalt in Beziehungen schädlich ist und zu erstarrten Beziehungen führt (George und Stith 2014). Als Wissenschaftlerinnen und Klinikerinnen erkennen wir auch die Schwierigkeit an, das ethische Dilemma um Sicherheit und Handlungsfähigkeit zu bewältigen, wenn wir mit Frauen arbeiten, die bei ihren misshandelnden Partnern bleiben wollen und dabei Unterstützung wünschen.

Wir sind uns auch der jüngsten Forschung bewusst, die sich mit Gewalt in intimen Partnerschaften in gleichgeschlechtlichen Beziehungen beschäftigt hat, die vergleichbare (oder höhere) Prävalenzraten als bei Gewalt in intimen Partnerschaften innerhalb heterosexueller Paare gefunden hat (McClennen 2005; Messinger 2011; Straus 2008). Für uns unterstreicht dies weiterhin die Tatsache, dass Gewalt in intimen Partnerschaften bestenfalls nicht nur durch ein heteronormatives Paradigma verstanden wird, das männliche Gewalt, Kontrolle und sexistische Überzeugungen als Mittel zur Aufrechterhaltung der Unterdrückung von Frauen betrachtet (Russell 2015), sondern als ein soziales Problem, das mehrere Perspektiven benötigt, um die Komplexität des Phänomens zu adressieren.

Gewalt in intimen Partnerschaften bei älteren Paaren und Familien

Obwohl man meinen könnte, dass Gewalt in intimen Partnerschaften mit zunehmendem Alter abnimmt, scheinen Forschungsstudien darauf hinzuweisen, dass sich die Form der Gewalt ändert, nicht die Gewalt selbst (Finfgeld-Connett 2014). Studien zeigen, dass während physische Gewalt abnehmen kann, die Rate psychischen Missbrauchs tatsächlich zunehmen kann (Roberto et al. 2014). Dies entspricht auch dem, was wir in unserer klinischen Praxis und unserer Arbeit mit männlichen Tätern von Gewalt in intimen Partnerschaften feststellen – dass selbst wenn die physische Gewalt aufhört, der psychische Missbrauch, der weniger sichtbar, subtiler und daher leichter zu verbergen und zu minimieren ist, oft fortbesteht. Als Praktikerinnen werden wir daran erinnert, Fragen zu dieser Form des Missbrauchs zu stellen und seine Folgen nicht zu unterschätzen. Verschiedene Studien zeigen, dass es eine der schädlichsten Formen des Missbrauchs ist (O'Leary und Maiuro 2001). Die folgende Erfahrung eines Opfers veranschaulicht das Gefühl von Terror, Hoffnungslosigkeit und Ohnmacht, das mit psychischem Missbrauch verbunden ist:

> Der verbale Hass ist für mich schlimmer. Prellungen heilen mit der Zeit, aber Worte bleiben für immer. Wenn man immer wieder hört, wie dumm, hässlich und verrückt man ist, glaubt man es wirklich. Ich habe Panikattacken und nehme Tabletten, um meine Nerven zu beruhigen…, das Leben ist schrecklich und ich sehe keinen Ausweg und ich bin weder finanziell noch körperlich in der Lage, irgendwohin zu gehen (Frances, zitiert in Lazenbatt et al. 2013, S. 16).

Selbst in Fällen, in denen die physische und psychische Gewalt aufgehört hat, müssen ältere Erwachsene möglicherweise mit den kumulativen physischen und psychischen Folgen der Gewalt zurechtkommen: Sie haben beispielsweise mit Mobilitätsproblemen infolge von Knochenbrüchen zu kämpfen (Finfgeld-Connett 2014); andere schwere körperliche Traumata wie gebrochene Kiefer und Zähne (Lazenblatt et al. 2013); psychische Probleme wie Angstzustände, Depressionen und Drogenmissbrauch sowie Symptome einer posttraumatischen Belastungsstörung (PTSD) und signifikant mehr emotionale Probleme, Selbstmordgedanken und Selbstmordversuche als nicht missbrauchte Frauen (McGarry et al. 2011; Lazenblatt et al. 2010; Stöckl und Penhale 2015). All diese Auswirkungen können durch die physiologischen Veränderungen und den Rückgang im Zusammenhang mit dem Alter noch verstärkt werden (Zink et al. 2003).

Praktiker, die mit in intimen Beziehungen missbrauchten Frauen mittleren Alters und darüber arbeiten, könnten feststellen, dass sich mit der zunehmenden Gebrechlichkeit des missbräuchlichen Partners die Machtverhältnisse verändert haben und es nun die Frau ist, die „droht, ihn aus dem Haus zu werfen, ihn zu beleidigen und ihn emotional zu missbrauchen und seine Lebensqualität so weit wie möglich zu stören“ (Band-Winterstein und Eisikovits 2009, S. 173). Paradoxerweise könnte diese Rachebedürftigkeit sie, wie diese Autoren anmerken, immer noch emotional und psychisch mit ihrem Partner verbunden halten. Konfrontiert mit solchen Situationen könnten wir als Praktikerinnen Schwierigkeiten haben, sie für ihr missbräuchliches und gewalttätiges Verhalten zur Rechenschaft zu ziehen, insbesondere wenn ihre Geschichten von Schmerz und Qual einige der persönlichen Erfahrungen des Fachpersonals von Leiden und dem Bedürfnis, wahrgenommene Ungerechtigkeiten zu korrigieren, widerspiegeln (Lawrence 2014). Aber das Engagement für Nulltoleranz gegenüber Gewalt in ihren vielen Formen bleibt von größter Bedeutung, zusammen mit einem Schwerpunkt auf der Menschlichkeit der beteiligten Personen, ohne die Notwendigkeit von Scham und Demütigung bei der Untersuchung der verübten Gewalt (Goldner 2004). Dies ist natürlich sowohl für Männer als auch für Frauen relevant, die in einen Zyklus von Gewalt in intimen Partnerschaften verwickelt sind.

Zusammenhang von Kindesmissbrauch und Gewalt in intimen Partnerschaften

Es ist seit langem anerkannt, dass die Arbeit im Kontext von Gewalt in intimen Partnerschaften auch die Notwendigkeit mit sich bringt, andere Formen von Gewalt in der Familie, wie Kindesmissbrauch, zu betrachten. Wir wissen, dass Studien eine erhebliche Überschneidung zwischen Kindesmissbrauch und Gewalt in intimen Partnerschaften gezeigt haben (Appel und Holden 1998; Edleson 1999;

Herrenkohl et al. 2008; Jouriles et al. 2008;). In der Studie von Appel und Holden lagen die Überschneidungsraten für Missbrauch und Exposition gegenüber häuslicher Gewalt bei 6–18 % für Gemeinschaftsstichproben und etwa 40 % für klinische Stichproben. In Edlesons Überprüfung der Forschung waren die Überschneidungsraten viel höher: Es gab eine Überschneidung von Missbrauch und Exposition gegenüber häuslicher Gewalt in 30–60 % aller identifizierten Fälle.

All dies erhöht die Komplexität der Arbeit mit Familien, in denen Gewalt herrscht, und birgt eine Reihe von Herausforderungen für die Praxis. Obwohl die Anerkennung von Gewalt in intimen Partnerschaften als Kinderschutzproblem zunimmt, sicherlich in Großbritannien (Featherstone und Fraser 2012) und sogar in Malta (D. Camilleri, persönliche Kommunikation, 31. Oktober 2014), könnten Fachkräfte zwischen der Unterstützung des Opferelternteils, sehr oft der Mutter, und dem Bedürfnis, das Kind zu schützen, gefangen sein (Fusco 2013). Fachkräfte könnten auch um ihre eigene Sicherheit fürchten (Hughes und Chau 2013). Das Endergebnis könnte sein, dass die Verantwortung auf die Mutter abgewälzt wird, die bereits enorm mit ihren eigenen Erfahrungen chronischen Missbrauchs zu kämpfen hat. Anstatt Hilfe zu erhalten, müsste sie nun mit der Angst umgehen, dass ihre Kinder ihr weggenommen werden oder schlimmer, dass sie angeklagt wird, die Kinder nicht vor ihrem Vater geschützt zu haben (Moles 2008).

Aus dem Kontext der häuslichen Gewalthilfe könnte die Arbeit mit dem missbräuchlichen Partner, sehr oft dem Vater, innerhalb der Dienste darauf abzielen, dass er die Verantwortung für den Missbrauch seiner Partnerin übernimmt, aber nicht unbedingt seine Verantwortung als Vater für seine Kinder. Aus Sicht des Kinderschutzes könnte der Vater in den Hintergrund geraten, was leider immer noch die gängige Praxis bei Elterninterventionen weltweit zu sein scheint (Panter-Brick et al. 2014). Dies könnte den Vätern entgegenkommen, die vielleicht nicht beschuldigt oder zur Rechenschaft gezogen werden wollen (Cooper und Vetere 2005). Es könnte den Fachkräften entgegenkommen, wie oben hervorgehoben, und es könnte den Müttern entgegenkommen, die vielleicht Angst haben, ‚das Boot zu schaukeln' und die Erziehung als ihre Verantwortung sehen (Cooper und Vetere 2005). Väter, die jedoch ihre Partner und Kinder missbrauchen, ‚verschwinden' nicht aus ihren Familien. Kinder könnten immer noch emotional an sie gebunden sein und versuchen, das missbräuchliche Verhalten ihrer Eltern zu verstehen. Väter könnten auch aus einer Familie ‚verschwinden', um eine andere zu gründen, oft wiederholen sie das gleiche missbräuchliche Verhalten. Für uns unterstreicht dies weiterhin die Notwendigkeit systemischer Dienste für Familien mit Gewalt in intimen Partnerschaften, die therapeutische und Sicherheitsinterventionen kombinieren (Cooper und Vetere 2005; s. auch Kap. 3 dieses Buches), die die Sicherheit von Frauen und Kindern priorisieren, die Männer und Frauen für ihr missbräuchliches Verhalten zur Rechenschaft ziehen, aber auch Dienste, die die Bindungen anerkennen, die die Familienmitglieder miteinander haben.

Gewalt von Jugendlichen gegenüber Eltern

Wir möchten nun ein Licht auf eine andere Form von Gewalt in Familien werfen – den Elternmissbrauch, bei dem ein älteres Kind aggressives, kontrollierendes und einschüchterndes Verhalten gegenüber seinen Eltern anwendet. Elternmissbrauch oder Gewalt von Jugendlichen gegenüber Eltern wurde definiert als „jede schädliche Handlung eines jugendlichen Kindes, die darauf abzielt, Macht und Kontrolle über einen Elternteil zu erlangen. Der Missbrauch kann physisch, psychologisch oder finanziell sein" (Cottrell 2001, S. 3). Beispiele für körperlichen Missbrauch sind Schlagen, Boxen, Ohrfeigen und Schubsen. Psychischer Missbrauch beinhaltet anhaltendes Beschimpfen, Kritisieren, Angst erzeugen und Drohungen, einen Elternteil oder sich selbst zu verletzen oder zu töten, und finanzieller Missbrauch beinhaltet Stehlen, Beschädigen des Hauses und Forderungen, die sich die Eltern nicht leisten können (Cottrell 2001).

Es scheint einen Konsens in diesem Bereich zu geben, dass dies die am wenigsten erforschte Form von Gewalt ist, die im Kontext von Familienbeziehungen auftritt (Holt 2011). Bisherige Prävalenzraten legen nahe, dass 9–12 % der Eltern von ihren jugendlichen Kindern körperlich angegriffen werden (Calvete et al. 2014; Cottrell und Monk 2004; Nock und Kazdin 2002). Es ist ein Phänomen, das zunehmend die Aufmerksamkeit von Praktikern auf sich zieht, die mit Familien und Jugendlichen im Bereich häuslicher Gewalt, Kinderschutz und Bewährungshilfe für Jugendliche arbeiten (Coogan 2011; Holt 2016). Eine Überprüfung der Literatur zeigt inkonsistente Ergebnisse darüber, ob jugendliche Männer eher gewalttätig gegenüber ihren Eltern auftreten als jugendliche Frauen. Viele Studien haben keinen Unterschied im Geschlecht festgestellt (z.B. Pagani et al. 2004). Andere Studien haben legen hingegen nahe, dass mehr Frauen als Männer an Gewalt von Jugendlichen gegenüber Eltern beteiligt sind (Day und Bazemore 2011), während andere vorschlagen, dass mehr männliche Jugendliche Gewalt gegen ihre Eltern ausüben (Ibabe et al. 2014).

Es ist uns klar, dass Eltern es sowohl in einem Forschungs- als auch in einem klinischen Kontext sehr schwierig finden, über ihre Erfahrungen mit dem Missbrauch durch ihre Kinder zu sprechen. Holt (2011) spricht von der „doppelten Stigmatisierung", die Erfahrungen von Gewalt im Allgemeinen und das Erziehen von herausfordernden Kindern und Jugendlichen umgibt. Sie müssen sich möglicherweise mit einer Kultur der Elternschuld auseinandersetzen, die in den letzten zehn Jahren zugenommen hat (Holt 2011), gepaart mit dem Gefühl, dass ihre Rechte als Eltern in einigen Kontexten dem Diskurs über die Rechte der Kinder untergeordnet wurden (Holt 2016). Sie könnten auch feststellen, dass ihre Erfahrungen von ihren Familien und Gemeinschaften verharmlost und/oder entwertet werden, was zu Stillschweigen über ihr Leiden und ihren Missbrauch führt (Edenborough et al. 2008). All dies könnte dazu führen, dass die Eltern in einem von Angst dominierten Zyklus feststecken, in dem sie versuchen, unzumutbare Forderungen des Jugendlichen zu erfüllen und Angst davor haben, was der Jugendliche als nächstes tun könnte (Moulds et al. 2016).

Die Komplexität des Elternmissbrauchs wird noch dadurch erhöht, dass neuere Forschungen darauf hindeuten, dass Elternmissbrauch im Kontext einer weit verbreiteten Gewalt in der Familie stattfinden könnte – dass er tatsächlich rekursiv ist – das heißt, sich wechselseitig beeinflusst, also nicht linear oder kausal ist (Daly und Wade 2016). Ein jugendlicher Sohn könnte seine Mutter angreifen, aber gleichzeitig von seinem Vater oder dem Partner der Mutter oder seiner Großmutter misshandelt werden (Orland 2016). Er könnte auch seine Geschwister missbrauchen (Geschwistergewalt wird im nächsten Abschnitt diskutiert). Die Forschung scheint auch darauf hinzudeuten, dass das Beobachten von Gewalt zwischen den Eltern die Wahrscheinlichkeit von Gewalt von Jugendlichen gegenüber Eltern erhöhen könnte (McCloskey und Lichter 2003) und dass Missbrauch von Eltern gegenüber Jugendlichen auch gleichzeitig mit Gewalt von Jugendlichen gegenüber Eltern auftreten könnte (Boxer et al. 2009). Andere konsistente Ergebnisse in der Literatur weisen darauf hin, dass es am wahrscheinlichsten ist, dass Jugendlichen-Eltern-Missbrauch gegen Mütter gerichtet ist und eher in Einelternfamilien und in Familien auftritt, in denen die Eltern mit erheblichen Belastungen konfrontiert sind (Kennair und Mellor 2007). Es ist auch wahrscheinlich, dass solche Jugendlichen eher wenig Engagement im Schulsystem zeigen und sich außerdem mit anderen normabweichenden Gleichaltrigen assoziieren, bei denen der Einsatz von Aggression an der Tagesordnung ist (Capaldi et al. 2012; Orland 2016).

So können Fachleute auf eine Reihe von Dilemmata stoßen, wenn sie mit Familien zu tun haben, in denen es Elternmissbrauch gibt. Während wir glauben, dass junge Menschen für ihr missbräuchliches Verhalten verantwortlich gemacht werden müssen, können die Grenzen zwischen Opfer und Täter unklar sein, insbesondere im Kontext mehrerer Formen von Gewalt in derselben Familie (UK Home Office 2015). Einige Jugendliche, die in Familien aufgewachsen sind, in denen es häusliche Gewalt gab, könnten Aggression gegen den Partner ihrer Mutter einsetzen, um ihre Mutter zu schützen (Cottrell und Monk 2004) oder eine junge Frau könnte Aggression einsetzen, um ihren missbräuchlichen Elternteil zu trotzen und der Gewalt selbst ein Ende zu setzen (Sammut Scerri 2015). Andere Jugendliche könnten Zwangstaktiken einsetzen, um zu bekommen, was sie wollen (Routt und Anderson 2015). Eine weitere Hypothese ist, dass im Falle von Gewalt von Töchtern gegen ihre Mutter, Aggression paradoxerweise dazu verwendet werden könnte, eine Distanz zwischen ihnen und ihrem Bild von weiblicher Verletzlichkeit zu schaffen, wie es durch ihre Mutter manifestiert wird, die als machtlos und schwach gesehen wird (Cottrell und Monk 2004; Sammut Scerri 2015). Andere Szenarien könnten auch Eltern und Jugendliche einschließen, die sich an gegenseitiger Gewalt beteiligen, um Konflikte zu lösen (Daly und Wade 2016; Sammut Scerri 2015).

Gleichzeitig werden Eltern aus rechtlicher Sicht als verantwortlich für ihre Jugendlichen gesehen, auch in einem Kontext, in dem die Machtverhältnisse scheinbar umgekehrt sind und sie von ihren Kindern missbraucht werden. Die Einführung von Elternverfügungen in Großbritannien im Jahr 1998 belegt, wie Eltern für das problematische Verhalten ihrer Kinder verantwortlich gemacht werden:

Wenn ihnen eine solche Verfügung ausgestellt wird, müssen die Eltern die festgelegten Bedingungen einhalten oder vor Gericht gestellt und strafrechtlich verfolgt werden (Crime and Disorder Act 1998). Wenn Eltern andererseits die Hilfe der Polizei anfordern, könnten sie zögern, ihre Kinder vor Gericht zu bringen, weil sie vielleicht immer noch eine Beziehung zu ihren Kindern haben wollen und in jedem Fall weitere Scham und Peinlichkeit vermeiden möchten.

Es ist jedoch interessant zu bemerken, dass eine polizeiliche Intervention auch eine Botschaft an das gesamte System senden kann, dass das gewalttätige Verhalten des Jugendlichen tatsächlich ernsthafte Aufmerksamkeit verdient, dass es nicht länger minimiert werden kann und dass die Familie Hilfe suchen musste (Orland 2016). Die polizeiliche Intervention kann eine wichtige Rolle dabei spielen, Gewalt beim Namen zu nennen, was die verschiedenen Familienmitglieder zur Veränderung motivieren kann. In Orlands (2016) Studie begann der Jugendliche, sein Verhalten gegenüber seiner Mutter zu ändern. Die Mitarbeiter glaubten auch, dass dies den entfremdeten Vater motivierte, sich stärker an der Erziehung des Jugendlichen zu beteiligen und die Familientherapiesitzungen mit der Mutter zu besuchen

> „Sobald die Polizei involviert war, wurde ihm klar, dass etwas (Ernstes) passiert war… also, es war wahr… es ist so… als die Frau ihn früher anrief, dachte er, es wäre eine Art Ausrede, damit er die Erziehung übernimmt und ihr eine Pause gewährt" (Orland, 2016, p. 73). Beide Eltern waren der festen Überzeugung, nicht zu wollen, dass ihr Sohn Probleme mit den Strafverfolgungsbehörden bekam, und dies veranlasste sie, gemeinsam gegen die Gewalttätigkeit ihres Sohnes vorzugehen.

Es ist bemerkenswert, dass die Fachleute bei der ersten Überweisung dieser Familie außerdem der Ansicht waren, dass die Gewalt zwischen Jugendlichen und Eltern von untergeordneter Bedeutung war. Anfangs interpretierte die Mutter das Verhalten des Kindes als herausfordernd, weil die Eltern sich vor Jahren getrennt hatten. Der Sozialarbeiter dachte, dass eine Therapie dem Sohn helfen könnte, besser zu verstehen, was passiert ist und warum die Eltern sich getrennt hatten. Während die Therapie fortschritt, hatten die Fachleute weiterhin Schwierigkeiten, das Auftreten des Jugendlichen als gebildetem, manchmal kindischem Teenager mit seinem gewalttätigen Verhalten in Einklang zu bringen. So beschrieb der Psychologe des Jugendlichen ihn:

> Wenn die Großmutter anfängt zu schreien und die Kontrolle verliert, fühlt er vielleicht, dass er dasselbe tun muss. Aber ich kann es mir nicht vorstellen. Ich sage nicht, dass es nicht passiert, aber ich wäre schockiert, weil ich eine so andere Person vor mir sehe, dass ich ihn mir nicht gewalttätig und aggressiv vorstellen kann (Orland, 2016, S. 83).

Für uns unterstreicht dies weiterhin die Bedeutung einer systemischen Perspektive bei der Arbeit mit Gewalt zwischen Jugendlichen und Eltern, bei der die Zusammenarbeit mit verschiedenen Systemen und die Beibehaltung einer Sowohl-als-auch-Perspektive priorisiert wird, einschließlich der Verantwortlichkeit des Jugendlichen für sein gewalttätiges Verhalten und der Bereitstellung eines sicheren Raums, um, wann und wo es für den Jugendlichen und den Elternteil angemessen ist, über ihre verschiedenen Positionen in der Familie nachzudenken. Es ist auch hilfreich, dass ähnliche Reflexionen auf der Ebene der Fachleute stattfinden, einschließlich Fachleuten aus den weiteren Systemen wie der Schule.

Schließlich finden wir es auch hilfreich, nicht nur das gewalttätige Verhalten zu betrachten, sondern auch Beziehungen, die die Jugendlichen als unterstützend empfinden und in denen es trotz Meinungsverschiedenheiten keine Gewalt gibt, was in der narrativen Therapie als ‚Ausnahme' bezeichnet wird (White und Epston 1990). Solche Beziehungen bieten große Chancen für Veränderungen und sind Quellen der Hoffnung.

Geschwisterbeziehungen im Kontext von häuslicher Gewalt: Schutz, Unterstützung und Aggression

Wie bereits oben hervorgehoben, kann eine weitere Form von Familiengewalt unter Geschwistern stattfinden. Überraschenderweise gab es nur eine geringe Anzahl von Studien, die sich mit den Geschwisterbeziehungen in Familien mit häuslicher Gewalt befasst haben (Piotrowski et al. 2014), obwohl gezeigt wurde, dass Geschwisterbeziehungen einen signifikanten Einfluss auf die Entwicklung aller Beteiligten haben (Howe und Recchia 2014) und wahrscheinlich die am längsten andauernden in unserem Leben sind (Sanders 2004).

Eines der Themen, die uns auffallen, wenn wir mit Geschwistern arbeiten, in deren Familie Gewalt herrschte, ist ihre unterschiedliche Erfahrung in derselben Familie, was die Notwendigkeit für Fachleute unterstreicht, jeder Kindeserfahrung mit Gewalt in der Familie Gehör zu schenken. Während es Kinder geben mag, die eine überwiegend aktive Rolle beim Schutz ihres nicht gewalttätigen Elternteils und ihrer Geschwister übernehmen, könnten andere Kinder häufiger als sich vom Konflikt zurückziehend wahrgenommen werden, während andere sich irgendwo dazwischen positionieren könnten.

Wie in der Studie von Sammut Scerri (2015) illustriert,[1] sprach eines der Geschwister, Claire[2], darüber, dass sie sich von anderen Geschwistern, die nicht der Art von Gewalt ausgesetzt waren, die sie durchlebt hatte, missverstanden fühlte, und sie staunte darüber, wie ihre Schwester besser in der Lage war, ihren Vater herauszufordern. Gleichzeitig räumte sie ein, dass ihr Vater bei der Geburt ihrer Schwester älter und gelassener gewesen war. Er arbeitete auch nicht mehr in Schichten und sie erinnert sich an ihn als weniger reizbar und weniger gewalttätig zu Hause:

> Ja, ja. Zunächst einmal war ich die Älteste und ich habe viele Dinge erlebt, die meine Geschwister bis heute nicht gesehen haben und wenn die nächste sie gesehen hat, hat sie nicht die gleichen Dinge gesehen oder sie hat nicht realisiert, was sie gesehen hat, aber – sie hat entweder versucht, sie zu vergessen oder auf ihre eigene Weise versucht, sie auf

---

[1] Siehe Kap. 2 für weitere Details über die Beispielgruppe und die Methodik, die in der Studie von Sammut Scerri (2015) verwendet wurden.

[2] Alle Namen wurden geändert und identifizierende Details wurden entfernt.

> eine andere Weise zu verarbeiten – wir alle tun es – die Mädchen – drei Mädchen und ein Junge – (Sammut Scerri 2015, S. 6).
> Also dann fängt man nach und nach an, vorsichtig zu sein mit dem, was man sagt – zum Beispiel bin ich die einzige von den Geschwistern, die keine Widerworte gibt – ich habe Angst... stattdessen haben meine Geschwister keine Angst – sie haben keine Angst (Sammut Scerri 2015, S. 9).

Daher müssen Kliniker auf diese unterschiedlichen Erfahrungen sensibel reagieren und anbieten, Geschwister nur dann gemeinsam zu konsultieren, wenn es klinisch relevant ist und den Bedürfnissen der Klienten entspricht. Dies ist besonders relevant, wenn Geschwister Erfahrungen von körperlicher und/oder emotionaler Misshandlung durch ihre Geschwister in der Vergangenheit mitteilen oder wenn sie offenbaren, dass sie selbst Aggressoren ihrer Geschwister waren.

Gewalt unter Geschwistern

In der Literatur besteht Konsens darüber, dass Geschwistergewalt oft ein durchdringender Teil des Familienlebens ist und doch ist sie die am wenigsten untersuchte Form der Familiengewalt, vielleicht weil sie verharmlost oder als weniger schädliche Form der Aggression zwischen Familienmitgliedern oder als normaler Teil von Kindheitserfahrungen angesehen wird (Eriksen und Jensen 2009; Jenkins Tucker und Finkelhor 2015; Khan und Rogers 2015). Kliniker, die möglicherweise mehr mit Gewalt zwischen Erwachsenen oder Gewalt zwischen Eltern und Kindern vertraut sind, könnten sich in einem Dilemma befinden, wenn es darum geht, wie sie am besten eingreifen können.

Die wenigen qualitativen Studien, die sich mit den Erfahrungen von Geschwistermissbrauch befasst haben, wie die von Meyers (2015), werfen Licht auf die erschütternden Vorfälle von physischem und emotionalem Missbrauch, die verheerende und langfristige Auswirkungen auf das Wohlbefinden der Opfer haben. Die Teilnehmer in der Meyers-Studie sprachen von chronischer Verzweiflung, einem ständigen Zustand der Hilflosigkeit und Ohnmacht, hervorgerufen durch „unvorhersehbare und unerbittliche Akte der Einschüchterung" (Meyers 2015, S. 1). Die Teilnehmer hatten auch Schwierigkeiten, sich an die Details spezifischer Episoden zu erinnern, konnten sich aber sehr gut an die emotionale Wirkung der Erfahrungen erinnern. Dies unterstützt die Gedächtnisforschung in Kontexten von Traumata, in denen Erfahrungen als sensorische Fragmente gespeichert werden, die oft einen kohärenten Erzählstrang vermissen lassen (Van der Kolk 2007).

Kliniker, die mit Familien arbeiten, in denen die Gewalt aufgehört hat, können sich auch mit Geschwistern konfrontiert sehen, die angeben, aggressiv miteinander umgegangen zu sein. In der Studie von Sammut Scerri (2015) sprach eine der Teilnehmerinnen über die Wut, die sie und ihre Brüder aufeinander richteten:

> Was ich am meisten in Erinnerung habe, war, dass in unserem Haus viel, viel Wut herrschte, auch zwischen uns Geschwistern, zwischen mir und meinen Brüdern .., heftige Wut .., zum Beispiel .., .Ich weiß nicht .., wir streiten uns über etwas und dann gingen wir

> in die Zimmer der anderen, stellten alles auf den Kopf und verwüsteten die Sachen der anderen .., und das ist die Wut, die wir fühlten. (Sammut Scerri 2015, Mary, S. 17).

Eine andere Teilnehmerin, Marika, beschrieb nervös, wie sie etwa ein Jahr lang ihre jüngere Schwester körperlich misshandelt hatte, bis sie erkannte, dass sie sich genau so verhielt, wie ihr Vater es ihr gegenüber tat, und dann hörte sie auf:

> Denn es gab eine Zeit, in der ich ein bisschen wie er war .., ich schlug meine jüngste Schwester (nervöses Kichern). Sie kam in der Schule nicht gut zurecht und ich half ihr bei den Hausaufgaben .., .aber sie gehorchte nicht und sie machte es nicht gut und ich schlug sie .., (nervöses Schnauben). Das ging etwa ein Jahr so, bis ich merkte, was ich tat (Sammut Scerri 2015, Marika 2, S. 13).

Während in Marys Erzählung die Wut in allgemeinen Begriffen beschrieben wird, ist in Marikas Worten klar, dass es sich um ‚vorsätzliche körperliche Gewalt handelt, die von einem Kind in einer Familieneinheit auf ein anderes ausgeübt wird‘ (DeKeseredy und Ellis 1997, S. 399). Wir sind der Meinung, dass es wichtig ist, dass Fachkräfte deutlich mehr Details über Vorfälle von Gewalt unter Geschwistern erfragen, um die Dynamik des Missbrauchs/der Misshandlung zu erkennen. Fachleute müssen außerdem darauf vorbereitet sein, mit Themen wie Scham, Schuld und Stigmatisierung (Cooper und Vetere 2005; Kennedy und Prock 2016) sowohl vom missbrauchten als auch vom missbrauchenden Geschwisterkind umzugehen, wenn es darum geht, Verhaltensweisen aufzudecken, die gegen soziale Normen darüber verstoßen, was angemessen und akzeptabel ist, insbesondere bei Mitgliedern derselben Familie (s. Kap. 6 für weitere Diskussionen darüber, wie Fachleute mit Eltern im Kontext von Geschwistergewalt eingreifen können).

Arbeitskräfte müssen zudem Verständnis für die mögliche Angst ihrer Klienten haben, die Fehler ihrer Eltern zu wiederholen, wenn sie mit Familienmitgliedern arbeiten, die gewalttätig gegenüber ihren Geschwistern waren und alle in einer Familie aufgewachsen sind, in der es Gewalt gab. Die Angst, ihr Familienskript zu replizieren (Byng-Hall 1998), stand bei vielen Teilnehmern in der Studie von Sammut Scerri (2015) im Vordergrund. Viele hielten sich an den dominanten psychologischen Diskurs, dass sie, sobald sie selbst missbraucht wurden, Gefahr liefen, entweder weiterhin missbraucht oder selbst missbräuchlich zu werden, und fürchteten alles, was diese Überzeugung bestätigen könnte. Marika sprach davon, dass das „Schlagen (ihrer Kinder) in den Familiengenen liegt – es ist erblich… Ich frage mich, ob ich genauso sein werde“ (Marika 1, S. 29). Marika fühlte, dass eine Möglichkeit, mit ihrer Angst umzugehen, darin bestand, eine Vermeidungsstrategie zu nutzen – sie vermeidet es, Zeit mit ihrem Vater zu verbringen, damit sie seltener in der Lage ist, von ihm ‚kontaminiert‘ zu werden und ihre Emotionen besser regulieren kann (Fonagy et al. 1991):

> I: also ist es für dich hilfreich, dass du jegliche Kommunikation mit deinem Vater abgebrochen hast ..,P: ja, ja sehr .., denn Papa und ich – wir sind beide stur, also wenn wir streiten, wenn wir nicht unseren Willen bekommen .., Und dann fing ich an, Angst zu bekommen .., tatsächlich, wenn ich mit meinem Vater streite (nervöses Kichern), fange ich an, unruhig zu werden .., Ich fange an, Angst zu haben, dass wir in Schwierigkeiten geraten .., dass wir körperlich miteinander in Konflikt geraten… denn dieser Teil in mir

> macht mir Angst .., denn wie sagt man das .., es ist so, als würde ich die Kontrolle verlieren .., Ich habe Angst, dass ich den Charakter meines Vaters habe .., also je weniger Zeit ich mit ihm verbringe, desto besser. (Sammut Scerri 2015, Marika 2, S. 12–13).

Geschwisterschutz und -unterstützung

Innerhalb derselben Familie kann dasselbe Familienmitglied, das möglicherweise Gewalt angewendet hat, paradoxerweise auch eine schützende Rolle in der Familie übernommen haben. Die gleiche Teilnehmerin wie oben, Marika, war gleichzeitig diejenige, die sich ständig um das emotionale Wohlbefinden ihrer Geschwister sorgte und es auf sich nahm, ihren Vater zu bekämpfen, damit ihre Mutter vor seinen Schlägen geschützt ist. Die Geschwister fanden sich auch im Erwachsenenalter in diesen frühen Rollen innerhalb der Herkunftsfamilie wieder. Zum Beispiel fand Donna es sehr schwierig, die Verantwortung für die emotionale Unterstützung ihrer Mutter bei der Erziehung ihrer jüngeren Schwestern nicht zu übernehmen und diese Rolle auf intensive Weise zu erleben, als sie vorübergehend für ein paar Wochen in das Elternhaus zurückkehrte. Als Fachleute stellen wir fest, dass diese elterlichen Rollen der Geschwister mit emotionalen Verlusten und Gewinnen einhergehen (Byng-Hall 2008). Donna reflektierte, dass die Verantwortung für ihre Geschwister bedeutete, dass sie es schwierig fand, sich aus der Sicht einer Schwester mit ihren Geschwistern zu identifizieren; als Kind erinnerte sie sich daran, nicht mit ihren Schwestern spielen zu wollen und als Erwachsene fühlte sie sich in einer gesellschaftlichen Situation mit ihren Schwestern nicht wohl, da sie das Gefühl hatte, dass sie immer noch über sie wacht, wie eine Mutter:

> Ich empfinde es als großen Verlust…. Da ist meine mittlere Schwester…. Ich fühle… manchmal, erzähle ich meinem Freund… wir hätten Freunde… und wir gehen zum Abendessen aus… Ich weiß, dass meine Schwester gerne mit uns kommen würde, aber ich fühle mich nicht wohl mit ihr, weil … ich fühle, dass ich immer diese Verantwortung übernehmen muss und ich kann mich nicht entspannen, wenn ich mit ihr zusammen bin… Ich fühle mich wie die Tante, wenn nicht die Mutter und das ärgert mich …. Ich sehe das als Verlust, weil wir uns andererseits sehr gut verstehen… die Dinge, die wir durchgemacht haben… (Sammut Scerri 2015, Donna 2, S. 66)

Andererseits war sich Donna bewusst, dass sie als Teil ihrer Rolle auch ein Gefühl von Handlungsfähigkeit und Kompetenz entwickelte und dass ihre Familie zu ihr aufsah. Sowohl Donna, Marika als auch andere Teilnehmer bemerkten, dass sie Schwierigkeiten hatten, über ihre Beziehungen zu ihren Geschwistern zu sprechen, da sie Angst hatten, in Bedrängnis zu geraten. Die Notwendigkeit von Sicherheit wird daher erneut für Fachleute betont, die mit Geschwistern arbeiten. Wie bei anderen Formen von Familienmissbrauch müssen die verschiedenen Ebenen der Komplexität und die Erfahrungen von Missbrauch im Kontext von Liebe und Bindungen, die diese Familienbeziehungen kennzeichnen können, im Hinterkopf behalten werden.

Schlussfolgerung

Wenn Missbrauch im Kontext von Familienbeziehungen stattfindet, kann die Person, die die Gewalt erleidet, den Täter möglicherweise verharmlosen, ihm entgegenkommen und ihm vielleicht im Zusammenhang mit der Liebe, die sie für ihn empfinden, vergeben. Dieser Widerspruch zwischen Liebe und Missbrauch ist sowohl für die Familienmitglieder als auch für die Fachleute, die mit ihnen arbeiten, schwierig zu vereinbaren, wie in Kap. 2 näher diskutiert wird. Gleichzeitig ist es für uns als Praktiker wichtig, dass wir uns der verschiedenen Formen von Gewalt bewusst sind, die in einer Familie vorhanden sein können, und dass wir weiterhin Raum für die verschiedenen Stimmen und die einzigartigen Erfahrungen von Gewalt und Liebe der verschiedenen Familienmitglieder lassen. Darüber hinaus, wie wir früher in diesem Kapitel gesehen haben, kann die Dichotomie von Täter/Opfer verschwimmen und die Annahme eines integrativen theoretischen Rahmens als Praktiker wird wichtig, um die Komplexität von Gewalt in Familien zu navigieren.

Literatur

Abela, A., & Walker, J. (2013). *Contemporary issues in family studies: Global perspectives on partnerships, parenting and support in a changing world*. London: Wiley.

Appel, A. E., & Holden, G. W. (1998). The co-occurrence of spouse and physical child abuse: A review and appraisal. *Journal of Family Psychology, 12*(4), 578–599. 10.1037/0893-3200.12.4.578.

Asen, E., & Fonagy, P. (2012). Mentalization – based therapeutic interventions for families. *Journal of Family Therapy, 34*(4), 347–370. 10.1111/j.1467-6427.2011.00552.x.

Band-Winterstein, T., & Eisikovits, Z. (2009). „Aging out" of violence: The multiple faces of intimate violence over the life span. *Qualitative Health Research, 19*(2), 164–180. 10.1177/1049732308329305.

Boxer, P., Gullan, R. L., & Mahoney, A. (2009). Adolescents physical aggression towards parents in a clinically referred sample. *Journal of Clinical Child and Adolescent Psychology, 38*(1), 106–116. 10.1080/15374410802575396.

Bruner, J. S. (1990). *Acts of meaning*. London, UK: Harvard University Press.

Byng-Hall, J. (1998). *Rewriting family scripts: Improvisation and systems change*. London, UK: The Guilford Press.

Byng-Hall, J. (2008). The significance of children fulfilling parental roles: Implications for family therapy. *Journal of Family Therapy, 30*(2), 147–162. 10.1111/j.1467-6427.2008.00423.x.

Calvete, E., Orue, I., Bertino, L., Gonzalez-Díez, Z., Montes, Y., Padilla, P., et al. (2014). Child-to-parent violence in adolescents: The perspectives of the parents, children, and professionals in a sample of Spanish focus group participants. *Journal of Family Violence, 29*(3), 343–352. 10.1007/s10896-014-9578-5.

Capaldi, D. M., Knoble, N. B., Shortt, J. W., & Kim, H. K. (2012). A systematic review of risk factors for intimate partner violence. *Partner Abuse, 3*(2), 231–280. 10.1891/1946-6560.3.2.231.

Child Welfare Information Gateway. (2012). *Acts of omission: An overview of child neglect*. Washington, DC: U.S. Department of Health and Human Services, Children's Bureau. Retrieved from: https://www.childwelfare.gov/pubpdf/acts.pdf.

Coogan, D. (2011). Child to parent violence. Challenging perspectives on family violence. *Child Care in Practice, 17*(4), 347–358. 10.1080/13575279.2011.596815.

Cooper, J., & Vetere, A. (2005). *Domestic violence and family safety: A systemic approach to working with violence in families*. London, UK: Whurr Publishers.

Cottrell, B. (2001). *Parent abuse: The abuse of parents by their teenage children*. Ottawa, Canada: Health Canada, Population and Public Health Branch, National Clearinghouse on Family Violence.

Cottrell, B., & Monk, P. (2004). Adolescent-to-parent abuse: A qualitative overview of common themes. *Journal of Family Issues, 25*(8), 1072–1095. 10.1177/0192513X03261330.

Council of Europe. (1986). *Violence in the family: Recommendation no. R (85) 4 adopted by the Committee of Ministers of the Council of Europe on 26 March 1985 and Explanatory Memorandum*. Strasbourg: Council of Europe. Retrieved from http://trove.nla.gov.au/work/18751928?selectedversion=NBD5968784.

Council of Europe. (2011). *Council of Europe convention on preventing and combating violence against women and domestic violence: Istanbul, 11 V.* 2011. Council of Europe. Retrieved from https://rm.coe.int/CoERMPublicCommonSearchServices/DisplayDCTMContent?documentId=090000168008482e.

Crime and Disorder Act of 1998. *Part 1, Chapter 1, Youth crime and disorder, Section 9*. Retrieved from: http://www.legislation.gov.uk/ukpga/1998/37/section/9.

Dallos, R., & Vetere, A. (2009). *Systemic therapy and attachment narratives: Applications in a range of clinical settings*. London, UK: Routledge.

Daly, K., & Wade, D. (2016). Gender and adolescent-to parent violence: A systematic analysis of typical and atypical cases. In A. Holt (Ed.), *Working with adolescent violence and abuse towards parents: Approaches and contexts* (pp. 148–168). UK: Taylor & Francis.

Day, S. E., & Bazemore, G. (2011). Two generations at risk: Child welfare, institutional boundaries and family violence in grandparent homes. *Child Welfare, 90*(4), 99–116.

DeKeseredy, W. S. (2011a). Feminist contributions to understanding woman abuse: Myths, controversies and realities. *Aggression and violent behaviour, 16*(4), 297–303. 10.1016/j.avb.2011.04.002.

DeKeseredy, W. S. (2011b). *Violence against women: Myths, facts, controversies*. Toronto, Canada: University of Toronto Press.

DeKeseredy, W. S. (2011c). *Contemporary critical criminology*. London, UK: Routledge.

DeKeseredy, W. S., & Dragiewicz, M. (2007). Understanding the complexities of feminist perspectives on woman abuse: A commentary on Donald. G. Dutton's rethinking domestic violence. *Violence against Women, 13*(8), 874–884. 10.1177/1077801207304806.

DeKeseredy, W. S., & Ellis, D. (1997). Sibling violence: A review of Canadian social research and suggestions for further empirical work. *Humanity and Society, 21*(4), 397–411.

DeVoe, E. R., & Smith, E. L. (2002). The impact of domestic violence on urban preschool children: Battered mothers' perspectives. *Journal of Interpersonal Violence, 17*(10), 1075–1101. 10.1177/088626002236661.

Dutton, D. G. (2010). The gender paradigm and the architecture of antiscience. *Partner Abuse, 1*(1), 5–25. 10.1891/1946-6560.1.1.5.

Dutton, D. G., & Bodnarchuk, M. (2005). Through a psychological lens: Personality disorder and spouse assault. In D. R. Loseke, R. J. Gelles, & M. M. Cavanaugh (Eds.), *Current controversies on family violence* (2nd ed., pp. 5–18). London, UK: SAGE Publications.

Dutton, D. G., & Corvo, K. (2006). Transforming a flawed policy: A call to revive psychology and science in domestic violence research. *Aggression and Violent Behaviour, 11*(5), 457–483. 10.1016/j.avb.2006.01.007.

Edenborough, M., Jackson, D., Mannix, J., & Wilkes, L. M. (2008). Living in the red zone. The experience of child-to-mother violence. *Child and Family Social Work, 13*(4), 464–473. 10.1111/j.1365-2206.2008.00576.x.

Edleson, J. L. (1999). Children's witnessing of adult domestic violence. *Journal of Interpersonal Violence, 14*(8), 839–870. 10.1177/088626099014008004.

Eriksen, S., & Jensen, V. (2009). A push or a punch: Distinguishing the severity of sibling violence. *Journal of Interpersonal Violence, 24*(1), 183–208. 10.1177/0886260508316298.

Fonagy, P., Steele, M., Steele, H., Moran, G. S., & Higgitt, A. C. (1991). The capacity for understanding mental states: The reflective self in parent and child and its significance for security of attachment. *Infant Mental Health Journal, 12*(3), 201–218. 10.1002/1097-0355(199123)12:3<201:AID-IMHJ2280120307>3.0.CO;2-7.

Featherstone, B., & Fraser, C. (2012). Working with fathers around domestic violence: Contemporary debates. *Child Abuse Review, 21*(4), 255–263. 10.1002/car.2221.

Finfgeld-Connett, D. (2014). Intimate partner abuse among older women: Qualitative systematic review. *Clinical Nursing Research, 23*(6), 664–683. 10.1177/105477813500301.

Ford, J. D., Courtois, C. A., Steele, K., van der Hart, O., & Nijenhuis, E. R. S. (2005). Treatment of complex posttraumatic self-dysregulation. *Journal of Traumatic Stress, 18*(5), 437–447. 10.1002/jts.20051.

Fusco, R. A. (2013). ‚It's hard enough to deal with all the abuse issues': Child welfare workers' experiences with intimate partner violence on their caseloads. *Children and Youth Services Review, 35*(12), 1946–1953. 10.1016/j.childyouth.2013.09.020.

George, J., & Stith, S. M. (2014). An updated feminist view of intimate partner violence. *Family Process, 53*(2), 179–193. 10.1111/famp.1.

Godbout, N., Dutton, D. G., Lussier, Y., & Sabourin, S. (2009). Early exposure to violence, domestic violence, attachment representations, and marital adjustment. *Personal Relationships, 16*(3), 365–384. 10.1111/j.1475-6811.2009.01228.x.

Goldner, V. (1998). The treatment of violence and victimization in intimate relationships. *Family Process, 37*(3), 263–286. 10.1111/j/1545-5300.1998.00263.x.

Goldner, V. (1999). Morality and multiplicity: Perspectives on the treatment of violence in intimate life. *Journal of Marital & Family Therapy, 25*(3), 325–336. 10.1111/j.1752-0606.1999.tb00251.x.

Goldner, V. (2004). When love hurts: Treating abusive relationships. *Psychoanalytic Inquiry, 24*(3), 346–372. 10.1080/07351692409349088.

Goldner, V., Penn, P., Sheinberg, M., & Walker, G. (1990). Love and violence: Gender paradoxes in volatile attachments. *Family Process, 29*(4), 343–364. 10.1111/j.1752-0606.1999.tb00251.x.

Hamel, J. (2005). *Gender inclusive treatment of intimate partner abuse: A comprehensive approach*. New York, NY: Springer.

Hamel, J., & Nicholls, T. L. (Eds.). (2006). *Family interventions in domestic violence: A handbook of gender-inclusive theory and treatment*. New York: Springer.

Herrenkohl, T. I., Sousa, C., Tajima, E. A., Herrenkohl, R. C., & Moylan, C. A. (2008). Intersection of child abuse and children's exposure to domestic violence. *Trauma, Violence, & Abuse, 9*(2), 84–99. 10.1177/152483.8008314797.

Holt, A. (2011). Responding to the problem of ‚parent abuse'. *The Psychologist, 24*(3), 186–188.

Holt, A. (2016). Adolescent to-parent abuse as a form of ‚Domestic Violence': A conceptual review. *Trauma, Violence and Abuse, 17*(5), 490–499. 10.1177/1524838015584372.

Howe, N., & Recchia, H. (2014). Sibling relationship as a context for learning and development. *Early Education and Development, 25*(2), 155–159. 10.1080/10409289.2014.857562.

Hughes, J., & Chau, S. (2013). Making complex decisions: Child protection workers' practices and interventions with families experiencing intimate partner violence. *Children and Youth Services Review, 35*(4), 611–617. 10.1016/j.childyouth.2013.01.003.

Hunnicutt, G. (2009). Varieties of patriarchy and violence against women. Resurrecting „patriarchy" as a theoretical tool. *Violence against women, 15*(5), 553–573. 10.1177/1077801208331246.

Ibabe, I., Arnoso, S., & Elgorriaga, E. (2014). Behavioural problems and depressive symptomatology as predictors of child-to-parent violence. *European Journal of Psychology Applied to Legal Context, 6*(2), 53–61. 10.1016/j.ejpal.2014.06.004.

Jenkins Tucker, C., & Finkelhor, D. (2015). The stage of interventions for sibling conflict and aggression: A systematic review. *Trauma, Violence and Abuse,* 1–11. 10.1177/1524838015622438.

Johnson, M. P., & Ferraro, K. J. (2000). Research on domestic violence in the 1990's: Making distinctions. *Journal of Marriage and Family, 62*(4), 948–963. 10.1111/j.1741-3737.2000.00948.x.

Jouriles, E. N., McDonald, R., Smith Slep, A. M., Heyman, R. E., & Garrido, E. (2008). Child abuse in the context of domestic violence: Prevalence, explanations, and practice implications. *Violence and Victims, 23*(2), 221–235. 10.1891/0086-6708.23.2.221.

Kennair, N., & Mellor, D. (2007). Parent abuse: A review. *Child Psychiatry Human Development, 38*(3), 203–219. 10.1007/s10578-007-0061-x.

Kennedy, A. C., & Prock, K. A. (2016). „I still feel like I am not normal": A review of the role of stigma and stigmatization among female survivors of child sexual abuse, sexual assault and intimate partner violence. *Trauma, Violence and Abuse,* 1–16. 10.1177/1524838016673601.

Khan, R., & Rogers, P. (2015). The normalization of sibling violence: Does gender and personal experience of violence influence perceptions of physical assault against siblings? *Journal of Interpersonal Violence, 30*(3), 437–458. 10.1177/0886260514535095.

Kimmel, S. K. (2002). „Gender symmetry" in domestic violence: A substantive and methodological research review. *Violence Against Women, 8*(11), 1332–1363. 10.1177/107780102237407.

Lawrence, J. A. (2014). Managing dissonance: Implications for therapeutic practice with partner violence. *Partner Abuse, 5*(2), 119–151. 10.1891/1946-6560.5.2.119.

Lazenbatt, A., Devaney, J., & Gildea, A. (2013). Older women living and coping with domestic violence. *Community Practitioner, 86*(2), 28–32.

Lazenbatt, A., Devaney, J., & Gildea, A. (2010). Older women's life-long experience of domestic violence in Northern Ireland. A CAP-funded research project report. Belfast: Queen's University of Belfast.

McClennen, J. C. (2005). Domestic violence between same-gender partners. Recent findings and future research. *Journal of Interpersonal Violence, 20*(2), 149–154. 10.1177/0886260504268762.

McCloskey, L. A., & Lichter, E. L. (2003). The contribution of marital violence to adolescent aggression across different relationships. *Journal of Interpersonal Violence, 18*(4), 390–412. 10.1177/0886260503251179.

McGarry, J., Simpson, C., & Hinchcliff-Smith, K. (2011). The impact of domestic violence for older women: A review of the literature. *Health and Social Care in the Community, 19*(1), 3–14. 10.1111/j.1365-2524.2010.00964.x.

Messinger, A. M. (2011). Invisible victims: same-sex IPV in the national violence against women survey. *Journal of Interpersonal Violence, 26*(11), 2228–2243. 10.1177/0886260510383023.

Meyers, A. (2015). Lifting the veil: The lived experience of sibling abuse. Qualitative Social Work, 1–18. 10.1177/1473325015612143.

Moles, K. (2008). Bridging the divide between child welfare and domestic violence services: Deconstructing the change process. *Children and Youth Services Review, 30*(6), 674–688. 10.1016/j.childyouth.2008.01.007.

Morris, B. A., Shakespeare-Finch, J., Rieck, M., & Newbery, J. (2005). Multidimensional nature of posttraumatic growth in an Australian population. *Journal of Traumatic Stress, 18*(5), 575–585. 10.1002/jts.20067.

Moulds, L., Day, A., Mildred, H., Miller, P., & Casey, S. (2016). Adolescent violence towards parents—the known and unknowns. *Australian & New Zealand Journal of Family Therapy, 37*(4), 547–557. 10.1002/anzf.1189.

Mullender, A., Hague, G., Imam, U., Kelly, L., Malos, E., & Regan, L. (2002). *Children's perspectives on domestic violence*. London, UK: SAGE Publications.

Nicolson, P. (2010). *Domestic violence and psychology: A critical perspective*. London, UK: Taylor and Francis.

Nock, M. K., & Kazdin, A. E. (2002). Parent-directed physical aggression by clinic-referred youths. *Journal of Clinical Child Psychology, 31*(2), 193–205. 10.1207/153744202753604476.

Office for National Statistics. (2014). *Chapter 4—Intimate personal violence and partner abuse.*UK: Office for National Statistics. Retrieved from: http://webarchive.nationalarchives.gov.uk/20160105160709/http://www.ons.gov.uk/ons/dcp171776_352362.pdf.

O'Leary, K. D., & Maiuro, R. D. (Eds.). (2001). *Psychological abuse in violent domestic relations*. New York, NY: Springer Publishing Company.

Orland, M. (2016). *Child-to-parent violence: A case study* (Master thesis). Malta: University of Malta.

Osthoff, S. (2002). But, Gertrude, I beg to differ, a hit is not a hit is not a hit. When battered women are arrested for assaulting their partners. *Violence against women, 8*(12), 1521–1544. 10.1177/107780102237968.

Oxfordshire Safeguarding Adults Board. (2016). *Neglect and acts of omission.* Retrieved from: www.osab.co.uk/themes/neglect-and-acts-of-omission/.

Pagani, L. S., Tremblay, R. E., Nagin, D., Zoccolillo, M., Vitaro, F., & McDuff, P. (2004). Risk factor models for adolescent verbal and physical aggression towards mothers. *International Journal of Behavioral Development, 28*(6), 528–537. 10.1080/01650250444000243.

Panter-Brick, C., Burgess, A., Eggerman, M., McAllister, F., Pruett, K., & Leckman, J. F. (2014). Practitioner review: Engaging fathers–recommendations for a game change in parenting interventions based on a systematic review of the global evidence. *Journal of Child Psychology and Psychiatry, 55*(11), 1187–1212. 10.1111/jcpp.12280.

Perel, G., & Peled, E. (2008). The fathering of violent men: Constriction and yearning. *Violence Against Women, 14*(4), 457–482. 10.1177/1077801208314846.

Piotrowski, C. C., Tailor, K., & Cormier, D. C. (2014). Siblings exposed to intimate partner violence: Linking siblings relationship quality and child adjustment problems. *Child Abuse and Neglect, 38*(1), 123–134. 10.1016/j.chiabu.2013.08.005.

Roberto, K. A., McPherson, M. C., & Brossoie, N. (2014). Intimate partner violence in late life: A review of the empirical literature. *Violence against women, 19*(12), 1538–1558. 10.1177/1077801213517564.

Routt, G., & Anderson, L. (2015). *Adolescent violence in the home: Restorative approaches to building healthy, respectful family relationships*. New York: Routledge.

Russell, B. (2015). Bridging the gap in knowledge about partner abuse in LGBTQ populations. *Partner Abuse, 6*(1), 3–7. 10.1891/1946-6560.6.1.3.

Sammut Scerri, C. (2015). *Living with contradictions of love and violence: A grounded theory study of women's understanding of their childhood experiences of domestic violence* (Doctoral dissertation). University of Surrey, Guildford, United Kingdom.

Sanders, R. (2004). *Sibling relationships: Theory and issues for practice*. New York, NY: Palgrave Macmillan.

Saunders, D. G. (2002). Are physical assaults by wives and girlfriends a major social problem? A review of the literature. *Violence Against Women, 8*(12), 1424–1448. 10.1177/107780102237964.

Shah, G., & Vetere, A. (2012). *Narratives of love: How do women who have left abusive relationships narrate the story of that relationship?* (Unpublished manuscript). Department of Psychology, University of Surrey, Guildford, United Kingdom.

Stanko, E. A. (2006). Theorizing about violence: Observations from the economic and social research council's violence research program. *Violence Against Women, 12*(6), 543–555. 10.1177/1077801206289137.

Stith, S. M., McCollum, E. E., & Rosen, K. H. (2011). *Couples therapy for domestic violence: Finding safe solutions*. Washington, DC, US: American Psychological Association.

Stöckl, H., & Penhale, B. (2015). Intimate partner violence and its association with physical and mental health symptoms among older women in Germany. *Journal of Interpersonal Violence, 30*(17), 3089–3111. 10.1177/088626051454427.

Straus, M. A. (2008). Dominance and symmetry in partner violence by male and female university students in 32 nations. *Children and Youth Services Review, 30*(3), 252–275. 10.1016/j.childyouth.2007.10.004.

UK Home Office. (2015). *Information guide: adolescent to parent violence and abuse (APVA)*. Retrieved from: https://www.gov.uk/government/uploads/system/uploads/attachment_data/file/420963/APVA.pdf.

Van der Kolk, B. A. (2007). Trauma and memory. In B. A. van der Kolk, A. C. McFarlane, & L. Weisaeth (Eds.), *Traumatic stress: The effects of overwhelming experience on mind, body, and society* (pp. 279–302). London, UK: The Guilford Press.

Van der Kolk, B. (2014). *The body keeps the score: Brain, mind, and body in the healing of trauma*. New York, NY: Viking Penguin.

White, M., & Epston, D. (1990). *Narrative means to therapeutic ends*. London, UK: W.W. Norton & Company.

Winstok, Z. (2013). What can we learn from the controversy over the role of gender in partner violence. *Partner Abuse, 4*(3), 399–412. 10.1891/1946-6560.4.3.399.

Zink, T., Regan, S., Jacobson, C. J., & Pabst, S. (2003). Cohort, period and ageing effects: A qualitative study of older women's reasons for remaining in abusive relationships. *Violence Against Women, 9*(12), 1429–1441. 10.1177/1077801203259231.

Kapitel 2
Leben mit Gewalt in der Familie: Retrospektive Erinnerungen an die Kindheitserfahrungen von Frauen

Dieses Kapitel betrachtet einige Schlüsselthemen in der klinischen Praxis, die auftreten können, wenn man mit Familien arbeitet, in denen häusliche Gewalt aufgehört hat, oder wenn man mit Klienten arbeitet, die in Familien aufgewachsen sind, in denen es häusliche Gewalt gab. Kliniker könnten diese Themen auch relevant finden im Laufe der Therapie mit anderen Klienten, die möglicherweise zunächst mit anderen Schwierigkeiten als Erfahrungen mit häuslicher Gewalt zur Therapie kommen.

Bei der Ausarbeitung dieses Kapitels stützen wir uns auf unsere klinischen Erfahrungen, auf die aktuelle Literatur und auf eine Grounded-Theory-Studie von einer der Autorinnen (Sammut Scerri 2015), die sich auf die Erinnerung erwachsener maltesischer Frauen an ihre Erfahrungen mit häuslicher Gewalt in der Kindheit und ihr Verständnis der anhaltenden Entwicklungs- und Beziehungsauswirkungen auf ihr Erwachsenenleben konzentriert hat. Die Verwendung von Zitaten der Teilnehmerinnen aus der Grounded-Theory-Studie wird hoffentlich sowohl die Intensität der Erfahrung als auch ihre komplexen Auswirkungen auf die Beziehungen in der Herkunftsfamilie der Frauen sowie auf die späteren intimen und elterlichen Beziehungen der Frauen beleuchten. Es wird Wert darauf gelegt, klare Verbindungen zwischen den vorgestellten Forschungsergebnissen und den Auswirkungen auf die Praxis von Sozial- und Gesundheitsfachleuten, die in diesem Bereich arbeiten, zu ziehen.

C. Sammut Scerri et al., *Intervention nach häuslicher Gewalt*,
https://doi.org/10.1007/978-3-031-47950-2_2

Schlüsselthemen in der Klinischen Praxis

Auf Dissonanz, Doppelbindungen und Dilemmata von Liebe und Missbrauch achten

Die in der Studie von Sammut Scerri (2015) befragten Frauen lebten die Koexistenz von zwei intensiven, paradoxen und ungelösten Erfahrungen, die sich in ihrem Leben auf verschiedene Weisen manifestierten. Die Frauen waren im Durchschnitt 28,5 Jahre alt, leistungsfähig, in bezahlter Beschäftigung, und hatten bedeutende Beziehungen in ihrem Leben, aber sie lebten in Familien, in denen sie körperliche Übergriffe von ihrem Vater auf ihre Mutter beobachteten, die in einigen Fällen kaltherzig und sadistisch waren. Sie beobachteten auch gegenseitige emotionale Gewalt zwischen ihren Eltern und erlebten körperlichen und emotionalen Missbrauch durch beide Elternteile. In einigen Fällen wurde dies vom Vater verübt, in anderen Fällen wurde es von beiden Eltern verübt.

Einige dieser Frauen wurden auch körperlich und emotional von ihren Geschwistern misshandelt. Eine oder zwei Frauen waren auch körperlich und emotional gewalttätig gegenüber ihren jüngeren Geschwistern. Allerdings waren dies nicht dieselben Teilnehmerinnen, die berichteten, von ihren Geschwistern misshandelt worden zu sein.

Das Thema Dissonanz war eine ständig präsente Kernkategorie in den Erzählungen der Frauen. Manchmal wurde es von den Teilnehmerinnen artikuliert; zu anderen Zeiten war es in den Erzählungen der Teilnehmerinnen offensichtlich. Der Kernwiderspruch schien sich um Liebe und Angst zu organisieren: Mein Vater liebt mich, aber er schlägt mich, bis er mich fast umbringt! Wie kann meine Mutter meinen Vater lieben und so Angst vor ihm haben? Wie kann meine Mutter mich vor meinem gewalttätigen Vater schützen und dann darauf bestehen, dass ich ihn liebe und respektiere? Die folgenden Unterkategorien und zugehörigen Zitate veranschaulichen diese widersprüchlichen Erfahrungen, die für Kliniker, die mit ähnlich intensiven Doppelbindungen und Dilemmata in der Therapie arbeiten, hilfreich sein könnten, genauer.

Vor dem Vater Angst haben und ihn sehr bewundern

Eine der Teilnehmerinnen, Geraldine[1], eine 34-jährige Frau, teilte ihre sehr lebhaften Kindheitserinnerungen, in denen sie schreckliche, physische und psychische Misshandlungen ihrer Mutter durch ihren Vater miterlebte. Sie sprach auch

[1] Um die Anonymität der Teilnehmer zu schützen, wurden alle Namen geändert. Alle identifizierenden Details wurden entfernt.

über den Missbrauch, den sie direkt durch die Hand ihres Vaters erlitt – von sadistischen, physischen und psychischen Übergriffen durch ihren Vater. Dennoch sprach sie im selben Interview auch darüber, wie sehr sie ihren Vater als Kind bewunderte und ihn in allem nachahmte, einschließlich seiner Sitzweise und Sprechweise. Das folgende Zitat bringt ihre Gefühle der absoluten Angst vor ihrem Vater und die Gefühllosigkeit des Missbrauchs, dem sie ausgesetzt war, zum Ausdruck:

> Das war die Zeit, als mein Vater einen Unfall mit der Pflugmaschine hatte und er dieses heilige Versprechen an Gott abgelegt hatte, dass, wenn sein Bein nicht amputiert würde, er schwere Ketten während der Karfreitagsprozession tragen würde, und sobald er sich erholte und gut laufen konnte, trug er diese Ketten .., Ja, die Karfreitagsprozession. Und er schlug uns mit denselben Ketten, die er in dieser Prozession trug. Natürlich würdest du denken, er würde dich umbringen, Mann!!
>
> Weil ich wusste .., dass die gleichen Ketten, die er am Karfreitag während der Prozession benutzte, die gleichen Ketten waren, mit denen er uns schlug. Ich meine, denk mal darüber nach .., verdammt noch mal! (lästert gegen Gott) … er geht hinter der Statue von Jesus her und dann .., Aber er war ein echter großer Heuchler! Ich wurde wirklich wütend, dass während der Prozession, Jesus, Karfreitag, etwas so Heiliges und Ernstes und so feierlich und schämst du dich nicht vor Gott? Denn Gott soll wissen, was du schleppst .., dann schlägst du uns damit .., verstehst du? (Sammut Scerri 2015, Geraldine I, S. 51–52).

In diesem selben Interview sagte Geraldine auch

> Mein Vater hatte zwei Dinge, die ich sehr bewunderte – Er war sehr geschickt mit seinen Händen, ein sehr praktischer Mann und er war sehr stark und sehr mächtig… als ich aufwuchs, wollte ich wie er sein – mächtig und keinen Scheiß von Leuten akzeptieren (Sammut Scerri 2015, Geraldine 2, S. 72).

So sprachen die Teilnehmer neben den Dynamiken von Gewalt, Angst und Schrecken auch über Situationen, in denen sie sich wieder mit dem Vater verbinden wollten, was die Stärke der Bindungsbande hervorhebt (Bowlby 1988). In gleicher Weise erzählte mir Jessica in ihrem Interview

> „Denn am Ende des Tages ist er immer noch dein Vater… du kannst die Bindung zwischen dir und ihm nicht brechen, selbst wenn er ein Monster wäre, kannst du nicht" (Sammut Scerri 2015, Jessica, S. 19).Obwohl Jessicas Vater ihre Mutter ermordet hatte, wollte sie ihre Beziehung zu ihm nicht abbrechen, weil sie das Gefühl hatte, dass sie nach dem Verlust ihrer Mutter nicht auch noch den anderen Elternteil verlieren und ihren Kindern nicht vorenthalten wollte, ein Großelternteil zu haben.

Seanas Interview zeigte außerdem, wie sehr die Teilnehmer mit dem Missbrauch zu kämpfen hatten und versuchten, eine Verbindung zu ihrem Vater aufrechtzuerhalten. Das folgende Zitat von Seana beleuchtet dieses Dilemma:

> Er rief mich zu Hause an und verbrachte eine Stunde am Telefon und es war, als würde er dich einschüchtern und dich in deine Schale zurückziehen. Also fängst du an zu dir selbst zu sagen, ich habe etwas falsch gemacht. Lass mich sehen, was ich falsch gemacht habe. Aber dann, wenn du anfängst zu reflektieren .., fängst du an zu sagen, aber was habe ich falsch gemacht? Es ist nicht so, dass ich nie etwas falsch gemacht habe, ich habe sicherlich falsche Dinge getan, weil ich ein Mensch bin wie jeder andere, aber er hat mehr falsche Dinge getan, besonders in seiner Rolle als Vater .., er hat mehr falsch gemacht als ich. Denn die Logik sagt dir oder besser gesagt, es ist viel so, wie viele Malteser denken, „Er ist dein Vater, also musst du unterwürfig sein".

> Jetzt das letzte Telefongespräch .., es ging um das ärztliche Attest und er sagte mir, jetzt werde ich es für dich holen .., weil ich die gesamten Weihnachtsferien im Krankenhaus verbracht hatte wegen eines Bandscheibenvorfalls und er sagte mir, dass er mir das Attest selbst besorgen wird und damit er nicht sagt, dass seine Tochter ihn völlig aus ihrem Leben ausschließen will oder damit er sich nicht fühlt .., also ließ ich ihn die Rolle des Vaters übernehmen .., ich ging aufs Ganze für ihn .., ich sagte ihm okay und er brauchte sehr lange, um es für mich zu besorgen und als er es für mich besorgte, war ein Fehler darin und ich rief ihn an und war fast in Tränen, weil er 2 Monate gebraucht hatte, um es für mich zu besorgen und zu der Zeit sagte ich ihm ‚Kannst du mir sagen .. wo ich hingehen kann' .., und er fing an: ‚Ich bin nicht dein Diener und lass mich in Ruhe'.. Ich sagte ihm, ich .., und ich erinnere mich, dass er mir sagte, aber ich will seine Worte nicht benutzen .., er sagte mir, ich .., ..von dir .., und zu der Zeit, es ist, als würde die Welt sich schließen und ich weinte so sehr ..,
>
> … Ja, ich war wie ein springender Ball .., gegen die Wand geschlagen und zurückprallend .., . So sah ich mich selbst .., wie ein springender Ball .., Ich sagte mir, bin ich eine Marionette? Aber lass es mich loslassen, damit ich die Familie so gut wie möglich in Ruhe lasse .., aber letztendlich war ich diejenige, die litt, weil ich mich ihm nicht widersetzte" (Sammut Scerri 2015, S. 46-48).

Dieser Kampf, in dem Kinder zwischen zwei gegensätzlichen Emotionen in Bezug auf ihren Vater gefangen sind, wurde von Peled (2000) erforscht und auch von Mullender et al. (2002) unterstützt. Diese Kinder lebten und leben dieses Dilemma auch im Erwachsenenalter weiter. Donna, eine 23-jährige Frau, sprach davon, zwischen einem Zyklus des Abbruchs und der Verbindung mit dem Vater hin- und herzuschwanken:

> Du würdest wirklich gerne eine Beziehung zu ihm aufbauen… weil du dir wünschst, dass die Dinge eines Tages anders sein werden, aber dann rationalisierst du… es ist, als würdest du das Bedürfnis in dir erkennen, aber du weißt, dass es nicht hilfreich ist,… Ich glaube, dass es das Gefühl ist, das jedes Mädchen für ihren Vater hat… dass er in ihrem Leben sein sollte, aber dann tritt die Realität ein und du erkennst, dass das nicht möglich sein kann. (Sammut Scerri 2015, Donna 1, S. 61).

Man kann über die verschiedenen Erklärungen spekulieren, warum Frauen/Töchter wie Seana und Donna in dem Zyklus des Abbruchs und der Verbindung gefangen waren. Vielleicht sehnten sie sich nach der Liebe ihres Vaters; vielleicht hatten sie neben den schrecklichen Erinnerungen an den Missbrauch auch andere Erinnerungen, die sie mit der Liebe ihres Vaters in Verbindung brachten; vielleicht wollten sie auch ihrer Mutter gefallen, die wollte, dass sie die Verbindung zu ihrem Vater aufrechterhielten, und weil sie sich zudem durch die kulturellen Vorstellungen über die Unterwerfung der Töchter unter die Autorität ihres Vaters und die Überzeugung, dass die Familie zusammenhalten muss, unter Druck gesetzt fühlten. So war die Beziehung zum Vater nicht nur intrinsisch kompliziert durch die intensiven gegensätzlichen Emotionen sondern auch, weil sie eingebettet war in die Kind-Mutter-Beziehung und die kulturellen Diskurse um das Vatersein, um das Tochtersein und um die Bedeutung der Familie im maltesischen Kontext (Sammut Scerri 2015).

Die Mutter voller Liebe und Angst gegenüber dem Vater sehen

Das Bedürfnis, einen Sinn zu finden und mit Widersprüchen umzugehen, bezog sich nicht nur auf die Beziehung der Töchter zum Vater, sondern auch auf die Beziehung zwischen Mutter und Vater. Seana war eine der Frauen, die es sehr schwer fand, ihre Wahrnehmung der sehr klaren Angst ihrer Mutter vor ihrem Vater und ihrer gleichzeitigen Liebe zu ihm zu verstehen:

> Weil ich meine Mutter so ängstlich sah, so voller Bitterkeit und doch so voller Liebe zu ihm… dass ich versuchte, eine Schlussfolgerung zu ziehen – ist es, weil meine Mutter ihn wirklich liebt oder weil sie Angst vor ihm hat? Sie hatte große Angst vor ihm, aber sie liebte ihn sehr (Sammut Scerri 2015, Seana, S. 8).

Andere Frauen konnten außerdem nicht verstehen, wie ihre Mutter versuchte, ihre Kinder vor der Gewalt ihres Mannes zu schützen und gleichzeitig seine Gewalt verharmloste und/oder von ihrer Tochter erwartete, ihn zu respektieren und sie dazu drängte, den Kontakt zu ihm aufrechtzuerhalten. Donna erklärt es auf diese Weise:

> Mama hat ihr Bestes getan, um uns vor ihm zu schützen, aber es war nicht genug, da sie vor ihm Angst hatte und er großen Einfluss auf sie hatte…..
>
> Sie gibt nie auf, mich überzeugen zu wollen, den Kontakt zu ihm aufrechtzuerhalten… sie hat immer wieder gesagt, wie sehr er sich verändert hat und wie ruhig er geworden ist, sodass ich anfing zu überlegen, ob ich zu hart war; und schließlich ging ich mit ihr zu einem Besuch. Sobald wir hineingingen, fing er an zu lästern und zu drohen, dass er sie umbringen würde. Ich war schockiert und so wütend und am Boden zerstört, dass sie ihr Leben und das meiner Schwestern und meines wieder in Gefahr gebracht hatte… Ich schwor, auf meine innersten Gefühle zu hören und nicht wieder dorthin zu gehen (Sammut Scerri 2015, Donna 2, S. 53).

Marika, eine 20-jährige, sprach von ihrer großen Enttäuschung über die Verharmlosung und Rechtfertigung der Gewalt des Vaters durch ihre Mutter (Bogat et al. 2013; Cooper und Vetere 2005). Sie erinnerte sich auch an einen Vorfall, als sie eine Polizeianzeige erstattet hatte und diese nach etwa einer Woche zurückziehen musste, weil ihre Mutter sie unter Druck setzte, keine Anklage gegen ihren Vater zu erheben:

> Und einmal hat er mich geschlagen, hier und in meinen Bauch. Natürlich hat er mich mit dem Tisch geschlagen und mich auf den Boden gestoßen. Als ich wieder zu Bewusstsein kam, verließ ich das Haus und Mama kam mit mir und wir erstatteten Anzeige bei der Polizei. Als sie uns vor Gericht zitierten, sagte meine Mutter zu mir: „Warum ziehst du deine Anklage nicht zurück?“ Weißt du, was meiner Mutter passiert? Die Zeit vergeht, die Dinge beruhigen sich, zum Beispiel geht eine Woche vorbei, und dann sagt sie mir: „Lass den Fall fallen. Wir haben die Anzeige nur erstattet, weil wir wütend waren.“ So konnte ich nie gegen meinen Vater vorgehen. Ich war minderjährig, ich musste bei ihnen leben und ihnen gehorchen, und ich wollte nicht, dass sie mich hassen und mir die Schuld geben, wenn mein Vater ins Gefängnis ging (Sammut Scerri 2015, Marika 2, S. 26).

So machten diese beiden gegensätzlichen intensiven Emotionen in Bezug auf die Beziehung ihrer Eltern es ihnen schwer, solche Erfahrungen zu verstehen und zu verarbeiten. Die Tatsache, dass sie in eine intensive, bedeutende Beziehung zu ihren Eltern involviert waren, die widersprüchliche Natur der Erfahrungen und vielleicht ihre Unfähigkeit, sich dazu zu äußern, ist charakteristisch dafür, wie Doppelbindungen in der Kommunikationstheorie definiert werden (Watzlawick et al. 1967; Gibney 2006). Bateson (1972) hebt auch hervor, dass, wenn solche Situationen wiederholt werden, ein Individuum, das in diesen Doppelbindungen gefangen ist, nicht in der Lage ist, diese Kommunikation zu entschlüsseln und darauf zu reagieren.

Weitere Überlegungen zur Arbeit mit Dissonanz, Doppelbindungen und Dilemmata in der klinischen Praxis

Unserer Erfahrung nach müssen sowohl in der Therapie als auch in der Supervision die Praktiker diese Widersprüche und Dilemmata, die von den Familienmitgliedern aufgeworfen werden, bewältigt werden. Wir finden es wichtig, die Existenz dieser Widersprüche anzuerkennen und sie offen zur Sprache zu bringen (s. Kap. 8 zu Supervision und Beratung). Wenn dies nicht geschieht, besteht die Gefahr, dass wir, wenn wir den schrecklichen Erfahrungen dieser Familienmitglieder zuhören, den Täter als „völlig böse" konstruieren, und wir könnten dabei die Bindungserfahrungen dieser erwachsenen Kinder mit ihren missbräuchlichen Eltern verharmlosen oder pathologisieren (Kaufmann 2002). Aber wenn wir inkongruente Informationen erkennen, einbinden und versuchen zu integrieren – dass jemand eine andere Person gleichzeitig sowohl lieben als auch hassen kann – bleiben wir beständige und dauerhafte Bezugspunkte und helfen den Familienmitgliedern ihrerseits, einige ihrer belastenden und fragmentierten Erfahrungen zu integrieren (Lawrence 2014).

Therapeutische Aufmerksamkeit auf zwischenmenschliche Prozesse wie Familiensystemtriangulation und Parentifizierung lenken

Bei der Arbeit mit Familien, in denen es Gewalt gab, sind Prozesse wie Triangulation und Parentifizierung hilfreiche theoretische Konzepte, um einige der hartnäckigen und intensiven Familienstrukturen zu verstehen. Alle Frauen in der Studie von Sammut Scerri (2015) beschrieben Wege, wie sie in den Konflikt mit ihren Eltern hineingezogen wurden oder sich selbst hineinzogen – was frühe Familientherapeuten wie Minuchin (1974) als Triangulation bezeichneten. Dieser Befund wird unterstützt und gestützt durch Studien aus der Scheidungs- und Ehekonfliktliteratur (Amato und Afifi 2006; Buehler und Welsh 2009; DeBoard-Lucas et al. 2010; Fosco und Grych 2010) und durch die Arbeit von Pat Crittenden (2008) zur Triangulation aus dynamisch-reifer Bindungsperspektive.

Wie Dallos und Vetere (2012) deutlich erklären, stellte Minuchin fest, dass die Nutzung eines Kindes im Konflikt der Ehepartner viele Formen annehmen kann. Er unterschied drei Formen von starren triadischen Prozessen: (a) Die erste Form beinhaltet, dass jeder Elternteil das Kind aktiv rekrutiert, um sich auf seine Seite zu stellen, wobei der andere Elternteil die Handlung des Kindes als Angriff interpretiert. (b) In einer anderen Form, die Minuchin als Umleitung bezeichnete, konzentrieren sich die Eltern, anstatt sich auf ihre unbefriedigende Beziehung zu konzentrieren, auf das Fehlverhalten des Kindes, indem sie ihre gesamte Aufmerksamkeit auf ihn oder sie richten, wobei das Kind zum Familienproblem wird. (c) Die dritte Form – die stabile Koalition - kann die Form annehmen, dass eines der Elternteile eine Allianz mit dem Kind gegen den anderen Elternteil bildet.

Es ist interessant zu bemerken, dass alle drei Formen in der einen oder anderen Form in den Familien der Teilnehmerinnen vorhanden waren. Einige der Teilnehmerinnen wurden aktiv von einem Elternteil rekrutiert, um Partei zu ergreifen, während andere das Gefühl hatten, dass es ihre Pflicht war, sich einzumischen (Fosco und Grych 2010), entweder weil sie ihre Mutter um jeden Preis schützen wollten oder weil sie sich selbst als die mutigste Person in der Familie sahen.

Geraldine erinnerte sich an eine Schritt-für-Schritt-Routine, in der sie explizit trianguliert wurde - sobald ihre Eltern zu streiten begannen, bat ihr Vater sie immer, als Richterin zu fungieren und zu entscheiden, wer den Streit gewinnen sollte - er oder ihre Mutter:

> Zuerst erwähnten sie Abraham Galea (Name des ersten maltesischen Psychiaters), dann sollte ich Richterin sein. Immer so. Denn in jenen Tagen erinnere ich mich nur an Abraham Galeas Stimme im Radio. Dann warf er ihr vor, Abraham Galea zu brauchen .., dann gab sie ihm etwas zurück .., nicht dass sie ihm viel sagte. Das einzige Mal, dass sie ihm etwas sagte .., Dann nachdem Abraham Galea erwähnt wurde, würde ich enden .., beim Hören von Abraham Galeas Namen würde ich sagen, jetzt kommt es .., Jetzt geht es wieder los, verstehst du? Aber derjenige, der viel erwähnt wurde .., nicht dass die psychiatrische Anstalt nicht erwähnt wurde, aber der am meisten erwähnte Name war der von Abraham Galea. Also bedeutete es jetzt, es ist Zeit für das Urteil. Verstehst du? Du musst ein Urteil fällen. Verstehst du? Du musst ein Urteil fällen. Denn das Streiten hatte in jenen Tagen ein Muster (Sammut Scerri 2015, Geraldine 1, S. 40–41).

Geraldine erinnerte sich, dass es, als sie ihr Urteil fällen musste, wie ein Gerichtsurteil war, bei dem die Leute abwechselnd sprachen. Aber gleichzeitig schien die ganze Szene sehr schnell abzulaufen und sie musste sehr rasch ein Urteil fällen. Geraldine erinnerte sich, dass es für sie sehr schwierig war zu entscheiden, ihrer Mutter recht zu geben. Sie sagte, dass ihr Vater ein sehr guter Redner war, wie ein äußerst guter Anwalt, und er die Auseinandersetzungen immer gewann. Als Kind war das einzige, was sie verstand, dies: „mein Vater hatte recht, er war intelligent und meine Mutter war unwissend…“ (Sammut Scerri 2015, Geraldine 1, S. 39). Während sie seine Kompetenz bewunderte, hatte sie darüber hinaus Angst vor ihm und seinen Schlägen und nahm konsequent seine Seite gegen die Mutter ein, zu der sie eine schwierige Beziehung hatte, wie sie sagte. In dieser Doppelbindungssituation (Bateson et al. 1956), konzentrierte Geraldine ihre Energie darauf, zu überleben und nicht von ihrem Vater geschlagen zu werden.

Marika, Donna, Rose, Mary, Sandra und Sara hingegen konnten es nicht ertragen, dass ihre Mutter verletzt wurde und mischten sich in den Streit ihrer Eltern ein, um sie zu schützen. Ein Zitat aus Marikas Interview veranschaulicht ihren Prozess der Triangulation:

> I: Was habt ihr (als Kinder) getan?
>
> P: Meine Schwestern haben nichts getan. Aber ich war diejenige, die sich immer zwischen sie stellte. Denn diese Dinge stören mich. Es stört mich, meine Mutter verletzt und geschlagen zu sehen. Also ging ich zwischen sie.
>
> Ich bekam die Schläge, obwohl ich wusste, dass ich geschlagen werden würde. Solange ich es schaffte, meine Mutter von ihm wegzubringen. Das habe ich immer getan.
>
> I: Du hast seine Schläge bekommen?
>
> P: Ja, ja, ich bekomme die Schläge
>
> I: Also hast du sie beschützt?
>
> P: Ja
>
> (Sammut Scerri 2015, Marika 1, S. 20).

Donna fühlte auch, dass ihre Mutter versuchte, die perfekte Ehefrau und Mutter zu sein und es gab normalerweise nicht viele Streitigkeiten, aber sobald ihr Vater die Beherrschung verlor, wurde er dann gewalttätig, ohne jegliche Provokation. Donna fühlte, dass es eine Ungerechtigkeit war, dass ihre Mutter so viel litt (Jory et al. 1997) und als sie älter wurde, war sie diejenige, die ihn herausforderte, um ihre Mutter und ihre Geschwister zu schützen. Donna erinnerte sich, dass sie schon als 7-jährige begann, ihre Mutter unter Druck zu setzen, ihren Vater zu verlassen und sie davon zu überzeugen, dass sie ohne ihn viel besser dran wären. Marika erinnerte sich daran, dasselbe getan zu haben.

Als Marika und Donna gefragt wurden, warum sie im Gegensatz zu ihren Geschwistern das Gefühl hatten, sich einmischen zu müssen, waren sie sich über die Gründe nicht sicher. Marika sagte, dass sie das Gefühl hatte, es wäre ihre Pflicht als Älteste mit dem Ruf, die Mutige in der Familie zu sein. Donna sagte, dass sie das Gefühl hatte, ihre Mutter und Geschwister wüssten, dass sie kompetent und in der Lage war, sich ihrem Vater zu stellen und sie fühlte, dass dies implizit von ihr erwartet wurde. Dies deutet vielleicht darauf hin, dass der Prozess der Triangulation sowohl auslösende als auch aufrechterhaltende Faktoren beinhaltete, die durch die Familiendynamik zwischen der Mutter und den Geschwistern und den Beziehungen zwischen den anderen Familienmitgliedern verstärkt wurden.

Die Frauen sprachen auch über die große Not, die sie empfanden, als ihre Widersprüche und Dilemmata sich intensivierten und beschrieben, wie sie umso mehr das Bedürfnis verspürten einzugreifen, je heftiger die Gewalt wurde. Sie bemerkten, wie ihre Einmischung die Gewalt zwischen den Eltern und ihnen selbst gegenüber manchmal verschlimmerte. Der Prozess war außerdem über die Lebensspanne der Klientinnen präsent: das heißt in der Kindheit, Jugend und im

Erwachsenenalter, obwohl es während der Adoleszenz war, dass diese Frauen ein großes Bedürfnis verspürten, den Täter davon abzuhalten, weiterhin Angst und Schrecken in der Familie zu verbreiten. Vielleicht war dies die Art und Weise dieser jungen Frauen, ein Gefühl ihrer Macht zurückzubekommen und sich weniger ängstlich und weniger außer Kontrolle zu fühlen (Gorell Barnes und Henessy 1995).

Für einige Teilnehmerinnen war der Prozess der Triangulation eng mit einem Prozess der Übernahme von Verantwortung für ihre Eltern und ihre Geschwister verbunden, als wären sie selbst die Eltern – ein Prozess, der als „Parentifizierung" bezeichnet wird (Boszormenyi-Nagy und Spark 1973; Chase 1999; Jurkovic et al. 1991; Minuchin 1974) wie bereits früher in diesem Kapitel erwähnt.

Marika beschrieb, wie sie das Gefühl hatte, dass es ihre Verantwortung war, emotional für ihre Mutter und ihre Geschwister zu sorgen, anstelle ihres Vaters, der seine Rolle abgegeben hatte, und anstelle ihrer Mutter, die sie als schwach sah (Mullender et al. 2002). Wiederum war Marika nicht sicher, warum sie diese Rolle übernahm, aber sie gab die gleichen Gründe an, die sie für ihre Beteiligung an den Konflikten ihrer Eltern gab:

> … weil ich die Älteste bin, fühle ich mich verantwortlich, verstehst du? Tatsächlich fühle ich immer die Verantwortung, meiner Mutter, meiner Schwester und meiner jüngsten Schwester zu helfen. Ich habe diese Verantwortung übernommen. Ich weiß nicht, woher sie kam und wie sie zustande kam, aber ich habe die Verantwortung übernommen, weil es keinen Vater gibt und ich denke, dass ich in meinem Fall es getan habe, weil mein Vater es versäumt hat, es als Vater zu übernehmen und meine Mutter zu schwach war, um sich um uns alle zu kümmern. Ich übernahm die Verantwortung als die Älteste, nicht finanziell, weil ich kein Geld verdiente, aber zum Beispiel, wenn meine Mutter heute traurig ist, oder wenn sie gereizt ist, versuche ich herauszufinden, was ihr passiert ist; ich versuche, sie glücklich zu machen. Ich sage ihr „komm Mama, lass uns rausgehen …"
>
> Wenn meine Geschwister zum Beispiel etwas brauchen, habe ich es ihnen immer gekauft. Als ich anfing zu arbeiten, kaufte ich für jeden etwas, damit ich ein Lächeln auf jedermanns Gesicht sehe. Es sind kleine Dinge, aber für dich bedeuten sie viel. Zum Beispiel, bis zum heutigen Tag sage ich immer noch, dass ich, bevor ich das Haus verlasse, ob ich heirate oder nicht, mein eigenes Haus haben möchte. Bevor ich zu Hause ausziehe, möchte ich sehen, dass jeder sich eingelebt hat. Zum Beispiel, ich möchte sehen, dass meine mittlere Schwester mit ihrem Freund zusammen ist. Ich möchte sehen, dass meine andere Schwester [sich eingelebt hat] in der Schule. Ich möchte, dass meine Mutter … Mutter bleibt dieselbe… Ich weiß nicht (Sammut Scerri 2015, Marika 1, S. 21–22).

Donna erinnerte sich daran, ähnliche Dinge getan zu haben – sie kümmerte sich um ihre mittlere und jüngste Schwester und nahm diese als Baby sogar mit zum Religionsunterricht, da der Vater die Mutter für sich wollte:

> Er war auch gewalttätig …, er war sexsüchtig …, es war so, dass meine Mutter manchmal neben uns schlief, er schaute viele pornografische Filme, dann sagte er ihr, komm zu mir …, verstehst du …, als wir älter wurden, dann sagte er mir, hol deine Schwester und bring sie von dort weg …, ich habe sie nie beim Sex gesehen …, aber ich wusste, was vor sich ging …, meine jüngere Schwester, manchmal, aus Neugier, spähte durch das Schlüsselloch …, ich ärgerte mich über sie, meine Mutter fühlte sich wirklich wie ein Objekt …, und das war es, ich war immer besorgt, sie zu schützen …, dann, als ich älter wurde, fing ich an, mich ihm zu widersetzen und das gefiel ihm nicht (Sammut Scerri 2015, Donna 1, S. 6–7).

> Meine Schwester …, sie ist jetzt 12 Jahre alt …, sie war das Ergebnis von Eifersucht, mein Vater wollte meine Mutter ganz für sich …, es war so, als wollte er nicht, dass sie sich um meine Babyschwester kümmert. Also musste ich sie füttern, sie wickeln, nachts aufwachen, um nach ihr zu sehen, und er sagte mir, nimm sie mit, auch wenn ich zum Religionsunterricht ging, und es war so, wenn ich sie zum Religionsunterricht mitnahm, gab es viele Dinge… (Sammut Scerri 2015, Donna,1, S. 9).

Auch Donna war sich nicht sicher, wie sie diese Rolle übernommen hatte, aber sie sagte, dass es etwas war, in das sie hineingewachsen war, seit sie drei Jahre alt gewesen war. Sie erinnerte sich zudem daran, dass sie sich immer vergewisserte, dass das Haus sicher und jede Tür verschlossen war, wenn ihr Vater das Haus verlassen hatte. Wie bereits hervorgehoben, war Donna nicht nur ein Bezugspunkt für ihre Mutter in Fragen der Disziplin und Erziehung ihrer jüngsten Schwester, sondern fühlte, dass sie die einzige Freude im Leben ihrer Mutter war und es ihr schuldig war, in der Schule gut abzuschneiden, damit ihre Mutter getröstet wurde:

> Und ich erinnere mich, ich war gut in der Schule und ich erinnere mich, dass ich ihr Champion sein wollte. Und sogar am Elterntag sagten sie ihr, du hast eine so helle und höfliche Tochter und sie lobten mich und so weiter und ich wusste, was diese Worte für sie bedeuteten, besonders weil in ihrer Familie viele delinquente Kinder waren. Sie sagte: „Also muss ich etwas richtig machen?“ Ich fühlte das sehr oft (Sammut Scerri 2015, Donna 2, S. 30).

Auf ähnliche Weise war Sandra auch sensibel für die Schwierigkeiten ihrer Mutter, über die Runden zu kommen, und sie erinnerte sich daran, dass sie als kleines Mädchen das billigste Päckchen Süßigkeiten auswählte, damit ihre Mutter nicht viel Geld ausgeben musste. Sandra erinnerte sich zudem an die vielen Male, die sie sich um ihre Mutter kümmerte, als diese depressiv war. Sara übernahm außerdem, wie bereits hervorgehoben, die Fürsorgerolle für ihre Geschwister wie ein Elternteil. Allerdings schien Sara weniger mit ihrer Rolle belastet zu sein als andere Teilnehmerinnen, wie zum Beispiel Donna und Marika, und war mehr in Kontakt mit der Tatsache, dass sie viel Unterstützung von ihrer Familie hatte. Donna kämpfte weiterhin darum, keine elterliche Rolle gegenüber ihrer Mutter und ihren Schwestern zu übernehmen, und obwohl sie und ihre Mutter und Schwestern daran arbeiteten, anders miteinander umzugehen, wechselten ihre Positionen im Laufe der Zeit hin und her. In Gefahrensituationen fühlte Donna sich trotzdem wieder in diese Rolle hineingedrängt.

Die Auswirkungen von Triangulation und Parentifizierung auf die Entwicklung der Frauen: Ein Gefühl des Verlusts, Gefühle von Not und Kompetenz

Sowohl Triangulation als auch Parentifizierung führten zu einem Verlust der Beziehungen zu ihren Eltern und Geschwistern. Obwohl Mary sagte: „Partei zu ergreifen verläuft fast automatisch, wenn der Vater furchteinflößend ist und man sich nur bei der Mutter sicher und geborgen fühlt“ (Sammut Scerri 2015, Mary, S. 11), drückte sie auch aus, wie schmerzhaft es war, ihre Beziehung zu ihrem Vater zu verlieren (Amato und Afifi 2006). Vielleicht ist es auch dieses Gefühl des Verlusts, das die Töchter weiterhin dazu antreibt, offen für eine gewisse Verbindung mit dem Vater zu bleiben. Seana drückte dasselbe Gefühl des Verlustes aus, als sie die Trennung zwischen ihrem Vater und ihren Geschwistern erlebte, die auf geteilte Loyalitäten und Bündnisse zwischen den Geschwistern und einem Elternteil gegen den anderen Elternteil und das andere Geschwisterkind zurückzuführen ist. Wie bereits erwähnt, fühlte sich Donna durch die Parentifizierung so, als hätte sie es verpasst, von ihrer Mutter umarmt und bemuttert zu werden. Sie verlor auch ihre Geschwisterbeziehung zu ihren beiden Schwestern. Sie konnte sich bei ihrer Familie nicht entspannen und fühlte sich in gewisser Weise anders und isoliert.

Die Beteiligung durch die Prozesse der Triangulation und Parentifizierung bedeutete auch, dass die Töchter sich sehr belastet und wütend fühlten (Gerard et al. 2005; Earley und Cushway 2002). Rose stellte fest, dass es für sie sehr schwierig war, sich nicht einzumischen und ihre Mutter nicht zu schützen, ihre Einmischung manchmal aber die Kämpfe verschlimmerte (Fosco und Grych 2010). Marika fühlte sich ebenfalls belastet, als sie den Kampf ihrer Mutter und manchmal den Kampf ihrer Schwester mit dem Vater aufnahm. Sie erkannte, dass es eine zusätzliche Belastung war, die nicht endete, als die Kämpfe aufhörten. Sie blieb dann zurück mit der Sorge um die Auswirkungen auf ihre Schwester und manchmal auch mit der Sorge um sich selbst und der Frage, ob sie aggressiv wie ihr Vater wurde, wie bereits erwähnt:

> Es ist viel Stress (mit Nachdruck gesagt). Denn man möchte die Kontrolle über alles haben, was passiert. Vor einiger Zeit hatte meine Schwester (die nach mir kommt) einen Streit mit meinem Vater und ich ging hinunter und versuchte, ihm die Dinge zu erklären und ihn zum Verstehen zu bringen. Ich geriet in einen Streit mit ihm, weil er stur ist. Er akzeptiert nicht, dass er einen Fehler macht. So etwas. Also kämpfte ich weiter mit ihm und dann ist es so, als ob man am Ende Kopfschmerzen hat, weil das alles eine Belastung ist, es ist stressig. Das ist eine zusätzliche Belastung für mich – weil es so ist, als ob man alles selbst in sich aufnimmt. Dann, wenn sie streiten, machst du dir Sorgen um sie (Sammut Scerri 2015, Marika 1, S. 23).

Die Frauen gaben zu, ein Gefühl der Kompetenz und ein Gefühl der Handlungsfähigkeit entwickelt zu haben, indem sie mitten in den Dingen standen (Byng-Hall 2002, 2008). In einigen Fällen, wenn sie sich in die Gewalt ihrer Eltern einmischten, gelang es ihnen, ihre Mutter zu schützen und sich ihrem Vater zu widersetzen. Auf diese Weise kamen sie ein Gefühl der Macht kennen und Donna erinnerte sich daran, dass sie zwar Angst vor ihrem Vater hatte, diese aber nicht zeigen wollte. Sie wurden zudem durch die manchmal implizite und andere Male explizite Zustimmung ihrer Familie und erweiterten Familie bestätigt – Marika war als die Mutige bekannt.

Zusammenfassend scheint der Prozess der Triangulation in allen Erzählungen der Teilnehmerinnen allgegenwärtig zu sein und es erscheint seltsam, dass dieser Prozess bisher nicht viel mehr empirisch in der systemischen Literatur untersucht wurde (Dallos und Vetere 2012). In einigen der Erzählungen dieser Teilnehmerinnen war die Triangulation eng mit der Parentifizierung verbunden, wobei die Beziehung anscheinend proportional war – je mehr eine Person trianguliert wurde, desto mehr fühlte sie, dass sie für die Bedürfnisse ihrer Mutter und Geschwister sorgen musste.

Bei der Untersuchung solcher Muster können Therapeuten nach Gewinnen und Verlusten fragen, die ihre Klienten erlebt haben, wie zum Beispiel ein Gefühl der Kompetenz durch eine zentrale Rolle in der Familiendynamik und/oder ein Gefühl des Verlusts im Zusammenhang mit dem Verlust ihrer Kindheit oder den Beziehungen zu ihren Geschwistern, weil sie sich ihnen mehr aus einer elterlichen Rolle heraus, nicht als Geschwister, näherten.

Die Teilnehmerinnen beschrieben auch, dass Prozesse wie Triangulation und Parentifizierung lang anhaltende Herausforderungen waren, die sie regelmäßig in ihren Beziehungen - vor allem zu ihrer Herkunftsfamilie - immer wieder neu bewältigen mussten. Zwei der Teilnehmerinnen, Geraldine und Donna, sprachen auch darüber, wie sie durch viel psychologische Arbeit in der Therapie - und auch durch andere alternative Therapien wie Meditation, Yoga und Achtsamkeit - in der Lage waren, Freiräume zu schaffen, in denen sie nicht in die Konflikte ihrer Eltern verstrickt waren.

Dies bedeutet, dass Therapeuten dazu beitragen können, einen Reflexionsraum für Klienten zu schaffen, in dem sie darüber nachdenken können, wie sie sich am besten positionieren und die heiklen und schwierigen Kontexte des Ehekonflikts manövrieren können, selbst wenn sich die Eltern getrennt haben und die Kinder erwachsen sind. Therapeuten können sich außerdem über die Forschung und klinische Studien informieren, die untersucht haben, inwiefern Meditation und Achtsamkeit hilfreiche Methoden für den Umgang mit traumabezogenen Belastungen sind (Briere und Scott 2015).

Von der Traumatheorie ausgehend und die traumatisierende Wirkung von Gewalt auf die Entwicklung von Kindern und Erwachsenen betrachtend

Man kann argumentieren, dass die erschreckende Komponente und die Auswirkungen der Gewalt in der Familie auch einen wichtigen Einfluss auf die Beeinträchtigung der Reflexionsfähigkeit der Kinder und aller beteiligten Familienmitglieder hatten. Aus der Traumaforschung und der Funktionsweise des Gehirns unter Bedingungen hoher Erregung und Gefahr wissen wir, dass der normalerweise mit dieser Funktion assoziierte präfrontale Kortex von der Amygdala im limbischen System „umgangen" wird, sodass Personen eher in einem Flucht-Flucht-Einfrier-Modus agieren und ihre Fähigkeit verlieren, über den mentalen Zustand anderer nachzudenken (Asen und Fonagy 2012).

Alle Frauen berichteten überwältigend schreckliche Erfahrungen mit Missbrauch, die sie dazu brachten, auf verschiedene Weisen zu überleben. Sowohl Anita als auch Carmen beschrieben ihre Kindheit als „Leben in der Hölle". Anita war entsetzt über die beängstigenden Szenen zwischen ihrer Mutter und ihrem Vater und erinnerte sich auch daran, wie sie zu Gott betete und ihn anflehte, sie von der körperlichen Misshandlung, der Vernachlässigung und dem psychischen Missbrauch zu befreien, die sie durch ihre Mutter und ihren Vater erlitt. Anita beschrieb ihren Vater als Alkoholiker und ihre Mutter als eine Person, die immer wieder einfach aufstand und das Haus verließ, wenn sie nicht mehr mit dem fertig werden konnte, was in der Familie vor sich ging:

> Wenn meine Mutter das Haus verließ .., wachte sie eines schönen Tages auf und es war so, ‚Ich kann das nicht mehr ertragen' und sie geht – mein Vater war ein Alkoholiker .., wenn sie das Haus verließ, trank er mehr .., aber es war fast besser, wenn sie das Haus verließ, weil sie unorganisiert war .., das Haus war immer durcheinander; sie fing um 8 Uhr morgens an, die Wäsche zu waschen und es konnte Mitternacht werden und sie war immer noch dabei .., es war so .., heute weiß ich, dass sie eine Persönlichkeitsstörung hatte ..,
>
> Ich erinnere mich, als ich etwa 4 oder 5 Jahre alt war, erinnere mich es sehr deutlich .., meine Schwester und ich sprachen vor ein paar Tagen darüber .., meine älteste Schwester und ich .., meine Mutter war schwanger mit einem meiner Geschwister, er hielt ein Springmesser gegen ihre Beine. Gott sei Dank klopfte jemand an die Tür, denn er sagte ihr, ich werde dich in Stücke schneiden .., so war es bei uns zu Hause (Sammut Scerri 2015, Anita, S. 3).

Geraldine erkannte, dass sie dazu erzogen wurde, nichts zu fühlen und ihre Emotionen auszuschalten, was Kolk (2007) als „emotionale Betäubung" (S. 188) bezeichnet, ein Prozess, der Geraldine nach eigenen Angaben dazu brachte, ihre Emotionen sowohl in traumabezogenen als auch in alltäglichen Erfahrungen des Lebens abzuschalten.

Andererseits erinnerte sich Jessica daran, als Kind ständig wachsam zu sein und sich um die Sicherheit ihrer Mutter zu sorgen: „Ich wachte auf und ging zu Mama, um zu überprüfen, ob sie noch lebt. Ich konnte nicht schlafen, bevor ich nicht sicher war, dass es ihr gut geht [Tränen steigen in die Augen]" (Sammut Scerri 2015, S. 6). Geraldine erinnerte sich auch daran, nachts aufzuwachen und die Treppe hinaufzueilen, dort stehen zu bleiben, ganz still, ohne einen Finger zu bewegen, um zu hören, was ihre Eltern sagten, um sicherzustellen, dass ihre Mutter in Ordnung war (Rivett et al. 2006) und dann zurück ins Schlafzimmer zu eilen, wenn ihre Eltern nicht mehr zu reden schienen. Geraldine erinnerte sich daran, nicht alle ihre Worte verstehen zu können und sich sehr anzustrengen, um zuzuhören. In solchen Fällen kann das Verhalten von Geraldine und Jessica als Form von Hyperaktivierungsstrategie (Mikulincer et al. 2003) verstanden werden, da sie versuchten, sich immer wieder zu versichern, dass ihre Mutter als Bindungsfigur trotz der gefährlichen Umgebung sicher war.

Nach dem Tod ihrer Mutter erinnerte sich Jessica daran, Medikamente zum Schlafen zu benötigen, Panikattacken zu haben und ständig unterwegs zu sein. Sara erinnerte sich auch daran, dass sie als Kind ständig unterwegs war. Alle Teilnehmerinnen verstanden ihr Verhalten als Erwachsene als Folgen dessen, was sie durchgemacht hatten, und hoben die Überschneidungen zwischen hyperaktivem Verhalten, posttraumatischen Belastungsstörungen und den Auswirkungen auf Kinder, die häusliche Gewalt miterleben, hervor (Dallos und Vetere 2009):

> Heutzutage sage ich, dass ich wegen der Dinge, die passierten, streitlustig war; dass mich nichts erschreckte, verstehst du? Mein Bruder sagt, dass ich die Aufmerksamkeit der Leute auf mich zog, weil ich wusste, was ich den Leuten sagen sollte, wenn sie mir etwas sagten. Ich fühlte mich wie ein großes (älteres) Mädchen. Ich fühlte mich nicht wie ein kleines Kind (Jessica, S. 8).

Erinnern und Vergessen

Das Thema oder die Kategorie „Erinnern und Vergessen“ kam sehr oft in den Interviews vor und könnte direkte Relevanz dafür haben, wie Familienmitglieder ihre Geschichte in der Therapie erzählen. Während die Teilnehmerinnen versuchten, sich an ihre Erfahrungen zu erinnern, bemerkten einige, dass sie sich nur an Bruchstücke erinnern konnten und dass es manchmal schwierig für sie war, sich an ein kohärentes Ganzes zu erinnern:

> Ich kann mich nicht daran erinnern, welche Rolle mein Bruder spielte, ich kann mich nicht erinnern. In meiner Vorstellung, in der Art und Weise, wie ich mich an Dinge erinnere, hatte er vielleicht eine passive Rolle .., ich kann mich nicht an ihn erinnern .., ich denke, dass er viel geweint hat, aber ich glaube nicht, dass das immer so war. Ich denke, dass er oft wie benommen war .., Es ist, als könnte ich das Ganze nicht sehen .., es kommt nicht zu mir (Sammut Scerri 2015, Geraldine 2, S. 84).

Auch Mary berichtet:

> … ja, Bruchstücke von Episoden .., und manchmal würdest du nicht verstehen, was passiert, also ist es einfacher, Brcuhstücke zu sehen .., und es würde nicht diesen Klebstoff zwischen ihnen geben... (Sammut Scerri 2015, Mary, S. 20).

Rose war eine der Teilnehmerinnen, die Schwierigkeiten hatten, sich an große Teile ihrer Kindheitserfahrungen zu erinnern. Während sie sagte, dass ihre Beziehung zu ihrer Mutter gut war, konnte sie sich an keine spezifischen Begebenheiten erinnern, die eine solche enge Beziehung illustrierten. Ihre Erinnerungen waren manchmal nicht nur fragmentiert, sondern schienen auch inkohärent zu sein, das heißt, sie fehlten eine Abfolge von Ereignissen oder andere wichtige Details (Kolk 2014). Ich (Clarissa Sammut Scerri) beobachtete auch, dass sie viel Verharmlosung und emotionale Distanz in ihrer Sprache verwendete (Crittenden & Kulbotten, 2007). Als sie gefragt wurde, wie die Atmosphäre zu Hause war, als sie jung war, antwortete sie

> Was ich nicht erinnere ist .., die Atmosphäre zu dieser Zeit .., offensichtlich war ich noch jung .., was ich erinnere ist, dass es .., auch als wir in (Name des Dorfes) zu leben kamen, Geschrei gab, ein wenig Streit in der Familie und so weiter. Ich erinnere mich auch, dass es ein paar Schläge gab .., und ehm .., fliegende Dinge (Sammut Scerri 2015, Rose S. 3, S. 5).

Gleichzeitig waren Roses Erinnerungen an eine besonders gewalttätige Episode, in die sie verwickelt war, in Übereinstimmung mit Kolks (2014) Forschung über traumatische Erinnerungen, sehr klar und lebhaft:

> Ich erinnere mich sehr deutlich an eine Episode .., ich war am Essen .., wir haben eine kombinierte Küche und Esszimmer, die nur durch einen Bogen getrennt sind. Er griff nach einem Schmuckstück .., Mamas, das ihr Vater ihr gegeben hatte, bevor er starb; er griff diese Puppe und zerbrach sie und warf sie auf mich .., und ich sah, dass sie in meine Richtung kam .., und so Episoden wie diese .., dieser Art (Sammut Scerri 2015, Rose, S. 8).

Andere Teilnehmerinnen erinnerten sich ebenfalls sehr lebhaft an ähnliche Episoden. Auf ähnliche Weise können Familienmitglieder, die über ihre Erfahrungen sprechen, sich sehr lebhaft an Dinge erinnern oder Lücken in ihren Erinnerungen haben oder ihre Geschichten auf fragmentierte Weise erzählen.

Andere Teilnehmerinnen sprachen auch über ihre Erfahrungen mit dem aufdringlichen Wiedererleben traumatischer Ereignisse – das ist das erste PTBS-Kriterium – Wiedererleben des traumatischen Ereignisses (American Psychiatric Association 2013). Ein besonders auffälliges Beispiel war das von Geraldine, die sich aus Angst, dass ihr Freund kommen und sie schlagen würde, nachdem er ihr im Verlauf eines Gesprächs gesagt hatte: „Du hast recht!", drei Tage lang zu Hause einschloss:

> Nein…nein…nein…vor Leuten sagte er dir einfach „Du hast recht". Und diese Worte haben bei mir lange gedauert, bis ich gelernt habe, was sie bedeuteten, sogar bis zu dem Moment, als ich eine erwachsene Frau war. Es war sehr schwierig, wenn mir jemand sagte, ich hätte recht. Denn ich pflegte zu sagen (haqq ghal Madonna – Blasphemie gegen die Heilige Mutter), jetzt wird eine Prügel folgen.
>
> Einmal hatte ich einen Freund. Ich erinnere mich nicht, worüber wir gesprochen haben, aber es war etwas Belangloses…, Aber ich erinnere mich deutlich im Auto, während er fuhr und ich auf dem Beifahrersitz saß, ok? Er sagte, du hast recht. Jetzt musst du bedenken, dass er die Schlüssel zu meinem Haus hatte. Er benutzte den Schlüssel nur, wenn er abends vorbeikommen wollte und ich wusste, dass er kommen würde. Emm…und er sagte, wir haben gesprochen und er sagte, du hast recht.
>
> Ich erstarrte und konzentrierte mich nur darauf, dass ich, sobald ich ankomme, aus dem Auto huschen und in mein Haus rennen werde. Ich schwieg, damit er so schnell wie möglich gehen würde… Und dann rief er mich viel später bei der Arbeit an...
>
> Er rief mich zu Hause an und ich ignorierte ihn. Dann rief ich ihn etwa drei Tage später an, weil ich mich lächerlich fühlte. Dann sagte er: „Du bist plötzlich ohne Vorwarnung einfach so ohne Grund gegangen…, meine Mutter und Tante haben sich auch Sorgen gemacht".
>
> Dann fand ich irgendwo den Mut und sagte ihm ‚Bitte tu mir einen Gefallen, komm vorbei und wir werden reden…' Ich sagte ihm, sag mir nicht ‚Du hast recht'. Sag mir dieses Wort nie wieder. Ich sagte ihm, denn für mich bedeutet ‚du hast recht'…, er hatte mir nie die Hand erhoben…, es stimmt, er hatte mir nie körperlich etwas angetan…, aber in diesem Moment dachte ich, er geht mit mir ins Haus und dann würde er…, denn für mich bedeutet „du hast recht", dass als nächstes eine Prügel aus der Hölle kommt. Es bedeutet „Ich werde dich nicht vor Leuten schlagen, aber wenn wir zu Hause sind, wirst du bekommen…"(Sammut Scerri 2015, Geraldine 1, S. 30–32).

Geraldines Erinnerungsauslöser und darauffolgende Flashbacks (Kolk et al. 2007) waren belastend und hatten einen störenden Einfluss auf ihre Lebensqualität und Beziehungen. Geraldine erinnerte sich auch daran, wie sie auf dem Weg zur Arbeit von starken Kopfschmerzen überwältigt wurde und was sie bei Verstand hielt, war die enorme Unterstützung ihrer Psychologin, die mit ihr über die Natur von Flashbacks gesprochen hatte (Briere und Scott 2015). Geraldine verband die Schmerzen mit den Schlägen, die sie auf den Kopf bekam, während sie von ihrem Vater an den Haaren die Treppe hinuntergezogen wurde. Die Erklärung der Psychologin war für ihre geistige Gesundheit von entscheidender Bedeutung.

Die Traumatheorie kann auch hilfreich sein, um einige der Erfahrungen zu verstehen, die die Frauen als einzelne Erwachsene im Rahmen von Traumafolgen gemacht haben, und um zu verstehen, wie sie die Auswirkungen dieser Erbschaften auf ihre intimen Beziehungen begreifen.

In den Interviews beschrieben die Teilnehmer ihren psychischen Schmerz und betonten, dass er schlimmer war als körperlicher Schmerz. Rose sprach über die Beleidigungen ihres Vaters, die sich in ihrem Kopf als Erwachsene ständig abspielten und sie sich unfähig fühlten und es schwer fanden, den Mut aufzubringen, alleine auszugehen, um neue Leute zu treffen. Claire fühlte, dass ein Teil der immensen Angst, die sie in ihrer Kindheit erlebt hatte, ihre Angst vor Mobbing war, die in ihrem Erwachsenenleben sehr präsent blieb (Band-Winterstein 2014). Sie fühlt sich in Konfliktsituationen immer noch sehr ängstlich und zieht es vor, sich zurückzuziehen, statt zurückzuschlagen.

> Er hielt eine Faust neben mein Gesicht und ich versuchte, seine Hände abzuwehren, aber mein Vater war wirklich stark, weil er zu dieser Zeit im Baugewerbe tätig war – also war er wirklich stark und ich erinnere mich, dass er angefangen hatte, mir zu sagen – fast auf scherzhafte Weise – komm schon, sag mir jetzt das Gegenteil von dem, was ich dir sage – und ich weiß jetzt, dass er mich ansah und „genoss“ die Tatsache, dass er Angst in meinen Augen sah – damit ich ihm sagen werde – nein, ich werde es nicht tun, weil er wusste, dass ich ihm nicht widersprechen würde, weil ich zu sehr Angst hatte…, und ich habe immer noch Angst, nicht nur vor ihm, sondern vor jedem, weil ich Angst habe, gemobbt zu werden – also werde ich niemandem antworten (Sammut Scerri 2015, Claire, S. 13).

Die Teilnehmer in der Studie von Sammut Scerri (2015) teilten auch ihre Gefühle der Scham über die Überzeugung, dass sie nicht aus einer „guten, stabilen Familie“ stammten, was ihnen im Weg stand, ihre Kindheitserfahrungen zu teilen (Cooper und Vetere 2005). Wenn solche Erfahrungen vor ihren bedeutenden anderen geheim gehalten wurden, beraubte dies wiederum ihre intimen Partner eines wichtigen Kontextes, um das Verhalten ihrer Partner zu verstehen.

Carmen, Claire und Marika sprachen speziell darüber, dass sie sehr zögerlich waren, über den gewalttätigen Hintergrund ihrer Familie mit ihren Freunden und potenziellen Partnern zu sprechen. Carmen hatte große Angst, dass, obwohl ihr Freund sie vielleicht akzeptieren könnte, seine Familie das nicht tun würde:

> Aber als ich meinen Mann kennenlernte, war meine ganze Angst nicht, ob ich ihn heiraten würde oder nicht, sondern meine größte Angst war, wie ich ihm von meiner Herkunft erzählen sollte. Denn ok – er könnte dich akzeptieren, aber dann gibt es auch seine Familie, und manchmal ist es die Familie, die dich nicht akzeptiert, und viele Familien tun das, sie stigmatisieren dich und sagen, dass ich wie meine Mutter sein würde (Sammut Scerri 2015, Carmen, S. 28).

Solche Ängste müssen im Kontext von Ehre und Scham verstanden werden, die in der mediterranen Kultur weiterhin von Bedeutung sind (Cassar 2003), wo die Rolle der Frau, insbesondere in den älteren Generationen, darin besteht, Schande zu vermeiden, „indem sie rein bleibt, ihren Ehemännern treu bleibt und die Kontinuität der Familiennachfolge garantiert“ (S. 12). In diesem Sinne war es dann wichtig für Carmen, nicht als eine Person gesehen zu werden, die Schande über die Familie ihres zukünftigen Ehemannes bringen würde. Diese Ängste müssen auch im weiteren Kontext von Scham und Demütigung im Zusammenhang mit häuslicher Gewalt in Familien verstanden werden (Cooper und Vetere 2005).

Man kann also argumentieren, dass die Auswirkungen von familiärer Gewalt weitreichend sind und oft über die Grenzen der eigenen Kernfamilie hinausgehen, auch wenn die Gewalt aufhört. Die Angst vor dem Urteil anderer Menschen und vor sozialem Bankrott (Abela 1997), zusammen mit der Loyalität gegenüber der eigenen Familie, sind sehr starke Hemmnisse, um über das zu sprechen, was in einem zu Hause passiert. Die soziale Isolation und das damit einhergehende Leiden sind in der Regel enorm, sodass man verstehen kann, warum einige Familienmitglieder keine Unterstützung bei ihren intimen Partnern suchen.

Andere Traumafolgen und Herausforderungen in Beziehungen – „Es fühlt sich an, als würdest du versuchen, einen Berg zu bewegen”

Eine der Teilnehmerinnen, Mary, äußerte einige der Gefühle der anderen Frauen, als sie sagte, dass sie oft kein Bewusstsein dafür hatte, was sie in die Beziehung einbrachte, sondern es erst bemerkte, als sie sich wieder mit denselben Problemen konfrontiert sah (Herman 1997). Mary beschrieb prägnant, wie sie aufgrund ihrer Kindheitserfahrungen sehr wichtige Beziehungsgrundlagen verpasste, sowohl in sich selbst als auch im Umgang mit anderen (Briere und Scott 2015):

> Zum Beispiel .., ich weiß nicht .., mir fehlte das Gefühl der Sicherheit, das Gefühl der Zugehörigkeit, das Gefühl, für das gesehen zu werden, was man ist und man muss diese von irgendwoher bekommen. Und jemand muss sie dir geben .., ja, du musst an dir selbst arbeiten, aber es muss jemanden geben, der sie dir gibt und wenn du sie nicht findest, dann, diese Erfahrungen .., du lebst weiterhin mit vielen Symptomen .., Symptomen falscher Überzeugungen, zum Beispiel, wo Männer und Frauen betroffen sind, wo Beziehungen betroffen sind .., Überzeugungen über dich selbst .., es ist so, als gäbe es viele Dinge .., es ist sehr komplex .., zum Beispiel sogar die Art, wie du dich verhältst, zum Beispiel indem du wütend wirst und gehst .., es ist so, als hätte niemand dir beigebracht, dass du bleibst und redest .., und manchmal könnte es sein, dass du das auch weißt, du hättest es gelernt, aber es tatsächlich zu tun, fühlt sich an, als würdest du den Traumaberg, den du durchgemacht hast, verschieben, es fühlt sich an, als würdest du versuchen, einen Berg zu bewegen (Sammut Scerri 2015, Mary, S. 25–26).

Marys Worte vermittelten einige der großen Kämpfe, mit denen einige dieser Teilnehmerinnen ständig in einer Beziehung zu tun hatten. Sie teilte mit, wie verärgert sie war, als sie sich in Umständen ähnlich denen ihrer Eltern wiederfand, obwohl sie entschlossen war, die Geschichte ihrer Eltern nicht zu wiederholen. Jessica fand sich auch in einer freudlosen Ehe wieder, wie zuvor beschrieben. Sie fühlte sich von ihrem Ehemann nicht bestätigt und nicht geliebt. Im Nachhinein reflektierte sie, wie schwierig es für ihren Ex-Ehemann gewesen sein muss, den Zorn zu verstehen, der aus einem Gefühl der Ungerechtigkeit und Unfairness entstand, 20 Jahre lang missbraucht und unterdrückt worden zu sein, und damit umzugehen (Johnson 2004). Jessica glaubte, dass ihr Ehemann versucht hatte, mit ihr auszukommen, aber vielleicht sah er sie als zu streitsüchtig und zu entschlossen, ihren Standpunkt um jeden Preis durchzusetzen. All das könnte für ihn zu viel gewesen sein. Sie versuchte auch, mit ihm über ihre Träume und Wünsche zu sprechen, aber sie hatte das Gefühl, dass sie nicht ernst genommen wurde und er ihre Worte als jugendliche Fantasien abtat.

Marika und Rose sprachen über die Schwierigkeiten, die sie hatten, ihren Ärger zu bewältigen und mit Unterschieden und Konflikten im Kontext einer intimen Beziehung umzugehen (Briere und Lanktree 2012). Marika fühlte sich unfähig, mit ihrer Frustration umzugehen, und sie bewältigte dies, indem sie die konfliktreiche Situation verließ, ein Verhalten, das unweigerlich negative Auswirkungen auf ihre Beziehung zu ihrem Freund hatte. Rose äußerte die gleichen Gefühle, einschließlich ihrer Unfähigkeit, über das zu sprechen, was in der Beziehung störte:

> Und wie sagt man das .., selbst die Tatsache, dass ich Angst habe .., ich habe ein sehr geringes Selbstwertgefühl, sehr, sehr gering .., selbst die Tatsache, dass ich Angst habe, meine Meinung zu äußern oder dass ich mich zurückhalte .., das hat mich sehr beeinflusst .., also bin ich entweder aggressiv oder .., .So ist es für mich in der Beziehung zu anderen Menschen ein bisschen schwierig, nicht aggressiv zu werden .., .sobald ich diesen Punkt dort oben erreiche, stehe ich auf und gehe .., Das schafft ein wenig (Schwierigkeit), weil es schafft .., .die andere Person, die neben dir ist, würde nicht wissen, dass du etwas negativ aufnimmst .., so dass sich das gegen dich wendet... (Sammut Scerri 2015, Rose, S. 26–27).

Während ihres ersten Interviews sprach Marika darüber, dass sie dachte, ihre Reizbarkeit stärker war als sie und dass diese trotz Bemühungen immer die Oberhand gewann. Interessanterweise fühlte sich Marika im zweiten Interview, während sie mit einem anderen Freund zusammen war, sicherer in der Beziehung, was ihr half, besser mit ihrem Ärger umzugehen (Mikulincer und Goodman 2006). Obwohl sie immer noch wachsam war, ob ihr Freund sich als aggressiv erweisen würde, wie ihr Vater, fühlte sie, dass er ihrer Beziehung stärker verpflichtet war und das half ihr, besser mit ihrem Temperament umzugehen. Obwohl Marika dies nicht speziell sagte, verbarg ihre Reizbarkeit vielleicht Ängste, so unglücklich zu sein wie ihre Mutter und in der Zukunft allein und ungeliebt zu sein. Diese Aussage stimmte mit dem überein, was Jessica auch in ihrem Interview sagte: „Hinter all dem Ärger sind die Verletzungen immer noch da" (S. 76).

Auch Geraldine sprach darüber, wie sie in ihren Beziehungen immer darauf achten musste, stets recht zu haben. Sie sah ihr aggressives Verhalten als ein Echo darauf, wie ihr Vater über sie und alles in ihrer Herkunftsfamilie die Kontrolle hatte. Sie musste sich ständig selbst kontrollieren, damit sie sich nicht in solche Machtkämpfe verstrickte – mit ihrem Bedürfnis zu gewinnen und immer recht zu haben, was sie mit ihrem Bedürfnis nach Kontrolle in Verbindung brachte.

Wie die Beziehung zu meinem Vater meine Beziehung zu Männern beeinflusst hat

Einige Teilnehmerinnen stellten eine Verbindung her zwischen ihrer Beziehung zu ihrem Vater und ihren Beziehungen zu Männern im Allgemeinen. Diese Verbindung unterstützt die Forschung, die die bedeutende Auswirkung hervorhebt, die der Vater auf die romantischen Beziehungen seiner Tochter hat (Nielsen 2014). Rose erklärte, dass sie dank ihres Vaters Männer hasste. Einige Jungen lehnten sie auch ab und diese Tatsache half ihren Beziehungen zu Männern im Allgemeinen nicht: „Bezüglich Beziehungen.., dank meines Vaters.., ich endete damit, Männer zu hassen/nicht Männer ertragen zu können.., und auch ich wurde manchmal von einigen Jungen abgelehnt“ (Rose, S. 29).

Sandra sprach darüber, Männer als minderwertig gegenüber Frauen zu betrachten und sich selbst als jemanden zu sehen, der versucht, sie zu manipulieren, um das zu bekommen, was sie wollte. Sandra stellte eine Verbindung her zu der Art und Weise, wie sie ihren Vater handhaben musste, damit er nicht in der Lage war, sie zu erpressen, und verknüpfte ihr Verhalten und ihre Einstellung auch mit dem sexuellen Missbrauch, den sie als Teenager durch einen Familienfreund erlitten hatte:

> Und ich denke, dass etwas, das mich auch beeinflusst hat und ich denke, dass es mich sehr beeinflusst hat, ist, dass ich einen Mann als minderwertig gegenüber einer Frau betrachtete .., das ist etwas, mit dem ich heute zu kämpfen habe, nicht auf sexistische oder feministische Weise, aber das ist etwas, das ich über mich selbst lernen muss .., Aber ich habe immer versucht, einen Mann zu manipulieren .., also habe ich gesagt .., es war für mich schwierig, eine Person zu finden, die ein Mann ist, mit dem ich ausgehen kann .., ich wurde auch sexuell missbraucht, also beeinflusst mich das auch…
>
> I : also wie kam diese Überzeugung zustande, dass du einen Mann nach Belieben manipulieren kannst? P: weil ich mich als intelligenter als einen Mann sah… sogar in der Art und Weise, wie ich mit meinem Vater und meinem Bruder kommuniziere… ich war gut genug, um (sie) zu manipulieren…I musste lernen, wie ich das bekomme, was ich von meinem Vater will, damit er mich zum Beispiel nicht weiter erpresst, oder sogar von der anderen Erfahrung, die ich durchgemacht habe, damit der Missbrauch aufhört (Sandra, S. 25).

Sowohl Rose als auch Sandra erklärten, wie ihre Überzeugungen und Einstellungen ihre intimen Beziehungen zu Männern behinderten. Andererseits hatten beide liebevolle intime Beziehungen zu Frauen. Beide bezeichneten sich jedoch nicht als homosexuell. Obwohl Rose ihrer Familie gegenüber als homosexuell geoutet hatte, war sie an einem Punkt in ihrem Leben, an dem sie, wenn sich die Möglichkeit für eine Beziehung mit einem Jungen ergab, sie in Betracht ziehen würde, weil sie „entdeckte, dass nicht alle Jungen und Männer gleich sind .., ich sage nicht das Wort .., nicht alle sind grausame Sadisten“ (Rose, S. 30). Ähnlich wollte Sandra sich nicht als homosexuell bezeichnen, da dies nicht etwas war, das sie als vollständige Beschreibung von ihr empfand. Sie sagte, dass sie in einer homosexuellen Beziehung mit jemandem war, war Teil ihrer Gegenwart, aber in der Zukunft könnte alles passieren. Diese Ergebnisse stimmen mit denen von Hlazo-Tawodzera (2006) und anderen wie Diamond (1995) überein, die vorschlagen, dass sexuelle Identität und Verhalten nicht für das Leben festgelegt sind, sondern im Laufe des Lebens einer Frau schwanken und sich ändern können.

Seana hingegen fand es schwierig, ihrem Freund vollständig zu vertrauen – dass er nicht gewalttätig sein wird, nur weil er ein Mann ist, wie ihr Vater. Trotz der Tatsache, dass er sie während ihrer achtjährigen Beziehung unterstützt hat und nie aggressiv war, hatte sie immer noch Angst, dass er eines Tages, aus heiterem Himmel, ihr Vertrauen verraten und gewalttätig werden würde

> Das ist nach 8 Jahren, fast, also gibt es immer noch Dinge, die ich ihm nicht erzähle, weil ich Angst habe, dass dieser Teufel, der in meinem Vater ist, eines Tages in ihm erscheinen wird, verstehst du, ich fange an zu mir selbst zu sagen, schließlich ist er ein Mann. Und ich weiß, dass ein Mann völlig anders ist als eine Frau (Seana, S. 40).

Seanas geschlechtsspezifische Überzeugungen über Männer und Gewalt werden theoretisch durch Schriften über hegemonische Männlichkeit (Connell 2005) unterstützt, die Männlichkeit mit Macht assoziieren, die durch sexuelle Dominanz über Frauen erreicht wird, und die Ausgrenzung von Frauen durch verschiedene Mittel, einschließlich Gewalt. In Seanas Fall waren die Erfahrungen, die sie durchlebt hat und immer noch durchlebt, aufgrund ihres Vaters ein lebendiges Zeugnis dieser Überzeugungen. So kann man Seanas Ängste verstehen, ihrem Freund zu vertrauen, dass er nicht gewalttätig sein wird. Gleichzeitig kann man auch verstehen, dass diese geschlechtsspezifischen Überzeugungen über Männer und Gewalt und Männer in Beziehungen einen großen Druck auf beide Partner in einer intimen Beziehung ausüben. Tatsächlich fragte sich Seana, ob sie überhaupt beziehungsfähig war.

Es schien, als ob das Gespenst der Gewalt immer über der Beziehung dieser Teilnehmerin und ihrem Freund schwebte „wie ein schattenhafter Dritter im Milieu des Paares" (Johnson 2004, S. 513).

Ähnlich sah sich Donna als jemanden, der viele Einschränkungen und Bedingungen in der Beziehung mit ihrem Freund setzte, um sicherzustellen, dass ihr Freund nicht wie ihr Vater war. Dies verursachte jedoch viel Stress bei ihr, bei ihrem Freund und in ihrer Beziehung, und sie entschieden sich letztendlich für eine Paartherapie:

> Das waren Dinge aus der Vergangenheit, zum Beispiel, ich war zu streng mit ihm, ich legte Regeln und Vorschriften für ihn fest, du darfst nicht eifersüchtig auf jede einzelne Person sein, mit der ich spreche und so weiter, du darfst dies oder das nicht tun und für ihn waren das Dinge, die er nicht einmal zu tun träumte, aber ich musste sie ihm sagen .., du darfst nicht deine Hand gegen mich erheben, träume nicht davon, eifersüchtig zu werden und .., lass mich dir ein Beispiel geben, ich bin frei, mit jedem zu sprechen, den ich will, ich will aufs Junior College gehen, und niemand wird mich aufhalten, ich will arbeiten, nicht wie meine Mutter .., anfangs arbeitete sie nicht, weil er eifersüchtig war, dann zwang er sie, zur Arbeit zu gehen, sogar bis zum Punkt, dass er die jüngste Tochter in ein Heim schickte, weil er wollte, dass sie Geld verdient. Man kann sein Denken überhaupt nicht verstehen, dieser Mann .., also habe ich mich ihm gegenüber durchgesetzt (ihrem Freund) bis zu dem Punkt, dass ich, selbst wenn er sagte, dass er mich liebte, dem keine besondere Bedeutung beimesse .., wie soll ich es ausdrücken, es gab Dinge, zum Beispiel .., es gab bestimmte Dinge wie die Wahrheit und er sagte mir, es seien meine Prinzipien und mein Wort als Mann, die das Zentrum meines Lebens seien .., wenn es schwarz ist, ist es schwarz .., und obwohl er mir das sagte und er aufrichtig zu sein schien, ich immer

> noch .., ich weiß nicht, zum Beispiel, ich schicke ihm eine Nachricht und er erzählt mir etwas, das nicht genau so war, wie er es am Tag zuvor gesagt hatte oder wie ich dachte, dass er es sagen würde .., meine Güte, ich würde einen ganzen Aufstand machen .., und er würde mir sagen, also sagst du mir, dass ich dir Lüge? Und ich würde ihm sagen, nein, du lügst mich nicht direkt an, du verbiegst nur die Wahrheit .., ich hätte dann so viel Aufhebens um etwas gemacht, dass ich heute kaum glauben kann, dass ich so viel Stress darüber gemacht hätte. Dann kam ich zu einem Punkt, an dem die Beziehung zu Ende gehen sollte. Ich sagte ihm, hör zu, lass uns etwas an unserer Situation ändern, weil ich müde bin, ich konnte mich nicht einmal mehr auf das Junior College konzentrieren und wir gingen zur Beratung … (Sammut Scerri 2015, Donna 1, S. 40–42).

Sowohl sie als auch ihr Freund fanden es hilfreich, dass er ihre individuelle Arbeit miterleben konnte, aber sie auch gemeinsam daran arbeiten konnten, wie er sie unterstützen kann und wie sie beide ihre Beziehung unterstützen können (Whiffen und Oliver 2004). Sie lernte, dass es wichtig für sie war, ein bisschen mehr zu vertrauen und einige ihrer Kontrolle loszulassen. Dies bezog sich nicht nur auf ihre Beziehung zu ihrem Freund, sondern auch auf ihre Art, ihre Beziehungen im Allgemeinen zu managen. Nachdem ihr Vater ihr so oft gesagt hatte, dass Verrat an der Tagesordnung sei, fand sie es sehr schwierig zu vertrauen und auch sehr schwierig, nicht ständig wachsam zu sein, wann das nächste katastrophale Ereignis passieren würde, was auf ihren unsicheren Bindungsstil und ihre Strategien zum Selbstschutz hinweist (Crittenden 2008; Dallos und Vetere 2009).

Es war auch hilfreich für Donna, die Unterstützung ihres Freundes zu haben, über das, was sie in ihrer Kindheit durchgemacht hat. Hätte sie nicht über das, was sie durchgemacht hat, im Kontext der Therapie gesprochen und wäre er nicht dabei gewesen, ist Donna überzeugt, dass es für ihn zu schwierig gewesen wäre, ihre Erfahrungen zu verstehen

> Du kannst nichts kontrollieren .., ich musste sehr hart arbeiten .., ich habe immer mit ihm geweint, und durch die Beratung begann er zu verstehen. Er erkannte den Schaden, den mein Vater mir zugefügt hatte. Am Anfang sagte er mir immer, du hasst deinen Vater zu sehr, dann, als er mich ständig weinen und mein Herz ausschütten sah .., dann machten wir einige Fortschritte, wir begannen zu lernen, wie wir uns schützen und uns um uns kümmern können, wir dachten darüber nach, wohin wir gehen sollten .., diese .., zum Beispiel… (Donna 1, S. 43).

Für uns unterstreichen diese Erfahrungen die Wichtigkeit, das Paarsystem zu betrachten, wenn wir mit Klienten arbeiten, die traumatische Erfahrungen durchgemacht haben, und weiter zu erforschen, wie diese Erfahrungen in das System der intimen Beziehung einfließen können (Catherall 2005).

Betrachtung von replikativen und korrektiven Skripten im Leben der Familienmitglieder: Kämpfen und Zusammensetzen der Puzzleteile beim Elternwerden

Eine weitere wichtige und beständige Kategorie in den Erzählungen der Frauen in der Studie von Sammut Scerri (2015) war ihr starkes Verlangen, das Skript ihrer Herkunftsfamilie nicht zu wiederholen (Byng-Hall 1998). Viele hatten Angst, dass sie aufgrund ihrer familiären Hintergründe dazu bestimmt waren, entweder Täter oder Opfer von häuslicher Gewalt in der Zukunft zu werden. Dies spiegelt vielleicht die eingebetteten Annahmen von Forschern, Klinikern und politischen Entscheidungsträgern wider, dass Kinder, die in gewalttätigen Haushalten aufwachsen, dazu neigen, das zu replizieren, was sie in ihrer Herkunftsfamilie erlebt haben (Widom 1989a, b).

Ein kurzer Blick in die aktuelle Literatur zur intergenerationellen Übertragung von Gewalt scheint darauf hinzudeuten, dass der Prozess komplex ist und von einer Reihe von Faktoren beeinflusst wird, wie z. B. dem Alter des Kindes zum Zeitpunkt der Gewalt, ob die Gewalt mütterlicherseits oder väterlicherseits verübt wird, der Beziehung des Kindes zu seinen Eltern und Geschwistern und der Anwesenheit anderer bedeutender Personen, die dem Kind einen sicheren geistigen und physischen Raum bieten könnten, unter anderem (Sammut Scerri 2015). Genauer gesagt, wird der Prozess, durch den wichtige Erwachsene mit emotional belastenden zwischenmenschlichen Beziehungen umgehen und wie sie den Kindern dabei helfen, ihre Emotionen zu regulieren, insbesondere ihre Gefühle von Wut in intimen Beziehungen, weiterhin als wichtig hervorgehoben (Mikulincer et al. 2003; Moretti et al. 2014).

Für die Teilnehmerinnen, die Mütter waren, wurde das Elternsein als eine wichtige Gelegenheit gesehen, ihren Kindern ein anderes Leben zu bieten als das, das sie als Kinder hatten. Sie hatten einen ausgeprägten Schutzinstinkt gegenüber ihren Kindern und taten alles für sie, entschlossen, dass ihre Kinder glücklich sein und nicht von Erwachsenenproblemen belastet werden sollten. Carmen und Jessica sagten beide, dass sie immer noch eine enge Beziehung zu ihren Kindern hatten, auch als diese Teenager wurden. Carmen betonte, wie beschützend sie gegenüber ihren drei Söhnen war:

> … Niemand verletzt meinen Sohn, niemand. Und da du in deiner Kindheit so viele Dinge durchgemacht hast, willst du deinen Kindern zeigen, wie wertvoll sie für dich sind. Ich sage ihnen ‚lass niemanden dich verletzen‘, denn wenn sie dich verletzen, müssen sie es mit mir zu tun bekommen. Niemand verletzt sie. Ich sage dir .., ich erlaube meinem Mann manchmal nicht einmal, sich über sie zu ärgern, geschweige denn… (Carmen, S. 56).

Während die Teilnehmerinnen über ihre Kindheitserfahrungen nachdachten, um die gleichen Gewalterfahrungen mit ihren Kindern nicht zu wiederholen, war es für sie auch schwierig, nicht ins andere Extrem zu gehen. Im Fall von Claire half ihr die Gewalterfahrung enorm dabei, ihr Temperament (Chang et al. 2003) gegenüber ihrer Tochter zu kontrollieren und nicht auszurasten, wenn sie wegen der Arbeit oder wegen anderer Dinge, die nichts mit der Tochter zu tun hatten, gestresst war. Gleichzeitig erinnerte sie sich als Mutter einer 6-jährigen Tochter immer mehr an ihre Kindheit und stellte Verbindungen zu allem im Leben ihrer Tochter her, was sie daran erinnerte, wie machtlos sie sich fühlte, als sie als 6-jähriges Kind von ihrem Vater körperlich misshandelt wurde (Courtois und Ford 2013). Solche Erfahrungen ließen sie dann aggressiv auf den Ehemann reagieren, sodass ihr Ehemann ihr sagte, dass sie ein „Monster“ werde, wenn er darüber sprach, wie aggressiv sie mit ihm war, wenn er die Tochter wegen etwas, das sie falsch gemacht hatte, disziplinierte:

> Du könntest mir sagen – weinst du nicht über das, was dir passiert ist? Selten weine ich, aber bei Angelegenheiten, die meine Tochter betreffen – ja. Das tut mir weh, weil ich weiß – das tut mir weh, weil sie als Eltern hätten erkennen müssen, dass sie mir etwas angetan haben – etwas, über das ich keine Kontrolle hatte, etwas, gegen das ich nicht kämpfen konnte. Vor kurzem wurde mein Mann wütend auf unsere Tochter – er war von der Arbeit zurückgekommen, er war müde und hat sie angeschrien. Er sagt mir, dass ich zu einem Monster werde, wenn etwas zwischen ihm und unserer Tochter passiert. Ich merke nicht einmal, dass ich die Kontrolle verloren habe. Ich will nicht, dass jemand sie grundlos anschreit. I: Bist du sehr beschützend? P: Ja, sehr. Überbeschützend – sehr, sehr und das ist wegen dem, was passiert ist. Ich habe das Gefühl, dass das wegen dem, was passiert ist (Claire, S. 26-27).

Dieses Zitat beleuchtet erneut die Implikationen für die klinische Praxis – das Verständnis der eigenen Kindheitserfahrungen hört nie auf und verschiedene Lebensphasen und die damit verbundenen Entwicklungsaufgaben lösen unterschiedliche Erinnerungen aus. Wenn diese Erinnerungen nicht überwältigend in Bezug auf ihren Stress sind, können sie genutzt werden, um aus Widrigkeiten zu lernen. Gleichzeitig reflektierten die Teilnehmerinnen in solchen Situationen auch, dass sie trotz ihres immensen Wunsches, sicherzustellen, dass ihre Kinder glücklich waren, sie nicht vor allem schützen konnten.

Auf der Suche nach Wendepunkten und Beispielen für Handlungsfähigkeit und Widerstandsfähigkeit

Trotz all des Leidens, das diese Frauen sowohl als Kinder als auch als Erwachsene durchmachten, erkannten sie auch das psychologische Wachstum, das ebenfalls Teil ihrer Erfahrungen war (Smith 2013). Selbst hier war die Dialektik des Traumas (Herman 1997) offensichtlich – Leiden und Wachstum, Verzweiflung und Gelassenheit im selben Interview. Dies unterstreicht für uns die Wichtigkeit, unsere Aufmerksamkeit auch auf alle Vorfälle, egal wie klein, zu richten, die die Widerstandsfähigkeit der Klienten zusammen mit der Anerkennung des Leidens, das sie im Kontext unserer Arbeit mit ihnen durchgemacht haben, unterstreichen.

Die Teilnehmerinnen gaben detaillierte Beschreibungen dessen, was Wendepunkte in ihrem Leben waren.

Veränderung durch Beobachtung, sozialen Vergleich und Feedback, als die Frauen älter wurden

Eine Reihe von Teilnehmerinnen erwähnten, wie sie, als sie aufwuchsen, ihre Lehrerinnen beobachteten und an ihnen modellierten, inwiefern sie als Mädchen und zukünftige Frauen anders sein könnten als ihre Mütter. Aus gelegentlichen Bemerkungen ihrer Lehrerinnen über ihr persönliches Familienleben erkannten die Teilnehmerinnen als ältere Kinder auch, dass die Familienverhältnisse zuhause anders sein könnten und diese Beobachtungen waren für sie sehr bedeutungsvoll. Donna erklärte:

> Es könnte sein, dass die Schule für mich so hilfreich war, weil dies die Zeit war, in der ich mental und physisch von zu Hause fliehen konnte. Also in diesem Raum… viele Schüler sagen „Was für ein Ärger – Schule!“ Aber ich habe die Schule wirklich genossen. Es könnte sein, dass ich sie als Vorbilder sah, niemanden im Besonderen wirklich. Vorbild im Sinne von, du siehst eine Frau, schick gekleidet, weißt du, mit Ohrringen, und sie hat Autorität. Also habe ich wahrscheinlich gesagt: Wow! Schau dir das an!… und du weißt manchmal, sie sagten… Weil meine Tochter… – und du bekommst einen Hinweis darauf, was in ihrem Zuhause vor sich geht. Und dann sagst du, – diese Leute sind in ihrer Familie gelassen – Gelassenheit und Frieden existieren. Es könnte sein, dass ich das in der Sekundarschule gemacht habe. Die Beratungslehrerin war wie eine Mutter für mich und meine Güte, ich habe sie viel beobachtet. Und wenn sie ihre persönlichen Erfahrungen mit dir teilen – du weißt – nichts Aufwendiges, einfache Dinge, aber für dich ist es, als hätten sie dir ein Geschenk gegeben!.. selbst wenn sie dir sagen – ja, es ist so… sie helfen dir zu sagen: Es gibt Leute, die genauso denken wie ich! Auch war ich stolz darauf, dass ich in der Schule gut abgeschnitten habe, ich fühlte…eh…zum Beispiel, ich wollte immer helfen, die Bücher auszuteilen, diese Art von Rolle (Donna 2, S. 22–23).

Auch Hannah fand ihre „Nachrichten der Unterschiedlichkeit“ (Bateson 1979, S. 79) in Büchern, die sie für ihr Studium las. Die Verzweiflung, die Hannah in den Frauen im Zweiten Weltkrieg las, stimmte mit ihrer Verzweiflung über ihre Familiensituation überein und sie wurde davon überzeugt, dass sie nun für ihr Glück verantwortlich war und dass sie bei der Wahl ihres Partners vorsichtig sein musste, damit sie die Traurigkeit und Verzweiflung, die sie in ihrer Kindheit empfand, nicht in ihr Erwachsenenleben übertrug. Interessanterweise wird dieser Befund durch Forschungen gestützt, die zeigen, dass die Beschäftigung mit den Literaturkünsten wie Poesie und fiktionaler Literatur einen neuen Kontext für das Nachdenken über das eigene Leben und die Identität bietet und somit die Entwicklung kohärenter Lebensgeschichten durch die Organisation persönlicher Erfahrungen unterstützt (Mackenzie 1989):

Solche Erfahrungen unterstreichen weiterhin die Bedeutung eines systemischen Ansatzes bei der Arbeit mit solchen Familien und der Suche nach unterstützenden Beziehungen in den verschiedenen Klientensubsystemen, zum Beispiel der Untersuchung der Lehrer-Schüler-Beziehungen und des Schulsystems als Ort für Veränderungen im Leben einer Person (Boyce Rodgers und Rose 2001).

Unterstützung bekommen/Über die Gewalt sprechen, Dinge vorsichtig und langsam ans Licht bringen

Die Suche und das Erhalten von Unterstützung waren nicht immer sehr einfach. In vielen Fällen wurde die Suche nach Hilfe und Unterstützung von einer Reihe von komplizierenden Faktoren begleitet, insbesondere wenn es die Kinder waren, die Hilfe suchten. Diese Faktoren können jedoch auch für erwachsene Überlebende von Erfahrungen mit häuslicher Gewalt in der Kindheit wichtig sein. Die Verharmlosung der Gewalt durch die Mutter, die Scham, keine gute Familie zu haben wie andere Menschen, die Angst vor Vergeltung durch den Vater, der die Gewalt immer geheim halten wollte, und die Angst der erweiterten Familie vor der Gewalt des Vaters sowie ihre Zurückhaltung, sich einzumischen, können alle dazu führen, dass Familienmitglieder nicht über ihre Erfahrungen mit Gewalt in ihrer Familie sprechen.

Die Teilnehmerinnen befürchteten auch, dass sie als Kinder von Fachleuten von ihrer Mutter weggenommen würden, und sie hätten es gerne gesehen, wenn die Fachleute, die mit den Schwierigkeiten der Familie zu tun hatten, „ihre Gedanken lesen" könnten, dass es häusliche Gewaltprobleme gab, ohne dass sie offenbaren mussten, was zu Hause vor sich ging. Die Teilnehmerinnen sprachen jedoch auch von hilfreichen Sozialarbeitern, Betreuern in Wohnheimen, Psychologen, Lehrern und anderen Mentoren, wie bereits früher hervorgehoben wurde.

Die Kindheitserfahrungen als häusliche Gewalt benennen

Dies war ein weiterer wichtiger Prozess. Einige der Teilnehmerinnen, wie Sandra und Mary, sprachen über ihre Schwierigkeiten, ihre Erfahrungen als häusliche Gewalt zu benennen. Diese Teilnehmerinnen sprachen über ihre Unfähigkeit, ihre Kindheitsschwierigkeiten als Aufwachsen mit häuslicher Gewalt zu erkennen, es sei denn, sie hatten Hilfe. Mary erinnerte sich daran, dass sie erst, als sie in einer Einheit für häusliche Gewalt zu arbeiten begann, realisierte, dass das, was sie in ihrer Familie durchmachte, eine Folge von häuslicher Gewalt zwischen ihren Eltern war und diese Erkenntnis half ihr, die Puzzleteile zusammenzusetzen:

> Ich begann zu realisieren, worum es bei dieser Erfahrung ging, als ich in der Einheit für häusliche Gewalt zu arbeiten begann und ich fand mich dort wieder, weil ich nie in der DV (=domestic violence, engl. für häusliche Gewalt, hier stellvertretend für Tätigkeiten, die damit in Berührung kommen) arbeiten wollte.., ich wollte in der Kinderschutzarbeit arbeiten, mit Kindern.., ich wollte nicht in der DV arbeiten. Und dann, als ich mich in der DV-Einheit wiederfand, begann es mir zu dämmern.., und wir sprechen von einer Zeit, in der ich bereits verheiratet war und Kinder hatte und dass ich meinen Abschluss gemacht hatte und schau, wie lange es gedauert hat, bis ich es als DV gesehen habe. Und dort begann ich zu lernen.., dort begann ich zu verstehen.., als ich über dv las und wie Kinder dv erleben, begann ich zu sagen.., oh.., das ist das Gleiche, wie ich mich gefühlt habe, weil ich es nie auf diese Weise gesehen hatte… Und ich denke, in der dv zu arbeiten, zu lesen und zu studieren.., es war therapeutisch für mich, weil dies ein Weg war, ich konnte verstehen und wenn du verstehst und einbindest. (Mary, S. 31–32).

Solche Reflexionen illustrieren vielleicht das Ausmaß der Trennung zwischen dem Prozess des Erlebens und dem Prozess des Bedeutungsschaffens, der für Kinder und Erwachsene ohne Hilfe von einem Erwachsenen, möglicherweise einem Sozial- und Gesundheitsarbeiter, oder einem älteren Geschwister schwierig zu bewältigen ist, um ihnen zu helfen, zu verstehen, was vor sich geht. Das Benennen und laut Aussprechen dessen, was passiert ist, sind in der Tat sehr wichtige Ausgangspunkte – für die Verarbeitung von Erfahrungen, die bis dahin intern sind, oft „unbewusste, unbeabsichtigte Erinnerungen" (Smith 2013, S. 76).

Zusammenfassend lässt sich sagen, dass die Verfügbarkeit von jemandem, mit dem sie in ihrem Leben sprechen konnten, und jemandem, der sie liebte, jemandem, der einen besonderen Platz in ihrem Herzen für sie hatte, jemandem, der sich für sie einsetzte, eine wichtige Quelle der Widerstandsfähigkeit war. Vielleicht war es ihre Mutter, ein Großelternteil, ein Lehrer, ihr Psychologe oder ein Verwandter. All dies unterstützt und wird unterstützt durch die Resilienz-Literatur (DuMont et al. 2007; Ungar 2013). Vielleicht liegt es in der Natur dieser Beziehungen, einschließlich der therapeutischen Beziehung, dass die Teilnehmerinnen trotz der Widrigkeiten, die sie erlebt haben, und aufgrund dieser Kontexte ihre reflektive Funktion entwickeln können und dann beginnen können, einiges von dem, was sie durchgemacht haben, zu verarbeiten und allmählich eine Bedeutung daraus zu ziehen.

Schlussfolgerung

Der Prozess der Frauen, ihre Kindheitserfahrungen zu verstehen, war ein wiederkehrendes Thema im Leben dieser Teilnehmerinnen. Sie sprachen darüber, wie der Prozess zum Vorschein kam und sich zu entwickeln begann, als sie älter wurden, wahrscheinlich als sie die intellektuellen und emotionalen Ressourcen hatten, um ein solches Verständnis und Reflektion zu unterstützen (Mullender et al. 2002). Als sie jung waren, konzentrierten sie sich darauf, Tag für Tag zu überleben, was oft wie der Versuch war, das Unvorhersehbare vorherzusagen (Swanston et al. 2002). Mit zunehmendem Alter und mit Unterstützung begannen sie, ihre Erfahrungen zu benennen und zu versuchen, die Dynamik ihrer Familienbeziehungen und einige der scheinbar unvereinbaren Dilemmata zu verstehen.

Praktiker, die mit solchen Familien arbeiten, müssen wiederum die Dissonanz aushalten – sowohl auf den Ärger, den Schmerz und möglicherweise die Trennung von dem Elternteil oder Geschwister, der missbräuchlich war, reagieren – und auf ihr Bedürfnis nach Verbindung mit dem Familienmitglied, das sie missbraucht hat. Auf die gleiche Weise reagieren die Mitarbeiter auch auf das Leiden der Familienmitglieder als Kinder und Erwachsene und bestätigen ihr Gefühl von Handlungsfähigkeit und ihre Fähigkeit, ein Leben zu gestalten, das anders ist als das ihrer Eltern.

Literatur

Abela, A. (1997). *Marital conflict in Malta (Unpublished doctoral dissertation).* United Kingdom: University of London.

Amato, P. R., & Afifi, T. D. (2006). Feeling caught between parents: Adult children's relations with parents and subjective well-being. *Journal of Marriage and Family, 68*(1), 222–235. 10.1111/j.1741-3737.2006.00243.x.

American Psychiatric Association. (2013). *Diagnostic and statistical manual of mental disorders* (5. Aufl.). Washington, DC: Author.

Asen, E., & Fonagy, P. (2012). Mentalization-based therapeutic interventions for families. *Journal of Family Therapy, 34*(4), 347–370. 10.1111/j.1467-6427.2011.00552.x.

Band-Winterstein, T. (2014). The impact of lifelong exposure to IPV on adult children and their aging parents. *Journal of Family Issues, 35*(4), 439–461. 10.1177/0192513X12472657.

Bateson, G. (1972). *Steps to an ecology of mind: Collected essays in anthropology, psychiatry, evolution and epistemology*. London, UK: University of Chicago Press.

Bateson, G. (1979). *Mind and nature: A necessary unity*. New York: Dutton.

Bateson, G., Jackson, D. D., Haley, J., & Weakland, J. (1956). Toward a theory of schizophrenia. *Behavioral Science, 1*(4), 251–264. 10.1002/bs.3830010402.

Bogat, G. A., Garcia, A. M., & Levendosky, A. A. (2013). Assessment and psychotherapy with women experiencing intimate partner violence: Integrating research and practice. *Psychodynamic Psychiatry, 41*(2), 189–217. 10.1521/pdps.2013.41.2.189.

Boszormenyi-Nagy, I., & Spark, G. M. (1973). *Invisible loyalties: Reciprocity in intergenerational family therapy*. Oxford, England: Harper & Row.

Bowlby, J. (1988). *A secure base: Parent-child attachment and healthy human development*. New York: Basic Books.

Boyce Rodgers, K., & Rose, H. A. (2001). Personal, family and school factors related to adolescent academic performance: A comparison by family structure. *Marriage & Family Review, 33*(4), 47–61. 10.1300/J002v33n04_05.

Briere, J. N., & Scott, C. (2015). *Principles of trauma therapy. A guide to symptoms, evaluation and treatment. DSM-5 update* (2. Aufl.). London, UK: SAGE Publications.

Briere, J. N., & Lanktree, C. B. (2012). *Treating complex trauma in adolescents and young adults*. London, UK: SAGE Publications.

Buehler, C., & Welsh, D. P. (2009). A process model of adolescents' triangulation into parents' marital conflict: The role of emotional reactivity. *Journal of Family Psychology, 23*(2), 167–180. 10.1037/a0014976.

Byng-Hall, J. (1998). *Rewriting family scripts: Improvisation and systems change*. London, UK: The Guilford Press.

Byng-Hall, J. (2002). Relieving parentified children's burdens in families with insecure attachment patterns. *Family Process, 41*(3), 375–388. 10.1111/j.1545-5300.2002.41307.x.

Byng-Hall, J. (2008). The significance of children fulfilling parental roles: Implications for family therapy. *Journal of Family Therapy, 30*(2), 147–162. 10.1111/j.1467-6427.2008.00423.x.

Cassar, C. (2003). *Honour and shame in the Mediterranean*. Malta: Midseabooks.

Catherall, D. R. (Hrsg.). (2005). *Family stressors: Interventions for stress and trauma*. New York: Routledge.

Chang, L., Schwartz, D., Dodge, K. A., & McBride-Chang, C. (2003). Harsh parenting in relation to child emotion regulation and aggression. *Journal of Family Psychology, 17*(4), 598–606. 10.1037/0893-3200.17.4.598.

Chase, N. D. (Hrsg.). (1999). *Burdened children: Theory, research, and treatment of parentification*. CA, US: Guilford.

Connell, R. W. (2005). *Masculinities* (2. Aufl.). Berkeley: University of California Press.

Cooper, J., & Vetere, A. (2005). *Domestic violence and family safety: A systemic approach to working with violence in families*. London, UK: Whurr Publishers.

Courtois, C. A., & Ford, J. D. (2013). *Treatment of complex trauma: A sequenced, relationship-based approach*. New York: The Guilford Press.

Crittenden, P. M. (2008). *Raising parents: Attachment, parenting and child safety*. Devon, UK: Willan Publishing.

Crittenden, P. M., & Kulbotten, G. R. (2007). Familial contributions to ADHD: An attachment perspective. *Tidsskrift for Norsk Psykologforening, 44*(10), 1220–1229. Retrieved from http://www.psykologtidsskriftet.no/?seks_id=31533&a=2.

Dallos, R., & Vetere, A. (2009). *Systemic therapy and attachment narratives: Applications in a range of clinical settings*. London, UK: Routledge.

Dallos, R., & Vetere, A. (2012). Systems theory, family attachments and processes of triangulation: Does the concept of triangulation offer a useful bridge? *Journal of Family Therapy, 34*(2), 117–137. 10.1111/j.1467-6427.2011.00554.x.

DeBoard-Lucas, R. L., Fosco, G. M., Raynor, S. R., & Grych, J. H. (2010). Interparental conflict in context: Exploring relations between parenting processes and children's conflict appraisals. *Journal of Clinical Child and Adolescent Psychology, 39*(2), 163–175. 10.1080/15374410903532593.

Diamond, M. (1995). Biological aspects of sexual orientation and identity. In L. Diamant & R. D. McAnulty (Eds.), *The psychology of sexual orientation, behavior and identity: A handbook* (S.. 45–80). Westport, CT: Greenwood Press.

DuMont, K. A., Widom, C. S., & Czaja, S. J. (2007). Predictors of resilience in abused and neglected children grown-up: The role of individual and neighborhood characteristics. *Child Abuse and Neglect, 31*(3), 255–274. 10.1016/j.chiabu.2005.11.015.

Earley, L., & Cushway, D. (2002). The parentified child. *Clinical Child Psychology and Psychiatry, 7*(2), 163–178. 10.1177/1359104502007002005.

Fosco, G. M., & Grych, J. H. (2010). Adolescent triangulation into parental conflicts: Longitudinal implications for appraisals and adolescent-parent relations. *Journal of Marriage and Family, 72*(2), 254–266. 10.1111/j.1741-3737.2010.00697.x.

Gerard, J. M., Buehler, C., Franck, K., & Anderson, O. (2005). In the eyes of the beholder: Cognitive appraisals as mediators of the association between interparental conflict and youth maladjustment. *Journal of Family Psychology, 19*(3), 376–384. 10.1037/0893-3200.19.3.376.

Gibney, P. (2006). The double bind theory: Still crazy-making after all these years. *Psychotherapy in Australia, 12*(3), 48–55. Retrieved from http://www.psychotherapy.com.au/fileadmin/site_files/pdfs/TheDoubleBindTheory.pdf.

Gorell Barnes, G., & Henessy, S. (1995). Reclaiming a female mind from the experience of child sexual abuse: A developing conversation between writers and editors. In C. Burck & B. Speed (Eds.), *Gender, power and relationships* (S.. 69–85). London, UK: Routledge.

Herman, J. L. (1997). *Trauma and recovery: The aftermath of violence–from domestic abuse to political terror*. New York, NY: BasicBooks.

Hlazo-Tawodzera, C. N. (2006). *Narratives of sexual orientation: Towards an understanding of how individual women come to know themselves as lesbian, heterosexual, bisexual, asexual and/or in other ways (Unpublished doctoral dissertation)*. London, UK: University of East London & Tavistock Clinic.

Johnson, D. R. (2004). Critical interaction therapy with couples. In D. R. Catherall (Hrsg.), *Handbook of stress, trauma, and the family* (S.. 513–532). New York, NY: Brunner-Routledge.

Jory, B., Anderson, D., & Greer, C. (1997). Intimate justice: Confronting issues of accountability, respect, and freedom in treatment for abuse and violence. *Journal of Marital & Family Therapy, 23*(4), 399–419. 10.1111/j.1752-0606.1997.tb01053.x.

Jurkovic, G. J., Jessee, E., & Goglia, L. R. (1991). Treatment of parental children and their families: Conceptual and technical issues. *The American Journal of Family Therapy, 19*(4), 302–314. 10.1080/01926189108250862.

Kaufmann, J. (Hrsg.). (2002). *Loss of the assumptive world: A theory of traumatic loss*. London, UK: Routledge.

Lawrence, J. A. (2014). Managing dissonance: Implications for therapeutic practice with partner-violence. *Partner Abuse, 5*(2), 119–151. 10.1891/1946-6560.5.2.119.

Mackenzie, P. (1989). The contribution of ‚story' to children's development. *Early Child Development and Care, 46*(1), 63–75. 10.1080/0300443890460106.

Mikulincer, M., Shaver, P. R., & Pereg, D. (2003). Attachment theory and affect regulation: The dynamics, development, and cognitive consequences of attachment–related strategies. *Motivation and Emotion, 27*(2), 77–102. 10.1023/A:1024515519160.

Mikulincer, M., & Goodman, G. S. (Eds.). (2006). *Dynamics of romantic love: Attachment, caregiving, and sex*. London, UK: The Guilford Press.

Minuchin, S. (1974). *Families and family therapy*. Oxford, England: Harvard University Press.

Moretti, M. M. M., Bartolo, T., Craig, S., Slaney, K., & Odgers, C. (2014). Gender and the transmission of risk: A prospective study of adolescent girls exposed to maternal versus paternal interparental violence. *Journal of Research on Adolescence, 24*(1), 80–92. 10.1111/jora.12065.

Mullender, A., Hague, G., Imam, U., Kelly, L., Malos, E., & Regan, L. (2002). *Children's perspectives on domestic violence*. London, UK: SAGE Publications.

Nielsen, L. (2014). Young adult daughters' relationships with their fathers: Review of recent research. *Marriage & Family Review, 50*(4), 360–372. 10.1080/01494929.2013.879553.

Peled, E. (2000). Parenting by men who abuse women: Issues and dilemmas. *The British Journal of Social Work, 30*(1), 25–36. 10.1093/bjsw/30.1.25.

Rivett, M., Howarth, E., & Harold, G. (2006). ‚Watching from the stairs': Towards an evidence-based practice in work with child witnesses of domestic violence. *Clinical Child Psychology and Psychiatry, 11*(1), 103–125. 10.1177/1359104506059131.

Sammut Scerri, C. (2015). *Living with contradictions of love and violence: A grounded theory study of women's understanding of their childhood experiences of domestic violence*. (Doctoral dissertation). University of Surrey, Guildford, United Kingdom.

Smith, G. (2013). *Working with trauma: Systemic Approaches*. London, UK: Palgrave Macmillan.

Swanston, H. Y., Parkinson, P. N., Oates, R. K., O'Toole, B. I., Plunkett, A. M., & Shrimpton, S. (2002). Further abuse of sexually abused children. *Child Abuse and Neglect, 26*(2), 115–127. 10.1016/S0145-2134(01)00311-8.

Ungar, M. (2013). Resilience, trauma, context, and culture. *Trauma, Violence, & Abuse, 14*(3), 255–266. 10.1117/1524838013487805.

Van der Kolk, B. A. (2007). The complexity of adaptation to trauma: Self-regulation, stimulus discrimination and characterological development. In B. A. van der Kolk, A. C. McFarlane, & L. Weisaeth (Eds.), *Traumatic stress: The effects of overwhelming experience on mind, body, and society* (S.. 182–213). London, UK: The Guilford Press.

Van der Kolk, B. (2014). *The body keeps the score: Brain, mind, and body in the healing of trauma*. New York, NY: Viking Penguin.

Van der Kolk, B. A., McFarlane, A. C., & van der Hart, O. (2007). A general approach to treatment of posttraumatic stress disoder. In B. A. van der Kolk, A. C. McFarlane, & L. Weisaeth (Eds.), *Traumatic stress: The effects of overwhelming experience on mind, body, and society* (S.. 417–440). London, UK: The Guilford Press.

Watzlawick, P., Beavin, J. H., & Jackson, D. D. (1967). *Pragmatics of human communication: A study of interactional patterns, pathologies, and paradoxes*. New York: W. W. Norton.

Whiffen, V. E., & Oliver, L. E. (2004). The relationship between traumatic stress and marital intimacy. In D. R. Catherall (Hrsg.), *Handbook of stress, trauma, and the family* (S.. 139–160). New York, NY: Brunner-Routledge.

Widom, C. S. (1989a). Does violence beget violence? A critical examination of the literature. *Psychological Bulletin, 106*(1), 3–28. 10.1037/0033-2909.106.1.3.

Widom, C. S. (1989b). The cycle of violence. *Science, 244*(4901), 160–166. 10.1126/science.2704995.

Kapitel 3
Wie man hilft, die Gewalt zu stoppen: Anwendung einer Sicherheitsmethodik über die Lebensspanne

Einführung

Dieses Kapitel skizziert eine systemische Sicherheitsmethodik für sichere Beziehungstherapie mit Paaren, Eltern und Familien, bei denen physische Gewalt ein Anliegen ist. Hier wird zum ersten Mal in der Veröffentlichung eine schrittweise Anleitung angeboten. Dieser systemische Ansatz zur Sicherheit in Familienbeziehungen wurde über 20 Jahre über 20 Jahre im Familiengewaltinterventionsdienst „Safer Families“ in Reading, UK, entwickelt und ist in relevanter Theorie und Forschung verankert (Cooper und Vetere 2005; Vetere 2012, 2015). Die Sicherheitsmethodik hat eine Reihe von Merkmalen: (a) sie basiert auf einem maßgeschneiderten Sicherheitsplan, der dazu dient, gewalttätige Eskalationen in den Interaktionen der Familienmitglieder vorherzusagen und zu verhindern; (b) sie beinhaltet die Verbindung und Zusammenarbeit mit dem Familien-Professionellen-Netzwerk und schafft ein sicheres ‚beobachtendes' Netzwerk; (c) sie hält Familienmitglieder für ihr Verhalten, das anderen schadet, und für die Sicherheit verantwortlich; (d) sie achtet auf das generationenübergreifende und entwicklungsbedingte Erbe der Gewalt in der Familie, einschließlich Traumareaktionen; und (e) sie fördert Heilung und Reparatur in Familienbeziehungen, wo möglich. Während ‚Heilung und Reparatur' in Beziehungen das Hauptaugenmerk von Kap. 4 ist, wird dieses Kapitel die Rolle der Beziehungsreparatur und die notwendigen Fähigkeiten im Kontext der Beendigung der Gewalt und der Suche nach Wegen zum Weitermachen skizzieren.

Manchmal entscheidet sich ein Paar zur Trennung, sobald die physische Gewalt aufgehört hat – es ist, als ob das Leben mit Gewalt und die dafür benötigte emotionale Energie so überwältigend und beanspruchend für unsere geistigen Kapazitäten sind, dass wir nicht über die Bedeutung der Beziehung und ob wir in der Beziehung weitermachen wollen, nachdenken, bis es sicher genug ist, dies zu tun. In diesem Kapitel schlagen wir Wege vor, wie wir Paare dabei unterstützen können, eine sichere Trennung zu bewältigen. Wir beziehen auch Erkenntnisse aus

C. Sammut Scerri et al., *Intervention nach häuslicher Gewalt*,
https://doi.org/10.1007/978-3-031-47950-2_3

der Forschung darüber ein, was aus den verschiedenen Perspektiven der Familienmitglieder, Therapeuten, Betreuer und Verwaltungskommissionäre ein gutes Ergebnis in dieser therapeutischen Arbeit darstellt. Das Kapitel endet mit einer Übersicht über die Kontraindikationen für die Beziehungstherapie mit Paaren und Familien.

Die in diesem Kapitel skizzierte systemische Sicherheitsmethodik unterscheidet sich von anderen veröffentlichten Ansätzen dadurch, dass sie sowohl theoretisch als auch praktisch integrativ und interdisziplinär in ihrem Ansatz ist, während andere Ansätze dazu neigen, von ein oder zwei theoretischen Rahmenwerken dominiert zu werden und sich auf unidisziplinäre Praxis zu konzentrieren.

Schritte zur Sicherheit: Ein Überblick über die Sicherheitsplanung mit Paaren und Familien, bei denen physische Gewalt ein Anliegen ist

> …eine Vielzahl von Interventionen scheinen IPV (engl. „intimate partner violence", also Gewalt in intimen Partnerschaften) unter Tätern und Opfern zu reduzieren oder zu eliminieren. Daher gibt es keine empirische Rechtfertigung dafür, dass Agenturen, staatliche Organisationen, Richter, psychische Gesundheitsfachleute oder andere, die an der Verbesserung des Lebens der von IPV Betroffenen beteiligt sind, die Art der den Klienten angebotenen Dienstleistungen einschränken oder die theoretischen und ideologischen Grundlagen solcher Methoden einschränken…..Praktiker und politische Entscheidungsträger sollten verschiedene Interventionsmethoden für Täter und Opfer in Betracht ziehen und versuchen, diese umzusetzen, um IPV zu reduzieren (Eckhardt et al. 2013).

Unsere Sicherheitsmethodik: Das Risiko zukünftiger Gewalt, Verantwortung für Gewalt und für Sicherheit und gemeinschaftliche Praxis.

Wir arbeiten therapeutisch mit Paaren und Familien zusammen, um ihnen zu helfen, physische und emotionale Gewalt in ihren intimen Beziehungen zu stoppen. In den letzten 20 Jahren unserer Praxis in unserem speziellen Familiengewaltinterventionsdienst haben wir eine sichtbare Sicherheitsmethodik für sichere therapeutische Praxis mit Paar- und Familienbeziehungen entwickelt. Wir sind beide systemische Psychotherapeuten, und Arlene ist zudem klinische Psychologin, Jan ehemalige Sozialarbeiterin. Während dieser Zeit wurden wir eingeladen, andere Praktiker in den Gesundheits- und Sozialpflegeberufen den öffentlichen und freiwilligen Sektorbereichen sowohl zu beaufsichtigen als auch zu schulen. Eine Frage, die uns immer wieder gestellt wird, ist: Können Sie uns mehr über die Schritte in Ihrer Sicherheitsmethodik erzählen bzw., wie wissen wir, dass wir es richtig machen? Mit der Abfassung dieses Kapitels reagieren wir auf diese Anfrage, wenn auch mit einiger Vorsicht. Dies liegt daran, dass wir nicht übermäßig vorschreibend sein wollen, da wir anerkennen, dass Praktiker ihren eigenen Ansatz und Stil der Arbeit entwickeln müssen. Ebenso ist Gewalt in all ihren Formen in unseren intimen Beziehungen komplex und vielschichtig, sowohl in der Erklärung als auch in der Lösungsfindung. Wir haben festgestellt, dass wir zwischenmenschliche Gewalt innerhalb eines integrativen theoretischen Rahmens formulieren müssen und eine Reihe von therapeutischen Ansätzen und Reaktionen auf Bewertung und Behandlung unter einem systemischen ‚Schirm' verwenden müssen. Daher eignet sich diese Arbeit nicht leicht für eine detaillierte Spezifikation.

Unser Ansatz zur Sicherheit in der therapeutischen Beziehungsarbeit basiert auf einem systemischen Verständnis der dreieckigen Beziehung zwischen dem Risiko zukünftiger Gewalt, der Verantwortung für Verhaltensweisen, die anderen schaden, und der gemeinschaftlichen Praxis. Wir haben ausführlich über unsere Sicherheitsmethodik für die Beziehungstherapie in Vetere und Cooper 2001; Cooper und Vetere 2005 sowie Vetere 2011 und 2012 dargelegt. In diesem Kapitel werden wir kurz unsere Arbeitsmethode zusammenfassen, bevor wir zu den Schlüsselaspekten unserer Sicherheitsmethodik übergehen und schließlich den ‚angeforderten' Überblick über unsere ersten sechs Sicherheitsplanungstreffen mit dem Paar und/oder der Familie geben.

Bei der Überlegung zu unserer Arbeitsmethode haben wir berücksichtigt, dass diese Klientengruppe oft Gegenstand intensiver negativer Untersuchung war. Daher schien es am angemessensten, gemeinsam im Therapieraum zu arbeiten und ‚Live-Supervision' mit einem ‚Reflexionsprozess' zu kombinieren. Wir teilen die Arbeit gleichmäßig auf die Rolle der leitenden Therapeutin und der Beraterin im Raum auf, wobei die leitende Therapeutin den größten Teil des Gesprächs führt und die Beraterin im Raum Notizen macht und über den Prozess nachdenkt. Dies bedeutet, dass beide Therapeutinnen gleichermaßen für die Sitzung verantwortlich sind. Jede Therapeutin wechselt bei jeder neuen Überweisung ihre Rolle. Auf diese Weise bietet dieses spezielle Geflecht von Fragen, Diskussion, Reflexion und Notizen einen gemeinschaftlichen Prozess und ein gemeinsames Engagement für Sicherheit und Veränderung.

Die ‚leitende Therapeutin' ist in vielerlei Hinsicht die Managerin der Sitzung, die die Vertraulichkeitspolitik skizziert und den Gewaltverzichtsvertrag mit Unterstützung der Beraterin im Raum festlegt. Sie wird die Beraterin im Raum von Zeit zu Zeit um Kommentare bitten, damit beide Therapeutinnen eine bestimmte Frage vor der Familie diskutieren können und dann um ihr Feedback bitten. Im Gegensatz dazu hat die ‚Beraterin im Raum' im Wesentlichen eine Zuhörerrolle, was bedeutet, dass sie über den Prozess im Raum nachdenken und das auch in das geschriebene Wort übersetzen kann. Es gibt eine intellektuelle Strenge, die mit der Aufgabe der Beraterin im Raum einhergeht, während sie gleichzeitig eine Bereitschaft aufrechterhält, zum Gespräch im Raum beitragen zu können. Diese verschiedenen Positionen ermöglichen Unterschiede in der Wahrnehmung, emotionalen Reaktionsfähigkeit und Absicht sowie Meinung in der Diskussion und Rückmeldung der Therapeutinnen zwischen den Sitzungen. Wir bieten immer mindestens sechs Treffen mit Familienmitgliedern an, um festzustellen, ob ein Sicherheitsplan funktionieren kann oder nicht (Abb. 3.1).

Wir werden die Schlüsselaspekte unserer Sicherheitsmethodik zuerst zusammenfassen, bevor wir den ‚angeforderten' Überblick über unsere ersten sechs Sicherheitsplanungstreffen mit dem Paar und/oder der Familie geben. Wir arbeiten gemeinsam im Raum mit dem Paar oder der Familie, wobei eine von uns die Rolle

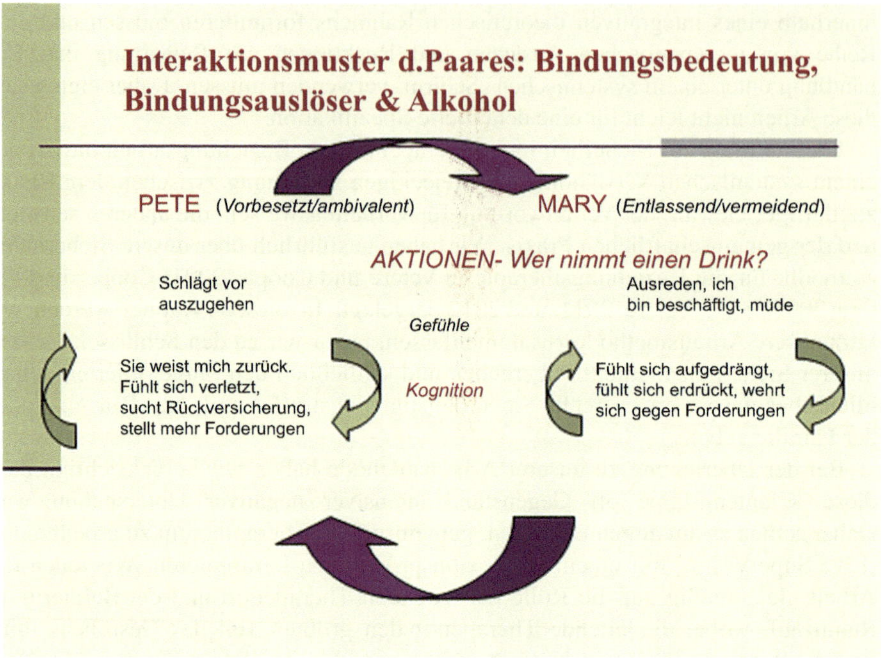

Abb. 3.1 Beispiel für systemisches Tracking des Interaktionsmusters eines Paares. (Eigene Darstellung).

der leitenden Therapeutin übernimmt und der andere die Rolle der Beraterin im Raum. Wir wechseln die Rollen, wenn wir mit einem neuen Paar oder einer neuen Familie zu arbeiten beginnen. Wir bieten mindestens sechs Treffen mit Familienmitgliedern an, um festzustellen, ob ein Sicherheitsplan funktionieren kann.

Management des Risikos weiterer Gewalt

Wir teilen unsere Betrachtung des Risikos weiterer Gewalt in familiären Beziehungen sowohl in das Management des Risikos als auch in die Bewertung des Risikos. Wir managen das Risiko weiterer Gewalt, indem wir einen Gewaltfreiheitsvertrag mit der Familie aufstellen, der schriftlich oder mündlich sein kann, und indem wir die Risiken für zwischenmenschliche Gewalt als Teil des Sicherheitsplans mit vereinbarten Sicherheitsstrategien identifizieren. Unser Ziel ist es, Paaren und Familienmitgliedern zu helfen, unerwünschte und gefährliche Interaktionsmuster zu verstehen, vorherzusagen, zu deeskalieren und zu verhindern sowie um realistischere Problemlösungen und befriedigendere Beziehungen zu fördern.

Wir arbeiten mit der schlimmsten oder letzten Episode von Gewalt, um die Auslöser für gewalttätiges Verhalten zu verstehen, sowohl interne, wie z. B. bindungsbasierte Ängste (zum Beispiel Drohungen von Ablehnung oder Verlassenwerden, Ängste vor Beschämung, das Gefühl, von Bindungsfiguren unsichtbar und ungehört zu sein) und unbewusste Traumaauslöser, (z. B. implizite prozedurale und sensorische Gedächtnisresonanzen) und externe Auslöser, wie Stress bei der Arbeit, Schulden, Konflikte in der erweiterten Familie und Probleme für Kinder in der Schule. Während wir die Eskalation von unerwünschter Erregung und Verhalten in der ausgewählten Episode von Gewalt verfolgen, suchen wir auch nach Ressourcen der Familienmitglieder, wie etwa Beispiele für resilientes Reagieren, frühere Versuche, die Gewalt zu stoppen, die Absicht, Dinge anders und besser für die eigene Familie zu machen, als es für sie getan wurde, und nach Personen in der Familie und der sozialen Gemeinschaft, die als Vertrauenspersonen gelten.

Wir verfolgen systematisch die ausgewählte Episode von Gewalt als Interaktionsmuster zwischen dem Paar oder den Familienmitgliedern, einschließlich Gedanken, Gefühlen, Absichten und Handlungen, um zu verstehen, wie die Gewalt auftritt und was danach passiert. Wir verfolgen diese Episode langsam und sorgfältig und beziehen uns weiterhin darauf. Wir zeichnen das Muster auf ein großes Blatt Papier, verwenden bei Bedarf Farbe und verwenden es als gemeinsamen Fokus der Aufmerksamkeit für uns und die Familie. Wir stellen fest, dass das Zeichnen dieser Muster den Familienmitgliedern buchstäblich hilft, zu „sehen“, was passiert, über das bloße Besprechen hinaus. Wir versuchen, alle repräsentativen Systeme des Gedächtnisses (Gedanken, Gefühle, Handlungen und Absichten) zu aktualisieren, wenn wir diese Verfolgung durchführen, damit alle geistigen Ressourcen einer Person zur Verfügung stehen können. (Als wichtigen Vorbehalt erkennen wir an, dass die systematische Verfolgung von Mustern in Beziehungen das Risiko birgt, alle Teilnehmer gleichermaßen für die Gewalt verantwortlich zu machen, daher konstruieren und ermöglichen wir gleichzeitig Gespräche über Verantwortung – Verantwortung für Verhaltensweisen, die anderen schaden, und Verantwortung für Sicherheit – wir erläutern dies weiter unten.)

Wir helfen Menschen dabei, ihre emotionalen Reaktionen und unerwünschte physiologische Erregung zu verstehen und zu managen und anspruchsbasiertes Selbstgespräch herauszufordern, d. h. das Recht, andere zu kontrollieren und sie nach Belieben zu behandeln. Wir stellen Fragen, die den Menschen helfen zu verstehen, wie ihr Körper funktioniert, wenn sie körperlich angespannt und unerwünscht physiologisch erregt sind, und zu lernen, wie sie sich beruhigen und trösten können. Dies kann für einige Menschen, die als Kinder nie gelernt haben, sich zu trösten und zu beruhigen, wenn sie unerwünscht erregt sind, oder ihren emotionalen Haushalt zu verstehen und zu managen, sehr schwierig sein. Wenn Familienmitglieder Drogen und/oder Alkohol benutzen, um dabei zu helfen, schwierige und unerträgliche Gefühle zu bewältigen, verlangen wir, dass sie gleichzeitig unsere lokalen Drogen- und Alkoholdienststelle aufsuchen. Wir arbeiten zusammen mit dem Alkoholberater, um den Familien zu helfen, die emotionalen Dynamiken und Kontexte zu verstehen und zu ändern, die gewalttätige

Reaktionen auslösen und aufrechterhalten können. Viele Menschen, die wir treffen, achten nicht auf ihre eigene Sicherheit, halten sich für unwürdig der Sicherheit, glauben, sie hätten einen Angriff und eine Bestrafung verdient und haben möglicherweise kein natürliches Gefühl dafür, wie physische und emotionale Sicherheit sich anfühlen. Wir bleiben wachsam gegenüber Traumareaktionen, insbesondere solchen, die maskiert und missverstanden werden. Daher verfolgen wir auch, wie dieses gefühlte Fehlen eines Anspruchs auf emotionale Sicherheit entstanden ist und was beim Heranwachsen passiert ist, damit sich dies entwickeln konnte.

Erste Sicherheitsstrategien im Sicherheitsplan beinhalten in der Regel die Verwendung von „Auszeit", denn wenn wir physiologisch überflutet sind, müssen wir uns oft von anderen entfernen, um anfangen zu können, uns zu beruhigen. „Auszeit" muss von allen Familienmitgliedern vereinbart werden, und „Auszeit" kann von jedem Familienmitglied eingefordert werden, unabhängig davon, ob sie Gewalt ausüben oder Opfer von Gewalt sind. Übung ist der Schlüssel zu einem erfolgreichen Sicherheitsplan, denn wenn Menschen besorgt, verängstigt und unerwünscht erregt sind, sind sie keine kreativen Problemlöser – sie werden von ihrer eigenen Erregung in Beschlag genommen, die Informationsverarbeitung verlangsamt sich und das Lesen von Beziehungshinweisen wird schwieriger. Daher gibt die Übung den Menschen eine gute Chance, sich an den Sicherheitsplan zu erinnern, wenn sie ihn brauchen. Wir planen, wo die Menschen „Auszeit" nehmen werden und was sie tun werden, um sich zu beruhigen und zu trösten. Wir helfen den Menschen, ihr Repertoire an Bewältigungsreaktionen zu erweitern. Wir schlagen oft vor, dass sie nicht zu dem Streit oder der Meinungsverschiedenheit zurückkehren, die das gewalttätige Verhalten ausgelöst hat, sondern dass sie es zu uns bringen, damit wir sie in einem sichereren, ruhigeren Kontext bei der Problemlösung unterstützen können. Wir erforschen, wie sie sich nach der „Auszeit" wieder verbinden, damit sie Verletzungen, Enttäuschungen oder Verluste lösen und heilen können. Offensichtlich ist effektive Problemlösung und Reparatur in Beziehungen die langfristige Strategie für die Sicherheit des Paares und der Familie.

Wir bieten mindestens sechs Treffen mit Familienmitgliedern an, um festzustellen, ob ein Sicherheitsplan funktionieren kann.

Die Rolle des stabilen Dritten. Unser Ansatz zur Sicherheit in familiären Beziehungen muss für alle Mitglieder des professionellen Netzwerks und des Familiensystems gut sichtbar sein. Eine solche Sichtbarkeit hilft anderen, sich zu vergewissern, dass wir die Sicherheit ernst nehmen und hilft, ihre Angst vor therapeutischer Praxis mit Familien, bei denen Gewalt ein Problem ist, zu managen. Alle unsere Sicherheitsplanungen werden mithilfe eines stabilen Dritten oder unseres Vermittlers durchgeführt, d. h. jemand, der das Paar und die Kinder kennt, die Familie zu Hause besucht und bestätigen kann, was die Familienmitglieder uns über Sicherheit und das Ende der Gewalt erzählen.

Wir setzen die systemische Theorie der dreieckigen Beziehungen um, die eine sichere Basis für unsere Arbeit mit der Familie/dem Paar bildet: bestehend aus uns selbst, der Familie oder dem Paar und dem stabilen Dritten (Dallos und Vetere 2012; Vetere und Dallos 2009). Der stabile Dritte hilft uns, auf Grundlage der

Kenntnisse über die Familie und der Verpflichtung zum Prozess,Sicherheitspläne für Beziehungen zu erstellen. Wir arbeiten nicht ohne jemanden in der Position des stabilen Dritten – oft kann dies ein Sozialarbeiter sein, aber es könnte auch jemand sein, dem im Familien-Professionellen-System vertraut wird (z. B. ein Glaubensführer, Gemeindearbeiter, Großelternteil, etc.). Der stabile Dritte nimmt an unserem ersten oder zweiten Treffen mit der Familie teil und dann an unserem dritten oder vierten Treffen, um uns bei der Überprüfung des Sicherheitsplans zu helfen. Wir stehen in engem und sorgfältigem Kontakt mit Personen aus dem professionellen Netzwerk, das mit der Familie verbunden ist, denn wenn sie uns nicht vertrauen, die Sicherheit ernst zu nehmen, werden sie unsere Arbeit mit der Familie nicht unterstützen. Daher muss unser Ansatz zur Sicherheit und Sicherheitsplanung für alle sichtbar sein.

Die entscheidende Bindungsbedeutung von Trost in familiären Beziehungen. Die Zugänglichkeit und Reaktionsfähigkeit anderer Familienmitglieder, wenn wir verängstigt oder gestresst sind, bilden die Bausteine des Vertrauens (Gottman 2011). Wenn wir aufgeregt und verängstigt sind, sind manchmal der Klang einer beruhigenden Stimme, ein freundliches Lächeln und eine Umarmung die einzigen Reaktionen, die uns beruhigen. Der Sicherheitsplan befasst sich mit der Fähigkeit jedes Familienmitglieds, sich selbst zu trösten und zu beruhigen, und unerwünschte physiologische und emotionale Erregung auf konstruktive Weise zu deeskalieren. Viele Menschen, mit denen wir arbeiten, wurden als Kinder nicht getröstet und haben möglicherweise gelernt, psychoaktive Substanzen zu verwenden, um unerträgliche Gefühle von Scham, Angst und Traurigkeit zu entkommen (Vetere 2014). Daher stehen Trost und das Geben und Empfangen von Beruhigung im Mittelpunkt eines gefühlten Erlebnisses von Sicherheit in unseren engen Beziehungen.

Das Öffnen und Erforschen eines Gesprächs über Trost kann für Menschen, die gelernt haben, anderen nicht zu vertrauen, ergreifend sein. Aus systemischer Perspektive helfen wir, das Gespräch zu entwickeln, indem wir nach intergenerationalem Lernen in Familien fragen – wie beeinflussen wir uns gegenseitig über die Generationen hinweg und lehren und lernen in Familien über Pflege, Pflegeempfang und so weiter? Daher könnten wir damit beginnen, die Eltern zu bitten, über ihre Kindheitserfahrung nachzudenken: Was ist passiert, wenn Sie als Kind aufgeregt oder verängstigt waren? Wie haben Sie sich besser gefühlt? Wer hat Ihnen dabei geholfen? Was haben Sie daraus für Ihre eigene Familie gelernt? Wenn dieses Gespräch emotional zu schmerzhaft ist, könnten wir fragen, was ihre Eltern (oder Bezugspersonen) möglicherweise von ihren Eltern gelernt haben, d. h. wir gehen in dem Gespräch eine Generation weiter zurück, um mehr emotionalen Abstand zu schaffen. Wir fragen, was sie gleich machen wollen und was sie anders machen wollen – wie trösten sie sich in ihrer eigenen Familie und wie trösten sie ihre Kinder. Wir erforschen auch, wie Kinder lernen, ihre Eltern zu trösten und was passiert, wenn diese Beziehung für die Kinder unausgewogen wird. Schließlich stellen wir systemische Fragen über die Zukunft der Kinder und die Hoffnungen der Eltern für sie – z. B.: Was hoffen sie, dass Ihre Kinder von Ihnen über das Trösten lernen und für die Zukunft der eigenen Kinder?

Bewertung des Risikos weiterer Gewalt

Unsere Bewertung des Risikos zukünftiger physischer Gewalt beinhaltet die Berücksichtigung von Episoden wiederholter Gewalt und die Kontexte, in denen Gewalt auftritt, z. B. zu Hause, bei der Arbeit, auf der Straße, in der Sporthalle usw., und in welchen Beziehungen. Wir bewerten die Fähigkeit der Familienmitglieder, ihre Affekte und ihre nicht konstruktive physiologische Erregung zu regulieren. Wenn unserer Ansicht nach Familienmitglieder ein unbehandeltes Substanzmissbrauchsproblem haben, bestehen wir darauf, dass sie die Hilfe unseres lokalen Substanzmissbrauchsdienstes in Anspruch nehmen, mit der Erlaubnis eng mit uns zusammenzuarbeiten. Wir suchen nach der Fähigkeit zur emotionalen Empathie, d. h., die Fähigkeit, sich in die Gefühle des anderen hineinzuversetzen, aus Erfahrungen zu lernen und zu reflektieren, und eine gewisse Anerkennung, dass Gewalt ein Problem ist und aufhören muss. Wenn ein Familienmitglied weiterhin andere beschuldigt und nicht anerkennt, dass sein gewalttätiges Verhalten sowohl anderen schadet als auch die familiären Beziehungen beeinflusst, bieten wir keine Beziehungstherapie an, obwohl wir möglicherweise individuelle Unterstützung anbieten könnten.

Wir unterscheiden zwischen gewalttätigem Verhalten, das im Kontext von nicht konstruktiver und unregulierter physiologischer Erregung auftritt, wenn auch begleitet von ‚Anspruchs-Selbstgesprächen' (d. h. wie kann sie es wagen, mich so anzusehen – warum steht mein Abendessen nicht auf dem Tisch, und so weiter) und Gewalt, die ausschließlich dazu dient, andere zu kontrollieren und zu zwingen, d. h. kalkulierte, kühle, instrumentelle Aggression. Offensichtlich kann Aggression im Kontext von dysregulierter Erregung auch dazu dienen, zu zwingen und zu kontrollieren, aber das mag nicht die einzige Absicht sein. Unsere jeweiligen Ausbildungen und unsere gemeinsame Ausbildung als Familientherapeutinnen befähigen uns dazu, Menschen dabei zu helfen, Affekte zu verstehen und zu managen und Überzeugungen über das Recht, andere zu behandeln, wie sie es wünschen, in Frage zu stellen. Wir sind nicht forensisch ausgebildet, daher arbeiten wir nicht therapeutisch mit Aggression, die hauptsächlich instrumental ist.

Wir bieten ein Beispiel für eine offensichtliche Unfähigkeit, über Erfahrungen zu reflektieren. Ein Kinderschutzsozialarbeiter bat uns, eine Familie mit zwei Elternteilen und zwei Töchtern im Alter von 6 und 8 Jahren zu treffen, um eine Beurteilung der sicheren Elternschaft vorzunehmen. Der Kinderarzt hatte die Familie an die Sozialfürsorge verwiesen, weil das 8-jährige Mädchen eine erhöhte und gerötete Kopfhaut hatte, als ob jemand sie an den Haaren hochgehoben und sie an ihrem Körpergewicht geschwungen hätte. Der Vater sagte, er habe es nicht getan und seine Frau ebenfalls nicht. Die Mutter sagte, sie habe es nicht getan und ihr Mann ebenfalls nicht. Die Mädchen sagten nichts. Als wir die Eltern trafen, sagte uns der Vater, es habe keinen Sinn, ihn nach seiner Kindheit und seinen Erfahrungen mit der Erziehung zu fragen, weil er sich an nichts vor dem Alter vor 18 Jahren erinnern könne. Soweit wir wussten, gab es keinen organischen oder traumatischen Grund für einen solchen globalen Gedächtnisverlust. Daher war unsere systemische Reaktion, die Konsequenzen des Nichterinnerns sorgfältig zu verfolgen, für ihn als Vater jetzt und für seine Entwicklung als Vater. Es wurden Fragen gestellt wie z.B. die folgenden: Wenn Sie sich nicht an Ihre Kindheits- und Jugenderfahrungen erinnern, was hat Ihnen geholfen, Vater zu werden? Wer hat Ihnen geholfen? Was haben Sie gelernt? Wie haben Sie gelernt?

In einem anderen Beispiel zeigen wir die Geschichte eines Paares, bei dem der Ehemann nicht in der Lage war, seine Erregung und Unruhe zu managen und zu regulieren. Diese ist auch ein starkes Beispiel dafür, wie die Fähigkeit zu lesen und zu schreiben eine Quelle von Macht und Einfluss in einer Paarbeziehung ist. Die Frau konnte lesen und schreiben und der Mann konnte es nicht – und wir wussten das nicht. Wir gingen davon aus, dass sie beide das konnten. Indem wir diesen Fehler machten, lernten wir auch, mehr auf diese Beziehungsdynamik zu achten. Der Sozialarbeiter verwies das Paar an uns für eine Sicherheitsbewertung. Die Frau war mit ihrem ersten Kind schwanger. Anscheinend hatten sie einen schrecklichen Streit gehabt, und er hat sie körperlich angegriffen, wodurch sowohl die Frau als auch das ungeborene Kind einem ernsthaften Schadensrisiko ausgesetzt waren. Das Kinderschutzsystem zog die Möglichkeit in Betracht, ihnen das Kind bei der Geburt wegzunehmen, weshalb sie verständlicherweise besorgt und verängstigt waren. Wir schickten ihnen einen Brief, in dem wir sie einluden, uns in unserem Büro zu treffen, und legten eine Karte bei. Sie hatten einen Streit, bevor sie zu uns kamen, und auf dem Weg verirrten sie sich. Sie hielten an einer Tankstelle an und er bat sie, hineinzugehen und nach dem Weg zu fragen. Sie war immer noch wütend auf ihn und weigerte sich, hineinzugehen. Zu seiner Ehrenrettung sei gesagt, dass er um Hilfe bat, und offenbar lachte die Kassiererin und sagte: „Können Sie nicht sehen – es ist direkt da!" Sie hatten vor unserem Büro angehalten, ohne es zu merken. Wir stellen uns vor, dass das Lachen der Kassiererin ein höfliches, albernes Lachen war, aber der Ehemann empfand das Lachen als zutiefst beschämend – als ob die Kassiererin wusste, dass er nicht lesen und schreiben konnte und über ihn lachte. Als der Ehemann also ins Wartezimmer kam, war er sehr aufgeregt und störte die anderen im Wartezimmer. Die Rezeptionistin war davon beunruhigt und bat uns, ihn sofort zu sehen. Es dauerte über eine Stunde, bis wir ihm helfen konnten, sich zu beruhigen und uns zu erzählen, was passiert war. Unter diesen Umständen hielten wir es für zu gefährlich, sie als Paar zu treffen.

Verantwortung für unser Verhalten, das anderen schadet: Uns selbst zur Rechenschaft ziehen

Wir unterstützen und ermutigen Familienmitglieder, Verantwortung für die Sicherheit, gegenüber sich selbst und anderen, und für Verhalten, das anderen schadet, zu übernehmen. Wir erkennen unsere Verantwortung an, den Familienmitgliedern zu helfen, die Gewalt zu beenden, und ihre Verantwortung, sie zu beenden. Wir erforschen die relationalen und intergenerationalen Auswirkungen von Gewalt in der Familie, wie z. B. ungelöste Traumareaktionen und ungelöste Verluste, die Erfahrung von Wohlbefinden, Probleme bei der interaktiven Affektregulierung und andere Entwicklungsauswirkungen für alle Familienmitglieder und ihre Beziehungen. Wir suchen nach korrektiven und replikativen Skripten für generationenübergreifendes Lernen in Familien, d. h. für die bewussten Absichten und Versuche, die Dinge in ihrer Familie besser zu machen, als sie in ihrer Kindheit für sie gemacht wurden, und/oder die Absicht, Muster der Fürsorge in einer fraglosen Weise zu wiederholen (Byng Hall 1995).

Zu oft hören wir, dass gewalttätige Mittel des Einflusses, der Nötigung und Kontrolle in so vielen Familien, mit denen wir in unserem Projekt arbeiten, akzeptiert oder trivialisiert werden. Wenn wir auf solche ‚selbstverständlichen' Überzeugungen stoßen, wie wir Menschen behandeln und/oder erwarten, in unseren familiären Beziehungen behandelt zu werden, treten wir einen Schritt zurück und laden die Familienmitglieder ein, mit uns zu dekonstruieren, wie diese Überzeugungen so allgegenwärtig geworden sind. Wir fragen immer: „Was ist Ihnen passiert… dass Sie aufgewachsen sind und glauben, dass Sie es verdient haben, geschlagen zu werden? Oder, … dass Sie aufgewachsen sind und glauben, dass Sie das Recht haben, Menschen zu schlagen und sie zu behandeln, wie Sie es möchten?" Familienmitglieder, insbesondere Eltern, sprechen auch über ‚korrektive Skripte' – ihre Reflexionen darüber, wie sie aufgewachsen sind und ihre Versuche, die Dinge anders für ihre Beziehungen und für ihre Kinder zu machen. Paradoxerweise ist die Absicht, die Dinge für die nächste Generation besser zu machen, oft nicht genug – es ist, als ob die Eltern keine Vorlage dafür hätten, wie Sicherheit in einer Beziehung aussehen könnte, oder wie sie sich anfühlt, in einem natürlichen Sinne. Sie wissen vielleicht nicht, was sie tun sollen, um die Dinge in der Familie und für die Familie sicher zu machen.Wir bemerken und bekräftigen stets die Absicht von Familienmitgliedern, sich anders um die Sicherheit zu kümmern, als es für sie als Kinder oder für ihre eigenen Eltern der Fall war - und zollen den Menschen Anerkennung dafür, dass sie es versuchen, erkennen aber auch an, dass es nie einfach oder unkompliziert ist, in der Familie eine Vorreiterrolle zu spielen und Praktiken der Kinderbetreuung in Frage zu stellen, die harte und körperliche Disziplinierungsmethoden beinhalten. Ironischerweise wird dies weiter verkompliziert, dass wir als Eltern bei der Betreuung unserer Kinder eher um Hilfe bitten, wenn wir uns in sicheren und geborgenen Beziehungen befinden, als wenn wir uns unsicher, psychologisch bedroht und defensiv fühlen. Wir versuchen, Eltern und Familienmitgliedern zu helfen, aus einer defensiven Haltung herauszukommen, indem wir systemische Zukunftsfragen stellen (Penn 1985).

Wir könnten z. B. einen Vater, der seinen Sohn körperlich angegriffen hat, folgende zukunftsorientierte Fragen in seiner Rolle als Vater stellen: „John, als Vater, wenn dein Sohn ein Mann wird und vielleicht selbst Vater wird, was hoffst du, wird dein Sohn von dir lernen, wie er seine Kinder schützen kann? John, als Vater, wenn Ihre Tochter eine Frau wird und vielleicht einen Mann heiratet, was soll sie dann von Ihnen lernen, wie sie sich schützen kann?"

Familienmitglieder, die in einem emotionalen Kontext von ständiger und chronischer Übererregung leben, sind oft kognitiv, emotional und praktisch überfordert. Dies lässt wenig geistigen Raum für Neugier und Reflexion und führt zu vereinfachten Erklärungen des Verhaltens anderer Familienmitglieder, etwa zu beschuldigenden Aussagen wie „er ist ein kalter Fisch" oder „sie ist das Problem". Unter diesen Umständen ist es wahrscheinlicher, dass man anderen die Schuld gibt, wenn man mit einer beängstigenden und komplexen Familiendynamik und -ereignissen konfrontiert wird, und dass dies zu einem Muster wird, das sich verfestigt und später als die Identität einer Person angenommen wird. In unseren ersten sechs Sicherheitsplanungssitzungen versuchen wir, den Menschen zu helfen, von einer beschuldigenden und defensiven Haltung abzurücken, damit sie eine empathische Neugier auf ihr eigenes und das Handeln anderer entwickeln können. Wenn nach sechs Treffen ein Familienmitglied weiterhin andere für sein eigenes Verhalten verantwortlich macht und Schwierigkeiten hat, die Auswirkungen seines Verhaltens auf sich selbst, auf andere und in seinen Beziehungen zu erkennen, würden wir dies als klare Kontraindikation für systemische Beziehungstherapie betrachten. Stattdessen würden wir eine andere Reaktion anbieten, wie Einzeltherapie, Gruppentherapie oder vielleicht eine rechtliche Reaktion.

Wir treffen die Kinder mit ihren Eltern/Pflegepersonen während der sechs ersten Sicherheitsplanungssitzungen nicht, bis wir überzeugt sind, dass die Erwachsenen die Sicherheit ernst nehmen. Wir könnten die Kinder separat oder als Geschwistergruppe treffen, abhängig von der Überweisung oder der Anweisung des Familiengerichts. Wir sprechen mit den Kindern über ihr Verständnis von Sicherheit und könnten durchaus eine Sicherheitsplanungssitzung mit den Kindern durchführen und/oder andere Fachleute, zum Beispiel Schulpersonal, beraten, wie mit den Kindern über ihre Sicherheit gesprochen werden kann (Cooper und Vetere 2005; Vetere und Cooper 2017). Wir lassen uns von der Arbeit von Hester, Pearson und Harwin (2000) in dieser Hinsicht beeinflussen. Wir sprechen mit den Kindern über die Häufigkeit von Gewaltvorfällen, den letzten Gewaltvorfall und über die Details, an die sie sich erinnern. Wir fragen, ob Waffen verwendet oder bedroht wurde und ob Drogenkonsum vorliegt. Wir fragen, ob ihre Mutter oder andere Familienmitglieder in einem Raum eingeschlossen wurden und/oder daran gehindert wurden, das Haus zu verlassen. Wir fragen, ob die Polizei jemals zu ihrem Haus gekommen ist und was passiert ist. Wir fragen, was die Kinder während eines Gewaltvorfalls tun, ob sie versuchen einzugreifen und was passiert. Wir fragen, wo die Geschwister während eines gewalttätigen Übergriffs sind. Basierend auf diesen Informationen überprüfen wir, an wen das Kind sich wenden kann und über das Geschehene sprechen kann, ob sie einen sicheren Ort haben, an den sie gehen können, und ob sie wissen, wie sie den Notdienst kontaktieren können.

Obwohl wir versuchen, den Kindern zu vermitteln, dass es weder sicher noch ihre Verantwortung ist, während eines gewalttätigen Vorfalls einzugreifen, um Familienmitglieder zu schützen, erkennen wir die Doppelmoral, die die Entscheidungen der Kinder einschränkt und behindert. Unserer Erfahrung nach können es die Kinder sein, die die Verantwortung für die Sicherheit übernehmen, wenn ein Familienmitglied oder mehrere Mitglieder Gewalt ausüben, z. B. könnten sie die Polizei anrufen oder zu den Nachbarn laufen und um Hilfe bitten. Diese Art von Verantwortungsübernahme kann bei Kindern und Jugendlichen zu einiger Belastung führen, wenn sie mit ihren Müttern in einer Unterkunft für häusliche Gewalt Zuflucht suchen. Hier werden die Kinder von Sicherheitsplanungssitzungen ausgeschlossen, weil das Personal möchte, dass sie sich wieder mit altersgerechten Aktivitäten und Aufgaben beschäftigen. Einige Kinder argumentieren jedoch, dass sie diejenigen waren, die sich um die Sicherheit gekümmert haben, daher möchten sie wissen, was in den Sicherheitsplanungssitzungen passiert und einen weiteren Beitrag zur Familiensicherheit leisten.

Wir sprechen mit den Eltern über die Auswirkungen auf die Entwicklung und das Wohlbefinden ihrer Kinder als Folge von Gewalt in familiären und gemeinschaftlichen Beziehungen. Wir fragen: Was lernen die Kinder? Manchmal treffen wir Mütter, die uns erzählen, dass sie die Gewalt von ihren erwachsenen Partnern „ertragen" und sie ihre Kinder vor dem Wissen schützen. Dies sind bewegende Gespräche, wenn wir die Versuche der Mütter infrage stellen, sich mit dem Gedanken zu trösten, dass ihre Kinder nichts von der Gewalt wissen. Wir sprechen über die Forschung, die schätzt, dass mehr als drei Viertel aller gewalttätigen Vorfälle im Haus in irgendeiner Weise von den Kindern beobachtet werden, ob sie sich in einem anderen Raum verstecken, auf der Treppe sitzen und zuhören oder aktiv eingreifen, um ihre Mütter zu schützen (Moffitt und Caspi 1998). Wir sagen den Eltern, dass wir aus unserer Erfahrung heraus glauben, dass die Kinder immer Bescheid wissen, obwohl sie vielleicht nicht die Details kennen. Kinder sind äußerst sensibel sowohl für das Wohlbefinden der Eltern/Pflegepersonen, die sich um sie kümmern, als auch entscheidend für das Wohlbefinden der Beziehung der Eltern. Einige Kinder könnten durch ihre Gewalterfahrung in der Familie traumatisiert sein und ihre psychologischen wie Verhaltensreaktionen könnten sowohl missverstanden als auch fehldiagnostiziert werden, wenn nicht verstanden wird, dass die Angst im Zentrum ihrer Schwierigkeiten steht. Die Auswirkungen auf Kinder sind gut dokumentiert und umfassen: somatische Symptome, mangelndes Interesse an Aktivitäten, regressive Verhaltensänderungen, Störungen Beim Ein- und Durchschlafen, Alpträume, Taubheitsgefühl und Unfähigkeit, sich selbst zu trösten, repetitives Spiel, Ablenkbarkeit, schlechte Konzentration, ständiges Bewegen und ein hohes Aktivitätsniveau (Perry und Szalavitz 2006).

Schließlich achten wir bei der Unterstützung von Menschen, die Verantwortung für ihr Verhalten übernehmen, genau darauf, wie Menschen über ihr gewalttätiges Verhalten sprechen und es beschreiben, ob sie z. B. eine Sprache verwenden, die ihre Gewalt verharmlost, eine Person könnte z.B. sagen „Ich habe nur ihn geschlagen", oder „Ich habe sie bloß geschlagen". Wir bemerken, wie die Worte „nur" und „bloß" die Auswirkungen ihres Verhaltens und dessen Folgen herunterspielen. Also reagieren wir, indem wir nach „nur" und „bloß" fragen, wie z.B.: „Wenn ich da wäre, was würde ich sehen? Wie sieht ‚nur' aus? Wo hast du ihn geschlagen? Wie hast du ihn geschlagen? Womit hast du ihn geschlagen? Wie oft hast du ihn geschlagen? Was hat er getan? Was ist als nächstes passiert?" Und so weiter. Auf diese Weise gehen wir langsam in den Beschreibungen von gewalttätigem Verhalten umher und machen ihre Handlungen und Auswirkungen deutlich. Ein weiteres Beispiel für Verharmlosung ist die Aussage einer Frau: „Nun, die Dinge waren ein wenig angespannt“. Sie hat einen gebrochenen Kiefer. Ein Vater, der seine Tochter in einem Streit mit ihr körperlich angegriffen hat, sagte uns: „Sie weiß, dass ich sie liebe, die dumme Kuh, sie weiß, dass ich sie nicht wieder schlagen werde“. Wir würden fragen: „Was weiß sie?“. Der Vater hat das Wissen, dass er sie nicht wieder schlagen wird, in den Rahmen der Liebe gestellt, während sie geschlagen wurde – das ist es also, was sie weiß.

Neben dem Gebrauch von verharmlosender Sprache achten wir auch auf die Verwendung der aktiven Stimme und der Sprache der persönlichen Handlungsfähigkeit. Wenn ein Partner z.B. sagt, „Ich habe ihn geschlagen“, haben wir Handlungsfähigkeit – ein Substantiv, ein Aktionsverb und ein Objekt. Wir unterstützen diese agierenden Beschreibungen von Verhalten, das anderen schadet. Wenn wir die Verwendung der passiven Stimme in der Sprache hören, stellen wir sie infrage. Ein Mann könnte z.B. von seinem wütenden und aggressiven Ausbruch sagen: „Der rote Nebel kam herunter“. Auch hier würden wir im roten Nebel herumlaufen und fragen: „Was ist der rote Nebel? Was macht man mit ihm? Wie bringt man ihn zum Verschwinden?“ So unterstützen wir die Verwendung der aktiven Stimme beim Sprechen über gewalttätiges Verhalten. Ein Mann sagte zu uns: „Wie können Sie mich für das verantwortlich machen, was ich meinen Kindern angetan habe, wenn Sie nur wüssten, was mein Vater mir angetan hat?“ Wir würden mit Mitgefühl auf seine Kindheitserfahrung reagieren und ihm mitteilen, dass wir seine Geschichte hören wollen UND wir halten ihn für sein Verhalten gegenüber seinen Kindern verantwortlich, für die er als ihr Vater die Verantwortung der Pflege hat.

Auf diese Weise sehen wir am deutlichsten, wie wir Gespräche über die Erklärung von Gewalt und die Gründe für ihr Auftreten sowie die Übernahme von Verantwortung für Gewalt und Sicherheit miteinander verweben. Die Erklärung von Gewalt kann also nicht dazu benutzt werden, sich der Verantwortung zu entziehen oder von ihr abzulenken (Goldner et al. 1990).

Zusammenarbeitende Praktiken

Schließlich ermutigen und unterstützen wir in dieser kurzen Übersicht unserer Sicherheitsmethodik die Zusammenarbeit mit der Familie und innerhalb des Familien-Professionellen-Netzwerks. Wir streben an, gegenüber Familienmitgliedern transparent zu sein über unsere Beziehung zu Instanzen der sozialen Kontrolle und wie wir innerhalb des rechtlichen Rahmens des Kinderschutzes arbeiten, was wir z.B. in unserer Arbeit tun, wen im professionellen Netzwerk wir kennen und mit wem wir über Sicherheit in den Familien sprechen, mit denen wir arbeiten. Wir sind der festen Überzeugung, dass wir alle ein Recht darauf haben, ohne Angst vor den Menschen zu leben, die wir lieben. Dabei erkennen wir auch die emotionalen und bindungsbezogenen Dilemmata an, die uns alle treffen können. Wir erkennen unsere eigenen moralischen Dilemmata rund um Gewalt an und dass wir als Eltern selbst mit Themen wie Mobbing unserer Kinder in der Schule auseinandergesetzt und gerungen haben. Wir erkennen an, dass es unterschiedliche und widersprüchliche Diskurse über Gewalt und Diskriminierung auf verschiedenen Ebenen unserer Gesellschaft gibt. Unsere Verantwortung besteht darin, Familienmitgliedern zu helfen, die physische und emotionale Gewalt zu stoppen, und ihre Verantwortung besteht darin, aufzuhören und Unterstützung bei der Suche nach gegenseitig befriedigenderen Wegen der Heilung und Bindung in Beziehungen anzunehmen.

Wie oben beschrieben, verwenden wir einen reflektierenden Prozess im Raum, wenn wir mit Familien arbeiten, sowohl während der Beurteilung als auch der Therapie, und bemühen uns auf diese Weise, unser Denken allen zugänglich zu machen. Eine von uns arbeitet als leitende Therapeutin und die andere als Beraterin im Raum, wobei die Rollen für dieselbe Familie konstant bleiben. Wir verpflichten uns, über Risiken und Sicherheit vor der Familie zu sprechen, und nicht wenn sie nicht im Raum sind. Wir glauben nicht, dass es einfache Lösungen für die Probleme der Gewalt gibt, aber unsere systemische Praxis besteht darin, die Probleme zu identifizieren und sie so unkompliziert und direkt wie möglich zu diskutieren, in der Überzeugung, dass eine Lösung wahrscheinlicher ist, wenn sie als Ergebnis hervorgeht.

Wir bieten in unserer Arbeit mit Paaren und Familienmitgliedern keine Vertraulichkeit an, sondern wir stimmen zu, die Vertraulichkeit zu verhandeln, wenn wir wissen, dass die uns mitgeteilten Informationen nicht die Sicherheit der Familie betreffen. Schließlich und entscheidend unterstützen wir Familien in ihrer Fähigkeit, Fachleute im Kinderbetreuungsnetzwerk als potenziell hilfreich für sie und ihre Familie zu sehen, und ihre Fähigkeit, während eines oft langwierigen und emotional belastenden Prozesses mit dem professionellen Netzwerk zusammenzuarbeiten, aufrechtzuerhalten. Wenn das alles ist, was wir tun, sozusagen, glauben wir, dass wir der Familie geholfen haben. Die Erfahrung, im Goldfischglas der (manchmal feindseligen) Beobachtung anderer zu leben, ist anstrengend, demoralisierend und manchmal demotivierend. Familienmitglieder dabei zu unterstützen, zu verstehen, wie komplexe professionelle Netzwerke funktionieren, die verschiedenen Rollen und Verantwortlichkeiten der Mitarbeiter zu verstehen und bei Einschüchterung innerhalb des professionellen Netzwerks Unterstützung zu finden, kann ausreichen, um ihre Zusammenarbeit und aktive Beteiligung an der Suche nach Lösungen für sich selbst und ihre Familien aufrechtzuerhalten.

Überblick über die Mindestens Sechs Sicherheitsplanungssitzungen

Die oben genannte Zusammenfassung unserer Arbeitsmethode und Sicherheitsplanungsmethodik wird gegeben, um den oft angeforderten Überblick über unsere mindestens sechs Sicherheitsplanungs- und Beurteilungssitzungen, die wir unten skizzieren, zu kontextualisieren. Bei der Arbeit mit Einzelpersonen, Paaren und Familien präsentieren wir Ideen, Strategien und Informationen zur Sicherheitsplanung so weit wie möglich in Form von Fragen. Wir finden Fragen und Befragungen helfen als Anstoß zum Nachdenken und Reflektieren sowohl den Therapeuten als auch der Familie dabei, nicht zu schnell Gewissheit zu suchen. Wir möchten jedoch erneut darauf hinweisen, dass der unten angebotene Überblick immer nur ein Entwurf sein kann und die Kontraindikationen für die Beziehungstherapiearbeit mit Paaren und Familien, die am Ende dieses Kapitels vorgestellt werden, berücksichtigen muss.

Wir schlagen vor, dass Sie Ihren eigenen Sicherheitsplan mit dem Paar/den Familien erstellen, der auf ihre spezifischen Umstände zugeschnitten ist, und Entscheidungen treffen, während Sie voranschreiten, geleitet durch Zuhören und Feedback. Dies hilft, eine vertrauensvolle und arbeitende Partnerschaft zwischen dem Therapeuten, den Familienmitgliedern und dem stabilen Dritten zu entwickeln. Der stabile Dritte könnte den Sitzungen 1 oder 2 oder 3, oder 4 beiwohnen, wie vereinbart.

Es ist immer hilfreich, Familienmitglieder getrennt und gemeinsam zu treffen. Wenn möglich, versuchen wir beide Partner/Eltern zusammen treffen. Wenn Gewalt in anderen professionellen Treffen besprochen wurde, bevor die Leute zu uns kommen, könnten wir eine Vorstellung davon haben, dass es sicher ist, damit zu beginnen, anzuerkennen, was wir wissen. Wenn die Gewalt vermutet wird und bisher nicht darüber gesprochen wurde, würden wir das Paar/die Eltern zusammen begrüßen, unseren Ansatz erklären, sie getrennt treffen, um die Sicherheit so weit wie möglich zu überprüfen, und dann erst zusammen treffen, um einen Vertrag zu vereinbaren. So könnten unsere ersten sechs Treffen diesem Zeitplan folgen: Treffen mit einem Partner/Elternteil; Treffen mit dem anderen Partner/Elternteil; Treffen mit beiden Partnern/Eltern zusammen; Treffen mit den Kindern getrennt, und wenn der Sicherheitsplan zu funktionieren scheint, Treffen mit den Kindern und den Eltern; und Einbeziehung des ‚stabilen Dritten' bei den Treffen 1 oder 2, und 3 oder 4.

Die sechs Sitzungen könnten natürlich nur darin bestehen, Eltern/Partner zu treffen, um einen Sicherheitsplan zu erstellen und Kinder getrennt zu treffen. Oder jede andere Kombination, die angemessen ist. Alle Sitzungen sollten Fragen verwenden und entwickeln, die sowohl erforschen als auch den Familienmitgliedern helfen, ihre Gefühle, Gedanken, Absichten und Handlungen so weit wie möglich zu integrieren. Dies ist ein Leitfaden, abgesehen von der Aufgabe der ersten Sitzung, die unten beschrieben wird, da alle Themen wahrscheinlich wieder auftauchen und wiederholt werden können.

Überblick über die Erste Sicherheitsplanungssitzung mit einem Paar oder einer Familie

Die Hauptaufgaben hier sind, eine Arbeitsbeziehung zu etablieren, Risiken und Verantwortung zu bewerten, einen Gewaltverzichtsvertrag mit Hilfe des ‚stabilen

Dritten' zu etablieren und unbehandelte Substanzmissbrauchsprobleme zu priorisieren. Wir setzen die Beziehungsarbeit nicht fort, wenn der/die Klient/in Hilfe bei Substanzmissbrauch ablehnt.

Wir heißen die Leute mit Vorstellungen und Erfrischungen willkommen. Wir skizzieren unser Sicherheitsplanungsprojekt und die wahrscheinlichen Treffen und unsere Position der Nicht-Vertraulichkeit bei Sicherheitsfragen. Wir teilen die Informationen, die wir über das Paar/die Familie und die in der Überweisung enthaltenen Bedenken mit dem Paar/den Eltern. Während dieses Gesprächs bewerten wir ihre Anerkennung der Verantwortung für die Sicherheit und Verantwortung für Verhaltensweisen, die anderen schaden. Wichtig ist, dass wir das Engagement beider Partner/Eltern für die Arbeit in diesem Familieninterventionsprojekt bewerten.

Wie wir oben beschreiben, beginnen wir, den letzten Vorfall von Gewalt oder den schlimmsten Vorfall zu erforschen und sorgfältig zu verfolgen. Dies kann mit spezifischen Informationen in der Überweisung verknüpft sein und uns und ihnen helfen, die Auslöser für Gewalt (oft mit Bindungsbedeutung), die Rolle von wenig konstruktiver physiologischer Erregung, ungelösten Konflikten, unverarbeiteten Traumareaktionen und Stressquellen sowie die Ressourcen, d. h. frühere Erfolge beim Stoppen der Gewalt, vertrauensvolle und unterstützende Beziehungen in der erweiterten Familie und Gemeinschaft usw., der Familie zu verstehen. Wir erforschen die Kontexte von Gewalt: Wann und wo passiert sie, wie passiert sie, wer tut was; wenn wir da wären, was könnten wir sehen usw.?

Wir vereinbaren und machen den Gewaltverzichtsvertrag (entweder gesprochen oder geschrieben), beginnen die Sicherheitsplanung auf der Grundlage von Informationen aus der Verfolgung eines Beispiels von Gewalt und vereinbaren die Verwendung einer Auszeit-Strategie, um konfliktreiche und physiologisch erregende Interaktionen zu deeskalieren. Es ist unerlässlich, die Zustimmung beider Partner/Eltern zum Plan zu haben. Dies braucht Zeit und könnte den Rest der Sitzung in Anspruch nehmen und in den nächsten Sitzungen fortgesetzt werden. Es ist nützlich, mindestens 1,5 Stunden für das erste Treffen einzuplanen.

Es könnte Zeit sein, über das zu sprechen, was in einer gewalttätigen Interaktion passiert, z. B. ‚der rote Nebel kam über mich', oder ‚ich habe es verloren' und so weiter, und so die fehlende Handlungsfähigkeit und Verharmlosung von Gewalt in der Rede herauszufordern – dies ermutigt die Menschen, Verantwortung für ihre Handlungen zu übernehmen, die anderen schaden. Es ist wichtig, dies zu verstehen und einen Sinn für Reziprozität, Empathie und empathische Wertschätzung in den Paar-/Familienbeziehungen zu bekommen.

Überblick über die zweite Sicherheitsplanungssitzung

In der zweiten Sitzung setzen wir die Entwicklung und das Feedback zum Sicherheitsplan und den Sicherheitsstrategien fort. Wir gehen dies sehr langsam an und suchen nach Anzeichen für Sicherheit und Erfolg. Es ist wichtig, die Absichten und Bemühungen der Familienmitglieder zu validieren und zu unterstützen, Dinge besser zu machen. Wir fragen, welche Maßnahmen das Paar/die Eltern ergriffen haben, um die Sicherheit für sich selbst und andere zu gewährleisten? Dies ermöglicht es uns zu erforschen, wie sie sich beruhigen und lernen, sich selbst zu beruhigen, und wie sie lernen, ihre reaktiven emotionalen Reaktionen zu verstehen und zu regulieren. Wie oben beschrieben, bieten wir Hilfe bei der Auseinandersetzung mit nicht hilfreichen „Selbstgesprächen" an, z. B. dem Anspruch, andere so zu behandeln, wie sie möchten, und andere für die Gewalt verantwortlich zu machen, oder der Überzeugung, dass sie die Gewalt verdienen und für die Kommunikationsschwierigkeiten in der Familie verantwortlich sind.

Wir möchten wissen, ob das Paar/die Eltern immer noch zu dieser Veränderung und zu dieser Arbeit mit uns verpflichtet sind. Wir erforschen ihre innere Motivation zur Veränderung und ihre Neugier und Reflexion über ihr eigenes und das Verhalten anderer. Beginnen sie z.B., auf eine direktere und geradlinigere Weise über die Gewalt und die Bedeutung der Sicherheit für sie, für ihre Familienbeziehungen, für ihre Kinder und für die Zukunft ihrer Kinder zu sprechen?

Entscheidend ist, dass wir fragen, welchen Unterschied der Sicherheitsplan gemacht hat: für sie, für ihre Kinder und die erweiterte Familie. Deshalb bitten wir um Beispiele, und die besten Beispiele sind kleine alltägliche Beispiele. Dies sind alles reflektierende Gespräche, die Entwicklung von Empathie verfolgen. Es kann eine dreigenerationale Geschichte von Gewalt in der Familie für das Paar vorliegen, daher erforschen wir die Erbschaften von Gewalt, ihre korrektiven und replikativen Skripte und ihre Hoffnungen für die Zukunft.

Wenn der stabile Dritte an dieser zweiten Sitzung teilnimmt, beziehen wir ihn in das Denken ein und suchen Feedback, um bei der Sicherheitsplanung zu helfen.

Überblick über die dritte Sicherheitsplanungssitzung

Normalerweise beginnen wir das Treffen mit dem Feedback zum Sicherheitsplan. Auch hier gehen wir sehr langsam vor und suchen nach Beispielen für Erfolg, z. B. Deeskalation einer schwierigen Interaktion, die in der Vergangenheit zu Gewalt hätte eskalieren können. Wie beruhigen sie sich, trösten und beruhigen sich selbst? Wir unterstützen aktives Problemlösen und es kann sein, dass dies zuerst mit der Hilfe des Therapeuten und mit der Hilfe des stabilen Dritten geschieht – dies fördert Vertrauen und Beziehungsreparatur.

Gab es einen Zusammenbruch im Sicherheitsplan? Was würden sie tun, wenn es einen Zusammenbruch im Sicherheitsplan gäbe? Wir müssen ehrlich und klar darüber sein, was wir tun würden, was sie tun würden und mit wem wir alle über Sicherheit sprechen würden.

Diese Sitzung bekräftigt und entwickelt weiter, welche Ziele das Paar/die Eltern setzen wollen. Nach unserer Erfahrung müssen sie leicht erreichbar sein, damit unsere Arbeit hilft, Möglichkeiten für Veränderungen zu entwickeln. Auch hier konzentrieren wir uns weiterhin auf die Entwicklung von Empathie, Reflexion und gegenseitiger Wertschätzung und Zuhören. Scheinen sie z.B. die Fähigkeit zu entwickeln, über schwierige Erfahrungen nachzudenken? Finden sie Wege, auch wenn sie noch so zögerlich sind, negative Gefühle auszudrücken, ohne auf Scham und Schuld zurückzugreifen? Wir suchen nach positiven Gefühlen und Erfolgen und bitten um kleine alltägliche Beispiele.

Wenn der ‚stabile Dritte' bei diesem Treffen anwesend ist, suchen wir Feedback zu seinen Ansichten über Sicherheit und unterstreichen den Erfolg der Familienmitglieder.

Überblick über die vierte Sicherheitsplanungssitzung

Nehmen Sie Rückmeldungen zum Sicherheitsplan entgegen und gehen Sie langsam vor, indem Sie Erfolge, Dilemmata und Bedenken in Bezug auf Sicherheit, Wohlbefinden und Risiken verfolgen.

Wir erforschen weiterhin ihre Entwicklung im Laufe der Zeit, sowohl als Individuen als auch in ihren familiären Beziehungen, mit systemischen, generationsübergreifenden Fragen, die darauf abzielen, sanft Gespräche zu eröffnen, die sowohl reflektierendes als auch beziehungsorientiertes Denken fördern. Die folgenden Fragen sind Beispiele dafür, was wir erforschen könnten: Was gibt es in ihrer Familiengeschichte, das uns hilft, ihre Ansichten und Überzeugungen über Sicherheit, Berechtigung, Macht und Kontrolle usw. zu verstehen? Wie geben sie in der Familie Trost, suchen und empfangen sie Trost? Fühlen sie sich unwürdig der Fürsorge anderer? Was ist ihnen als Kindern und Jugendlichen passiert? Wie haben sie gelernt, sich zu beruhigen und sich selbst zu beruhigen – wie helfen sie ihren Kindern? Was erhoffen sie sich für die Zukunft ihrer Kinder? Wie verstehen sie ihre eigene Geschichte als Paar und/oder Co-Eltern, zum Beispiel, sind sie offen für den Einfluss des anderen? Gibt es immer noch ein Gefühl von nicht konstruktiven ‚Ansprüchen', andere zu behandeln, wie sie wollen? Wie verstehen und bewältigen sie nicht konstruktive emotionale/physiologische Erregung? Welche weitere Hilfe benötigen sie? Entwickeln sie sowohl persönliche als auch elterliche Handlungsfähigkeit in Bezug auf Sicherheit und Problemlösung, für sich selbst, für einander und für ihre Kinder? Verstehen sie die Risiken für die Entwicklung ihrer Kinder, wenn sie ‚ausgesetzt'/in ihr gewalttätiges Verhalten verwickelt sind? Wissen sie, was ihre Kinder ‚sehen' und über Gewalt, Sicherheit und Problemlösung in Beziehungen lernen? Wie helfen sie ihren Kindern, Sicherheit zu verstehen und schwierige Erfahrungen zu deuten? Wie hören sie ihren Kindern und einander zu? Auf diese Weise beginnen wir, die Möglichkeit für traumafokussierte Arbeit sowie für Beziehungstherapie zu eröffnen, wenn der Gewaltverzichtsvertrag eingehalten werden kann. Frühere Erfolge, aktuelle Erfolge und erhoffte zukünftige Erfolge können unterstützt und validiert werden.

Überblick über die fünfte Sicherheitsplanungssitzung

Wieder nehmen wir Feedback zum Sicherheitsplan entgegen und verfolgen die Ereignisse langsam. Wenn der ‚stabile Dritte' bei diesem Treffen anwesend ist, suchen wir seine Ansichten zur Sicherheit und zur Durchführbarkeit des Sicherheitsplans. Wir überprüfen die Sicherheitsstrategien in Bezug auf: das Paar, die Eltern/Pflegepersonen und die Kinder. Wir konzentrieren uns darauf, welche Problemlösungsstrategien für sie funktionieren. Wie heilen und reparieren sie Erfahrungen von Verletzung, Ablehnung und Verlust in ihren Beziehungen? Wir erforschen das Vertrauen in ihren Beziehungen und in ihrer Beziehung zu uns und diskutieren, wie und wann sie emotionale Risiken in der Arbeit eingehen können. Es handelt sich um eine Art ‚Gespräch über Gespräche' auf Prozessebene, das den Weg für eine Beziehungstherapie ebnet, wenn sie angezeigt ist.

Wir überblicken mit dem Paar/den Eltern, wie sie in der Lage sind, mit anderen professionellen Praktikern zusammenzuarbeiten und was ihnen hilft, ihre kooperative Positionierung aufrechtzuerhalten. Wir erforschen, ob sie andere als potenziell hilfreich für sie und ihre Familie sehen, und wir unterstützen die Entwicklung von Vertrauen in das Familien-Professionellen-Netzwerk. Wir reflektieren mit dem Paar/den Eltern und dem stabilen Dritten, welche weitere Arbeit geleistet werden muss. Insbesondere konzentrieren wir uns darauf, ob es unbeantwortete Traumareaktionen und unbeantwortete Verluste gibt, die Hilfe benötigen.

Überblick über die sechste Sicherheitsplanungssitzung

Wir möchten hier betonen, dass sechs Sitzungen zur Sicherheitsplanung nur eine Mindestzahl sind, um festzustellen, ob der Sicherheitsplan und die Sicherheitsstrategien für die Familie funktionieren können, bevor wir therapeutisch an anderen psychologischen Dilemmata und sozialen Fragen für das Paar/die Familie, wie emotionales Risikoverhalten in Beziehungen, Heilung und Reparatur in Beziehungen, Förderung sicherer und zufriedenstellender Bindungserfahrungen, Heilung von Rissen und Abbrüchen in der erweiterten Familie, Entwicklung und Wiederaufnahme von sozialen Unterstützungsnetzwerken, Bewältigung der Auswirkungen von Ausgrenzung und Marginalisierung usw., arbeiten.

Wir nehmen uns genügend Zeit für sorgfältiges Feedback von unseren Klienten und dem ‚stabilen Dritten' über die Erfahrungen mit den sechs Sitzungen und der Arbeit mit uns in dieser Weise. Dies geht über das Feedback hinaus, das wir jedes Mal erhalten, wenn wir uns treffen. Wir behandeln diese Themen nacheinander:

Wo stehen sie jetzt mit dem Sicherheitsplan und den in den sechs Sitzungen erforderlichen Änderungen?

Welche Auswirkungen glauben sie, haben die sechs Sitzungen gehabt: auf sie; auf ihre Kinder; auf ihre erweiterte Familie?

Glauben sie, dass Sicherheit erreicht wurde? Wir verfolgen dies sorgfältig, zum Beispiel, wie sieht ‚Sicherheit' aus? Wie fühlt sich Sicherheit an? Was denken sie jetzt über Sicherheit? Was sind ihre Absichten, jetzt und für die Zukunft?

Überreagieren sie oder unterreagieren sie auf Sicherheit, Risiko und Gefahr? Oder scheint es eine ausgewogene Sicht zu sein?

Wie sehen sie ihre Zukunft in Bezug auf die Familiensicherheit: als Paar, für ihre Kinder und für die Zukunft ihrer Kinder?

Der ‚stabile Dritte' kann Feedback geben und Empfehlungen für weitere therapeutische Arbeit machen. Dieser Überprüfungsprozess bildet die Grundlage dafür, dass alle entscheiden können, ob wir mit der Sicherheitsplanung fortfahren und/oder die Sicherheitsplanung z.B. in Beziehungstherapie und Prozesse der Familienzusammenführung überführen.

Treffen mit den Kindern

Während unserer ersten sechs Sicherheitsplanungssitzungen können wir uns separat mit den Kindern treffen oder in einer Geschwistergruppe, aber wir treffen sie nicht in Begleitung ihrer Eltern oder Betreuer, es sei denn, wir sind überzeugt, dass die Erwachsenen die Sicherheit ernst nehmen. Die folgenden Fragen bilden die Grundlage für die separaten Gespräche, die wir mit den Kindern über ihre Sicherheit führen. Der Sozialarbeiter der Kinder kann ebenfalls anwesend sein.

Überblick über separate Sitzung/en mit den Kindern

Wir beginnen mit Vorstellungen und Beruhigung. Wir bieten eine klare Erklärung des Projekts zur Intervention bei familiärer Gewalt und der gemeinsamen Arbeit in einer entwicklungsgerechten Weise. Wir geben eine klare Erklärung unserer Fürsorgepflicht/keine Vertraulichkeit bei Sicherheitsbedenken. Wir verwenden Zeichen- und Spielmaterialien, soweit sie relevant und hilfreich sind, einschließlich lösungsorientierter Skalierungsfragen.

Wir fragen die Kinder, wann und wie sie ihre Eltern während der jüngsten und/oder vergangenen Gewalt gesehen haben. Was sind ihre Sorgen und wohin bringen sie diese? Wer bemerkt es? Wer hilft? Haben sie irgendwelche Veränderungen zu Hause bemerkt? Wenn ja, bitten wir um alltägliche Beispiele. Welchen Unterschied haben die Veränderungen für sie gemacht: zu Hause, in der Schule, mit Freunden usw.? Wir geben eine klare Anerkennung der Bemühungen, die ihre Eltern unternommen haben.

Bei der Arbeit mit der Sicherheitsplanung für Kinder konzentrieren wir uns darauf, was zu tun ist und wohin man gehen sollte, wenn die Sicherheit zusammenbricht. Wir erforschen und unterstützen Beziehungen zu Geschwistern: Haben sie in der Vergangenheit Verantwortung für die Sicherheit übernommen, z. B., indem sie bei Nachbarn, erweiterten Familien, der Polizei usw. um Hilfe gerufen haben? Was ist passiert? Wir bieten Ermutigung und Beruhigung, soweit dies angemessen ist. Wenn möglich, helfen wir Kindern, den Sozialarbeitsprozess und die zukünftigen Pläne für die Sicherheit in der Familie zu verstehen.

Sieben Fragen, die Sie sich selbst (und Ihrem Vorgesetzten) am Ende einer Sicherheitsplanungssitzung mit einem Paar oder einer Familiengruppe stellen sollten...

Die folgenden sieben Fragen wurden entwickelt, um Praktiker in ihren Sicherheitsplanungssitzungen mit Familien und in ihren Nachbesprechungen und Supervisionssitzungen bei der Überprüfung der Sicherheitszeichen und Anzeichen von Sicherheitsbedenken in familiären Beziehungen zu unterstützen. Darüber hinaus wurden die sieben Fragen entwickelt, um dem Berater im Raum und dem leitenden Therapeuten zu helfen, die Unterschiede zwischen den beiden Rollen anzuerkennen und zu diskutieren, wie sie die Unterschiede in der Wahrnehmung, emotionalen Reaktion und Absicht zur weiteren Verständigung in der Arbeit mit Paaren und Familien verbinden können. Sie bieten die Möglichkeit, ihre Beobachtungen über Veränderungen in familiären Beziehungen und das Potenzial für Veränderungen zu überprüfen. Bruner sagt, dass es immer Gefühle und gelebte Erfahrungen gibt, die nicht vollständig von der dominanten Geschichte umfasst sind (1990). So ermöglicht die Diskussion, die auf diese Fragen hin entsteht, Praktikern und Supervisoren, die ‚dominante Geschichte' in einem breiteren Kontext möglicher Bedeutungen zu betrachten. Diese Diskussionen helfen auch, das Verständnis zwischen schriftlichen Dokumenten über die Familie und dem gesprochenen Wort in Sitzungen zu überbrücken. Wir haben festgestellt, dass es am produktivsten ist, den Meinungsverschiedenheiten zwischen uns und den verschiedenen emotionalen Reaktionen, die in der Arbeit mit der Familie hervorgerufen werden, Aufmerksamkeit zu schenken. Wir verstärken diese Unterschiede, um sie zu verstehen und vor allem, um uns vor einer zu bequemen Gegenseitigkeit zu schützen, die ein Risiko in jeder gut funktionierenden Arbeitspartnerschaft darstellt.

Die sieben Fragen:

1. Was interessiert/fordert Sie in Ihrem Denken über dieses Paar/diese Familie heraus?
2. Diskutieren Sie aus Ihren verschiedenen Blickwinkeln (zum Beispiel Therapeut und Co-Therapeut oder Berater im Raum) Ihr Verständnis und Ihre Bewertung des Sicherheitsplans und der ‚Auszeit'?
3. Wie beurteilen Sie zu diesem speziellen Zeitpunkt die Sicherheit der Kinder?
4. Was denken Sie, sind die generationenübergreifenden Auswirkungen häuslicher Gewalt auf die Kinder und Erwachsenen in dieser Familie?
5. Heben Sie ein oder zwei Themen hervor, bei denen Sie übereinstimmen und bei denen Sie nicht übereinstimmen?

6. Was müssen Sie noch wissen, um mit dieser Familie zu arbeiten?
7. Müssen Sie Ihren stabilen Dritten kontaktieren?

So dienen diese Fragen als Anregungen für fortlaufende Diskussionen über Sicherheit und sichere Praxis in Supervision und kollegialer Reflexion. Die kontinuierliche Natur dieser Reflexionen hilft, auf Krisenreaktionen oder reaktive Reaktionen in der Arbeit zu verzichten, da Erfolge kontinuierlich neben anhaltenden Bedenken anerkannt werden. Es ist die Ausgewogenheit dieser Überlegungen zwischen Erfolg und Besorgnis, die es den Praktikern unserer Erfahrung nach ermöglicht, ein gewisses Maß an Zweifeln und Ungewissheit in ihrer Arbeit mit Paaren und Familien zu tolerieren, ohne dass die Gefahr besteht, dass die Praktiker „ausbrennen". Wir diskutieren diese Fragen der Selbstfürsorge der Praktiker, die Rolle der Supervision und das potenzielle Risiko einer sekundären Traumatisierung in Kap. 7.

Programme für häusliche Gewalttäter: Was als Erfolg zählt

In diesem Abschnitt beschreiben wir einige Ergebnisse einer Pilotstudie, die untersucht hat, wie Erfolg für Schlüsselakteure in Gruppenprogrammen aussieht, die darauf abzielen, Tätern von häuslicher Gewalt zu helfen, die Gewalt zu beenden (Westmarland et al. 2010). Diese Ergebnisse unterstützen sowohl unser Denken über Sicherheit als auch die Komplexität bei der Definition guter Ergebnisse und helfen uns darüber hinaus, Paaren bei einem Prozess der sicheren Trennung zu helfen, sollten sie sich dazu entscheiden, sich zu trennen. Wir diskutieren sichere Trennung im Abschnitt unter diesem.

Die Teilnehmer an der Pilotstudie haben sich selbst ausgewählt und kamen aus fünf britischen Programmen für Täter von häuslicher Gewalt. Es wurden die Ansichten von vier Gruppen von Teilnehmern eingeholt: (a) 22 Männer, die an Täterprogrammen teilnahmen oder diese abgeschlossen hatten; (b) 18 Partnerinnen/Ex-Partnerinnen von Männern in Programmen (von denen nicht alle mit den befragten Männern in Verbindung standen); (c) 6 Geldgeber/Auftraggeber von Programmen; und (d) 27 Praktiker in Programmen (einschließlich Moderatoren von Tätergruppen, Frauenbetreuerinnen und Verwaltern). Insgesamt wurden 73 Interviews durchgeführt. Alle Teilnehmer waren mit Organisationen verbunden, die einen integrierten Unterstützungsdienst für die Partner und Ex-Partner von Männern anbieten, die an den Täterprogrammen teilnehmen. Die Programme in der Pilotstudie arbeiten mit Männern, die von Familiengerichten und dem Kinderschutz beauftragt wurden, sowie mit Männern, die sich selbst gemeldet haben und von ihren Partnern aufgefordert wurden, teilzunehmen.

Die Interviews konzentrierten sich auf die Erwartungen und relevanten Erfahrungen aller Teilnehmer mit den Täterprogrammen und, was besonders wichtig ist, auf das, was Erfolg aus ihrer Sicht bedeutet. So wurden Geldgeber/Auftraggeber gefragt, wie sie Erfolg definieren und erwarten, dass Programme Erfolg messen. Praktiker, die die umfangreichste Erfahrung haben, wurden gebeten, darüber nachzudenken, was Erfolg für Täter, ihre Partner, Kinder und Geldgeber/Auftraggeber bedeutet. Gruppenteilnehmer und ihre Partner sprachen in der Regel darüber, was für sie funktioniert hat.

Alle Interviews wurden transkribiert und thematisch analysiert mit NVivo – einem computergestützten Programm zur qualitativen Datenanalyse. Die Kernthemen werden aus den vier genannten Perspektiven beschrieben.

Aus der Analyse der Transkripte der Partnerinnen von Tätern ergaben sich sechs Themen in Bezug auf die Bedeutung von Erfolg: (a) respektvolle/verbesserte Beziehungen; (b) erweiterter Handlungsspielraum (Wirkung); (c) Unterstützung/verminderte Isolation; (d) verbesserte Elternschaft; (e) Reduzierung oder Beendigung von Gewalt und Missbrauch; und (f) das Verständnis des Mannes für die Auswirkungen häuslicher Gewalt. Die Forscher präsentierten die Themen in der Reihenfolge, wie häufig sie in den Interviews angesprochen wurden.

Aus der Analyse der Transkripte der Männer in den Programmen ergaben sich drei Kernthemen. In Bezug auf die Bedeutung von Erfolg wurden am häufigsten genannt: (a) verbessertes Bewusstsein für sich selbst und andere; (b) weniger Gewalt und Missbrauch; und (c) verbesserte Beziehungen mit besserer Kommunikation.

Die Analyse der Interviews mit den Geldgebern und Auftraggebern von Dienstleistungen in Bezug auf den Erfolg in den Programmen führte zu drei Hauptthemen: (a) Sicherheit für Frauen und Kinder (einschließlich sicherer Kontakt zu Kindern); (b) erhöhtes Wohlbefinden für alle Familienmitglieder; und (c) quantifizierbare Erfolgsmaßnahmen.

Aus den Interviews mit den Praktikern ergaben sich vier Themen. Erfolg bedeutete für sie: (a) Sicherheit und Freiheit von Gewalt und Missbrauch; (b) Ermächtigung/eine Stimme haben; (c) verbesserte/sicherere Elternschaft; und (d) verbessertes Wohlbefinden für alle.

In einer separaten Studie führten wir qualitative Forschungsinterviews mit Männern durch, die eine Männergruppe für Männer besucht hatten, die ihre Partnerinnen körperlich angegriffen hatten, und mit Frauen, die eine parallele Partnergruppe besucht hatten. Wir waren daran interessiert zu erforschen, was sowohl Männern als auch Frauen geholfen hatte, die Gewalt zu beenden. Interessanterweise sprachen sowohl männliche als auch weibliche Forschungsteilnehmer über eine wachsende Fähigkeit, Verantwortung für die Sicherheit zu übernehmen, und wie ihr Wunsch, ihre Beziehung fortzusetzen, ihnen geholfen hatte, sich dazu zu verpflichten, die Gewalt zu beenden – für die Männer, Verantwortung für Gewalt, und für die Frauen, die Anerkennung ihres Rechts auf Sicherheit (Bonham und Vetere 2012).

Gegenanzeigen für Beziehungstherapie bei Bedenken hinsichtlich physischer Gewalt

Wie wir oben beschreiben, verlassen wir Menschen nicht, wenn der Gewaltverzichtsvertrag scheitert. Zunächst überprüfen wir die Umstände und Auswirkungen weiterer Gewalt mit der Familie, der stabilen dritten Partei und dem professionellen Netzwerk. Es kann in diesem Treffen vereinbart werden, dass wir weiterhin mit dem Sicherheitsplan für Sicherheit sorgen und den Sicherheitsplan möglicherweise anpassen. Es ist wahrscheinlich, dass wir einzeln mit den betroffenen Familienmitgliedern arbeiten und sie nicht zu einem Treffen zusammenbringen, bis der Gewaltverzichtsvertrag und der Sicherheitsplan zu funktionieren scheinen. Es kann aber auch sein, dass es als unsicher angesehen wird, an der Sicherheit für eine Beziehungstherapie zu arbeiten, und dass eine Einzeltherapie, eine Gruppentherapie oder eine juristische Reaktion der bessere Weg sein könnte.

Die folgenden Faktoren sprechen in ihrer Kombination gegen die Zweckmäßigkeit und Sicherheit einer Beziehungstherapie mit Paaren und Familien. Wir bieten diese Faktoren nicht als Checkliste oder als Heuristik an, sondern als Leitfaden für die klinische Entscheidungsfindung in Bezug auf die Sicherheit in Beziehungen.

Wenn das Familienmitglied, das Gewalt ausübt, weiterhin andere für sein Verhalten verantwortlich macht, bieten wir keine Beziehungstherapie an. Wie wir in diesem Kapitel oben beschreiben, bieten wir mindestens sechs Sitzungen für die Sicherheitsplanung mit dem Paar/der Familie an und wir erwarten eine gewisse Akzeptanz, dass ihr Verhalten ein Problem ist und verschiedene Auswirkungen auf die Entwicklung und das Wohlbefinden hat, für sie, für andere und für ihre Beziehungen. Wir trafen z.B. einen Vater von zwei Töchtern im Alter von 11 und 13 Jahren. Der Vater war ins Gefängnis gegangen, weil er seine Frau sexuell und körperlich angegriffen und versucht hatte, sie zu erwürgen. Die beiden Mädchen hatten den Angriff auf ihre Mutter mitgehört, während sie sich im Schlafzimmer der älteren Tochter versteckten. Als der Vater aus dem Gefängnis entlassen wurde, fragte er die Kinderschutzfachleute, ob er Kontakt zu seinen Töchtern haben könnte. Die Frau hatte sich während seiner Zeit im Gefängnis von ihm getrennt. Beide Töchter sagten, sie wollten ihren Vater nicht treffen. Das Sozialarbeitsteam für Kinderschutz bat uns, den Vater zu treffen und eine Meinung dazu abzugeben, ob wir es für sicher hielten, dass er sich mit seinen Töchtern treffen könnte, wenn sie dem in Zukunft zustimmen würden. Als wir den Vater trafen, weigerte er sich, seinen Angriff auf seine Frau mit uns zu besprechen, und weigerte sich, anzuerkennen, dass der Angriff Auswirkungen auf seine Töchter **und** auf seine Beziehung zu seinen Töchtern hatte. Wir konnten keinen Weg finden, ihm zu helfen, dies mit uns zu besprechen. Er sagte uns, dass er im Gefängnis gewesen sei, dass er seine ‚Zeit abgesessen' habe und daher nicht weiter darüber sprechen müsse. Wir kamen zu dem Schluss, dass es nicht sicher wäre, seine Töchter zu treffen, bis er in der Lage wäre, die Auswirkungen seines Verhaltens anzuerkennen.

Wenn wir glauben, dass ein Familienmitglied ein unbehandeltes Substanzmissbrauchsproblem hat, bitten wir es, sich bei unserer örtlichen Drogen- und Alkoholbehandlungsstelle behandeln zu lassen. Wir sind bereit, parallel mit Beschäftigten an Schlüsselstellen der Alkoholsuchtberatung zu arbeiten, damit sie sich auf den Substanzgebrauch und wir uns auf die emotionalen Dynamiken in der Familie und die Affektregulationsprobleme konzentrieren, die den Substanzgebrauch aufrechterhalten (Vetere 2014). Wenn das Familienmitglied nicht bereit ist, die Hilfe der Drogenberatung in Anspruch zu nehmen, und psychoaktive Substanzen an gefährlichen Eskalationen konfliktreicher Interaktionen in der Familie beteiligt sind, bieten wir keine Beziehungstherapie als solche an. Wir könnten Einzelarbeit anbieten und mit anderen Familienmitgliedern darüber beraten, wie sie ihrem Familienmitglied helfen können, Dienste im Bereich des Substanzmissbrauchs in Anspruch zu nehmen. Dies könnte natürlich ein Beispiel für eine Unfähigkeit oder Unwilligkeit sein, sich für die Lösung des Gewaltproblems zu engagieren. Die fehlende Bereitschaft, Verantwortung für die Sicherheit und für Handlungen zu übernehmen, die anderen schaden, die fehlende Anerkennung des eigenen Verhaltens oder der Tatsache, dass Gewalt ein Problem ist, die fehlende innere Motivation zur Veränderung und das geringe Verständnis für die Auswirkungen von Gewalt in der Beziehung sprechen gegen jede Form der Beziehungstherapie. Dies ist mitunter Teil eines umfassenderen Problems der mangelnden Achtung von Praktiken und Strategien der sozialen Kontrolle.

Darüber hinaus suchen wir nach der Fähigkeit, frühere Erfahrungen zu reflektieren, sich emotional in das/die Gewaltopfer einzufühlen und sich eine andere Sichtweise anzuhören. Wenn es uns nicht gelingt, die Entwicklung dieser Fähigkeiten im Rahmen unserer sechs Sitzungen umfassenden Sicherheitsplanung zu unterstützen, und der Täter gleichzeitig andere Personen, z. B. Familienangehörige oder Fachleute, ständig beschuldigt, führen wir keine Beziehungsarbeit durch, die andere emotional anfällig für weitere physische und/oder psychische Angriffe macht.

In diesem Kapitel und in Kap. 4 machen wir deutlich, dass wir therapeutisch mit Gewalt arbeiten können, die aus unregulierter physiologischer und emotionaler Erregung hervorbricht. Wir arbeiten nicht mit Gewalt, die kühl, berechnend und ausschließlich instrumental in der Absicht ist, andere zu kontrollieren und zu dominieren. Es kann jedoch vorkommen, dass wir auf ein Familienmitglied treffen, das aufgrund seiner Entwicklung Schwierigkeiten hat, seine nicht konstruktive Erregung einzudämmen und zu bewältigen, sodass ihm nicht geholfen werden kann, sich so weit zu beruhigen, dass es über das, was ihm passiert ist, sprechen kann - es bleibt wütend, anspruchsvoll und sehr beängstigend für andere. Unter diesen Umständen würden wir es nicht für sicher halten, mit allen Familienmitgliedern zusammen zu sprechen, aber wir könnten eine individualisierte Antwort anbieten, wenn dies angemessen ist.

Schlussfolgerung

Es erfordert Mut von Familienmitgliedern, ein Engagement für die Lösung physischer Gewalt aufrechtzuerhalten und ihre generationenübergreifenden und entwicklungsbedingten Folgen in der Familie zu heilen. Während unsere Sicherheitsplanungssitzungen nicht per se Beziehungstherapie sind, sind sie therapeutisch in ihrer Verwendung von systemischen Therapieideen und -praktiken und in der Schaffung eines Kontexts für die Entwicklung von Vertrauen, Empathie und gutem Zuhören in Familienbeziehungen. Dies bildet die sichere Basis für effektives Problemlösen und eine einfachere Kommunikation von Gefühlen, Bedürfnissen und Absichten. Sobald die Gewalt aufhört, müssen wir wissen, wie wir weitermachen können.

Literatur

Bonham, L., & Vetere, A. (2012). A qualitative study using a systemic perspective exploring the remediation of abusive interactions in intimate heterosexual couples. *Journal of Interpersonal Violence, 27,* 916–929. 10.1177/0886260511423253 (Sage Online First).

Byng Hall, J. (1995). *Rewriting family scripts*. Guilford.

Bruner, J. (1990). *Acts of meaning*. Harvard University Press.

Cooper, J., & Vetere, A. (2005). *Domestic violence and family safety: A systemic approach to working with violence in families*. Chichester: Wiley.

Dallos, R., & Vetere, A. (2012). Triangles and triangulation: A possible bridge between systemic theory and attachment theory. *Journal of Family Therapy, 34,* 117–137.

Eckhardt, C., Murphy, C., Whitaker, D., Sprunger, J., Dykstra, R., & Woodard, K. (2013). The effectiveness of intervention programs for perpetrators and victims of intimate partner violence: Findings from the partner abuse state of knowledge project. *Partner Abuse, 4,* 175–195.

Goldner, V., Penn, P., Sheinberg, M., & Walker, G. (1990). Love and violence: Gender paradoxes in volatile attachments. *Family Process, 29,* 343–364.

Gottman, J. (2011). *The science of trust: Emotional attunement for couples*. Norton.

Hester, M., Pearson, C., & Harwin, N. (2000). *Making an impact: Children and domestic violence*. Jessica Kingsley.

Moffitt, T., & Caspi, A. (1998). Annotation: Implications of violence between intimate partners for child psychologists and psychiatrists. *Journal of Child Psychology and Psychiatry, 39,* 137–144.

Penn, P. (1985). Feed-Forward: Future questions, future maps. *Family Process, 24,* 299–310.

Perry, B., & Szalavitz, M. (2006). *The boy who was raised as a dog: And other stories from a child psychiatrists' notebook*. Basic Books.

Vetere, A. (2011). Family violence and family safety: An approach to safe practices in our mental health services. *Partner Abuse, 2,* 246–256.

Vetere, A. (2012). Supervision and consultation practice with domestic violence. *Clinical Child Psychology and Psychiatry, 17,* 181–185. 10.1177/1359104511433563.

Vetere, A. (2014). Alcohol misuse, attachment dilemmas, and triangles of interaction: A systemic approach to practice. In R. Gill (Hrsg.), *Addictions from an attachment perspective: Do broken bonds and early trauma lead to addictive behaviours?* Karnac.

Vetere, A. (2015). Working systemically with the legacies of inter-personal violence: A case study of couple therapy. *Partner Abuse, 6,* 243–251.

Vetere, A., & Cooper, J. (2001). Working systemically with family violence: Risk responsibility and collaboration. *Journal of Family Therapy, 23,* 378–396.
Vetere, A., & Cooper, J. (2017). Children who witness violence at home. In A. Vetere & E. Dowling (Hrsg.), *Narrative therapies with children and their families* (Second ed.). Routledge.
Vetere, A., & Dallos, R. (2009). Family mirrors: Reflective practice in systemic therapies. In J. Stedmon & R. Dallos (Hrsg.), *Reflective practice in psychotherapy and counselling.* OU Press.
Westmarland, N., Kelly, L., & Chalder-Mills, J. (2010). *What counts as success?* Respect.

Kapitel 4
Paaren helfen, sicher zu trennen: Arbeiten an sicheren Trennungen

Einführung

Wenn die körperliche Gewalt aufhört, ist das oft der Zeitpunkt, an dem das Paar eine Trennung in Erwägung zieht. Es ist, als ob sie in den Zeiten, wenn nicht sogar Jahren, in denen die Gewalt vorherrschte, unter chronischen Krisenbedingungen leben und dementsprechend den Alltag so gut wie möglich bewältigen und sich oft nicht trauen, über ihre Optionen nachzudenken. Manchmal kann eine solche Reflexion auch gefährlich sein. Aus Angst vor gewalttätigen Repressalien oder weiteren Versuchen, Zwang und Kontrolle auszuüben, ist es vielleicht nicht sicher, über eine mögliche Trennung zu sprechen. Wir arbeiten auch mit jüngeren Paaren zusammen, die als impulsiv und ambivalent beschrieben werden können und in ihren Beziehungen wenig gemeinsame Erfahrungen mit Engagement und Loyalität haben. Manchmal gibt es für eine Frau, die finanziell von einem Partner abhängig ist und Kinder zu versorgen hat, andere Gründe zu bleiben, einschließlich sozialer Druck in einigen Gemeinschaften von erweiterten Familien. Wenn jedoch die Gewalt aufhört und es sicherer wird, über das Geschehene in der Beziehung und darüber nachzudenken, wie die Zukunft für sie als Individuen, als Paar und als Familie aussehen könnte oder sollte, könnte einer oder beide eine Trennung suchen. Und für uns als systemische Psychotherapeuten ist eine sichere Trennung ein gutes Ergebnis, angesichts des höheren Risikos körperlicher Gewalt für Frauen während der Trennung, Scheidung und Übergabe des Kontakts, wenn die Sicherheit nicht von gesetzlichen Diensten überwacht oder aufrechterhalten wird (Johnson & Hotton 2003).

In der systemischen Familienliteratur wird nicht viel darüber geschrieben, wie man Paaren helfen kann, sich nach der Beendigung von körperlicher Gewalt sicher zu trennen. Dies ist eine Lücke, die wir hier zu schließen versuchen. Unserer Erfahrung nach wird vielen Frauen geraten, ihren Partner/Ehemann zu verlassen, wenn Gewalt aufgetreten ist oder vermutet wird. Solche Ratschläge, obwohl gut gemeint, erkennen nicht vollständig an, dass Trennung und Scheidung

C. Sammut Scerri et al., *Intervention nach häuslicher Gewalt*,
https://doi.org/10.1007/978-3-031-47950-2_4

emotional belastende und schmerzhafte Prozesse sind – sowohl für die Partner als auch für ihre Kinder, falls sie welche haben. Trennung beinhaltet mehrere Verluste und Übergänge, wie rechtliche, finanzielle und wohnliche Regelungen, vielleicht einen Umzug, und Schulwechsel für die Kinder, Verlust von Freunden und einer vertrauten Gemeinschaft, Anpassung an veränderte Rollen und veränderten Beziehungs- und Gemeinschaftsstatus, Auswirkungen im erweiterten Familiensystem und in der Glaubensgemeinschaft usw.. Im Zentrum dieser Prozesse stehen Veränderungen in unseren primären Bindungsbeziehungen mit den begleitenden tiefgreifenden emotionalen Erfahrungen von Verlust, Traurigkeit, Angst, Scham und Wut. Solche Prozesse sind verbunden mit unerwünschter physiologischer Erregung und Herausforderungen für die Selbstregulation, die oft Zeit brauchen, um aus den verschiedenen Perspektiven der Beteiligten navigiert und gelöst zu werden. So können Trennung und Scheidung zwar auch Möglichkeiten für Veränderung, Wachstum und Entwicklung bieten, die frühen Stadien der Trennung beinhalten jedoch unweigerlich bewegende Auslöser für Erregung und Herausforderungen für die Selbstkontrolle. Daher halten wir es für wesentlich, dass wir Paare und Partner bei der Bewältigung dieser zutiefst ambivalenten Prozesse unterstützen, und wenn wir therapeutisch mit Personen arbeiten, die sich im Trennungsprozess befinden, helfen wir, indem wir einen klaren Beziehungsfokus in unserer Arbeit beibehalten und wann immer möglich mit Ex-Partnern konsultieren.

Als Therapeuten erklären wir, dass es nicht unsere Aufgabe ist, dem Paar zu raten, sich zu trennen oder zusammenzubleiben, da dies ihre Entscheidungen sind. Es ist jedoch unsere Aufgabe, Paaren und Familien zu helfen, sicher zu leben – für beide Partner und für ihre Kinder. Dies ist unsere Absichtserklärung an unsere Klienten, und wir kehren von Zeit zu Zeit in unseren Sitzungen dazu zurück, wenn wir uns von einem oder dem anderen Partner dazu gedrängt fühlen, sich mit uns zu verbünden.

Sichere Trennung und die Verwendung von systemischen Beziehungsfragen

Wir arbeiten für eine sichere Trennung, indem wir einen kontinuierlichen Prozess der Erstellung systemischer, relationaler Fragen nutzen, die die Partner als kompetente und widerstandsfähige Menschen mit einem klaren Bewusstsein für ihre eigene Handlungsfähigkeit positionieren. Die Fragen sind darauf ausgelegt, reflektierende Räume zu fördern, in denen die Partner sich selbst und einander ruhig als nachdenkliche Entscheidungsträger erleben können. Wir könnten z.B. fragen: „Welche Entscheidungen haben Sie und Ihr Partner getroffen, als Sie sich getrennt haben?" Eine frühe Antwort auf eine solche Frage könnte ein Gefühl der Entmachtung anzeigen, daher würden wir die Fragen erweitern, indem wir nach alltäglichen Details fragen, wie z. B.: „Wer hat die Kinder für die Schule fertig gemacht?", „Wie haben Sie das gemacht?", usw. Solche Fragen suchen Klarheit über die Feinheiten der alltäglichen Entscheidungsfindung, die viele von uns als selbstverständlich ansehen – aber eine solch detaillierte Untersuchung unterstreicht die Position der Eltern/Partner als Vermittler. Wir können diese Fragen weiterentwickeln, indem wir spezifische Hinweise auf die alltäglichen familiären Rollen einbeziehen, die Menschen spielen, z. B.: „Als Vater, wie haben Sie entschieden, was Sie den Kindern zum Frühstück geben?", oder „Als Mutter, was haben Sie entschieden, den Kindern zum Abendessen zu kochen?", usw.. Dies sind alles wichtige Fragen über das „Hier und Jetzt", die die Komplexität des Sich-Kümmerns um uns selbst und unsere Kinder in emotional herausfordernden Umständen bestätigen. Wir können intergenerationale Fragen stellen, die das Lernen in Familien erforschen und wie Aspekte der Familienkultur entweder weitergegeben oder für die nächste Generation verändert werden, z. B.: „Als Vater, was haben Sie von Ihrem Vater über die Betreuung von Söhnen gelernt, das Sie wiederholen, stärken oder ändern möchten?". Solche Fragen des intergenerationalen Lernens in Familien können in die Zukunft der Partner und/oder ihrer Kinder gestellt werden. Zukunftsorientierte Fragen ermöglichen es, von Hoffnungen und Zielen zu sprechen und zu erkennen, dass dass manchmal Wahlmöglichkeiten bestehen!

Systemische Fragen zur Antizipation der frühen, mittleren und späteren Phasen des Trennungsprozesses verwenden

Bei der Unterstützung einer sicheren Trennung finden wir es hilfreich, Fragen für die frühen, mittleren und späteren Phasen des Trennungs- und Scheidungsprozesses zu entwerfen und stellen. Die folgenden Fragen sind Beispiele dafür, was wir in das Gespräch mit Paaren und Eltern einweben, um uns allen zu helfen, für jetzt und für die Zukunft zu denken und zu planen.

Die frühen Phasen der Trennung. Wir stellen diese Fragen sowohl dem Paar als auch individuell, je nachdem, wie es uns angemessen erscheint, z. B.: „Welche Entscheidungen haben Sie bereits in Bezug auf die Trennung getroffen? Sind Sie sich über die Gründe für Ihre Trennung im Klaren und haben Sie darüber gesprochen? Hier achten wir darauf, ob ihr Denken, ihre Absichten und ihr Verhalten reaktiv oder reflexiv sind. Was möchten sie in dieser ersten (oder jeder anderen) Sitzung mit uns erreichen? Welche Art von Trennung planen sie: Wollen Sie reinen Tisch machen, sich Zeit zum Nachdenken und Planen für die Zukunft geben, oder haben Sie das Gefühl, dass Sie sich endgültig trennen wollen?" Mit diesen Fragen versuchen wir, ihre Entscheidungsfindung und ihren emotionalen Zustand zu erfassen. Wir versuchen, sensibel dafür zu sein, ob dies eine gegenseitige Vereinbarung ist, oder ob es einen ‚Verlassenen' und einen ‚Verlassenden' gibt, der vielleicht einen ‚neuen' Partner am Horizont hat.

Wir fragen: Hat Ihr Sicherheitsplan funktioniert oder nicht (dies könnte bereits besprochen worden sein) und haben Sie einen Sicherheitsplan für das getrennte

Leben besprochen? Wiederum möchten wir die Notwendigkeit ständiger Übung und Überprüfung des Sicherheitsplans betonen (Cooper & Vetere 2005; Vetere 2011, 2012) (siehe Kap. 3 dieses Bandes). Wird Ihr Sicherheitsplan funktionieren, wenn Sie sich auf der Straße treffen, wenn Sie Kontakt mit Ihren Kindern haben oder wenn Sie sich beim Ausgehen treffen? Wer wird Sie bei diesem neuen Sicherheitsplan unterstützen? Hier erforschen wir das erweiterte System von Freunden und Familie als hilfreiche Ressourcen und erkennen die potenziell reaktivierende und retraumatisierende Wirkung der sozialen Medien.

Wir erkennen an, dass eine Trennung für Sie und ihre Kinder traurig ist. Wir versuchen, in unserem Ansatz validierend und haltgebend zu sein. Wir erkennen ausdrücklich an, dass eine Trennung, egal wie kompliziert sie ist, sich zwangsläufig wie ein großer Verlust anfühlt und für einige Zeit wirklich seltsam und schwierig sein wird. Wir fragen: „Haben Sie Ihren Kindern davon erzählt, und wer sonst weiß davon, z. B. Großeltern, Betreuer, Glaubensführer, Schule, Kindergarten usw.. Wurde der Wunsch nach Trennung geheim gehalten? Können Ihre Kinder mit Ihnen beiden über die Gründe für Ihre Trennung sprechen? Was wissen Ihre Kinder über die Gewalt?“ Wir möchten wissen, ob die Eltern die Entwicklungsbedürfnisse der Kinder an die erste Stelle setzen und an deren Sicherheit denken können. Dies erfordert Empathie und die Bereitschaft zur Zusammenarbeit. Wir fragen: „Haben Sie darüber nachgedacht und Vereinbarungen getroffen, dass die Kinder Sie beide sehen können? Wie steht es mit Telefonanrufen mit den Kindern?“ Als Therapeuten sind wir uns bewusst, dass Textnachrichten und Telefonstalking häufig vorkommen. Wir fragen: „Was würde passieren, wenn Sie sich bei einer familiären gesellschaftlichen Veranstaltung treffen würden? Würden Sie versuchen, sich in den ersten Wochen zu meiden?“ Häusliche Gewalt könnte in der Familie ein Geheimnis gewesen sein und vielleicht hören Familienmitglieder davon zum ersten Mal. Diese Fragen beginnen den Prozess der Anerkennung des Zeitpunkts der Trennung, da ein Partner vielleicht schon seit einiger Zeit überlegt hat, zu gehen, ohne dass der andere davon wusste. Solche Unterschiede im Timing können zu Unterschieden in der Emotionsregulation führen, und ein Partner kann dadurch reaktiver erscheinen.

Die mittleren Phasen der Trennung. Wir antizipieren die mittleren Phasen der Trennung und stellen Fragen, die Paaren helfen, zu planen und vorherzusagen, z.B.: „Wer wird zum Elternabend in der Schule gehen? Können Sie zusammen gehen oder wäre es besser, getrennt zu gehen? Wie können Sie das entscheiden? Was würde passieren? Haben Sie über Finanzen gesprochen und wie läuft das? Gibt es weiterhin Sicherheitsprobleme für Sie, die Kinder und für andere Familienmitglieder? Wer wird Sie beide unterstützen? Wenn Ihre Kinder mit jemand anderem sprechen wollen, vielleicht außerhalb der Familie, wer wäre das und könnten Sie diese Verbindung fördern?“

Die späteren Phasen der Trennung. Auf lange Sicht antizipieren und erforschen wir Folgendes: „Glauben Sie, dass Sie in der Zukunft miteinander sprechen können? Wie werden Sie Ihre Kinder in ihrem Wachstum und ihrer Entwicklung unterstützen können? Müssen sie vielleicht andere Fragen über das stellen, was passiert ist, während sie aufwachsen?“ Die Kinder benötigen vielleicht mehr

Informationen, wenn sie älter werden, und Sie möchten vielleicht auf eine andere Art mit ihnen reden. Manchmal heiraten Eltern erneut und gehen Beziehungen mit neuen Partnern ein. Dies kann für alle Familienmitglieder eine herausfordernde Zeit sein und die folgenden Fragen sind anspruchsvoll. Wir stellen zukunftsorientierte Fragen, wie z. B.: „Wenn Sie an die Zukunft denken, müssen Sie sie vielleicht unterstützen, wenn Sie Beziehungen zu anderen Menschen eingehen, und vielleicht werden sie auch eigene Kinder haben, die sie unterstützen müssen. Wenn Ihr Sohn oder Ihre Tochter zu Ihnen käme, weil sie in einer unsicheren Beziehung wären, was wäre Ihr Rat?"

Jedes Familienmitglied fragen wir: „Wie sehen Sie sich in drei Monaten und in einem Jahr? Werden Sie in der Lage sein, in der Zukunft miteinander zu sprechen, als Eltern um Ihre Kinder herum? Werden Sie in der Lage sein, Ihre Kinder zu unterstützen, während sie wachsen, da sie möglicherweise zu unterschiedlichen Zeiten unterschiedliche Fragen stellen müssen? Und möchten Sie vielleicht auf eine andere Weise mit ihnen sprechen? Müssen Sie sie vielleicht unterstützen, wenn oder falls ihre Kinder Beziehungen mit anderen Menschen eingehen? Und haben Sie in diesen neuen Beziehungen vielleicht sie oder andere Kinder zu unterstützen?"

Schlussfolgerung

In diesem Abschnitt möchten wir betonen, dass die Unterstützung einer sicheren Trennung für Paare ein gutes Ergebnis ist. Während der Trennungs- und Scheidungsprozesse besteht ein höheres Risiko für emotionale und physische Gewalt, da unsere primären Bindungen gestört und neu organisiert werden, begleitet von einem erhöhten Risiko für unregulierte und nicht konstruktive physiologische Erregung und Ängste vor Verlassenwerden und Ablehnung. Für Kinder, die ebenfalls die Prozesse von Verlust und familiärer Trennung durchlaufen müssen, ist ihre Wachsamkeit in Bezug auf das Wohlergehen ihrer Eltern und die Beziehung ihrer Eltern erhöht. Die Belastung für sie kann sich in ihrem Verhalten widerspiegeln und wird nicht immer von anderen gut verstanden. Wenn die Kinder bei ihrer Mutter oder Mutterfigur bleiben, muss die Beziehung der Kinder zu ihren Großeltern väterlicherseits berücksichtigt werden, die vielleicht bei der Kinderbetreuung helfen möchten, zum Beispiel, da diese Beziehungen während der Trennungszeit oft komplexer und konfliktreicher sind. Schließlich unterstützen wir Kinder in ihrem Wunsch zu verstehen, warum ihre Eltern sich getrennt haben, entsprechend ihren altersbedingten Bedürfnissen (Blow und Daniel 2002, 2017). Wir helfen den Eltern, eine Erzählung darüber zu vereinbaren, warum sie sich getrennt haben, und dies geht oft einher mit der Erzählung, wie sie sich getroffen haben und was sie aneinander geschätzt haben. Kinder erzählen uns oft, dass sie zu 50 % von jedem Elternteil sind, und wenn ihre Eltern sich weiterhin hassen, fragen sie uns, was bedeutet das für ihre anderen 50%? Diese Erzählung bietet den Kindern eine Erklärung und eine Bestätigung ihrer 100 % und beginnt einen langsamen Prozess der Reparatur und Erholung, der das Wohl aller Familienmitglieder im Blick hat.

Literatur

Blow, K., & Daniel, G. (2002). Frozen narratives? post-divorce processes and contact disputes. *Journal of Family Therapy, 24,* 85–103.

Blow, K., & Daniel, G. (2017). Children involved in contact disputes. In A. Vetere & E. Dowling (Hrsg.), *Narrative therapies with children and their families: A practitioner's guide to concepts and approaches*, S. 167–181.

Cooper, J., & Vetere, A. (2005). *Family violence and family safety: Working systemically with family violence*. Chichester: Wiley.

Johnson, H., & Hotton, T. (2003). Losing control: Homicide risk in estranged and intact intimate relationships. *Homicide Studies, 7,* 58–84.

Vetere, A. (2011). Family violence and family safety: An approach to safe practices in our mental health services. *Partner Abuse, 2,* 246–256.

Vetere, A. (2012). Supervision and consultation practice with domestic violence. *Clinical Child Psychology and Psychiatry, 17,* 181–185. 10.1177/1359104511433563.

Kapitel 5
Heilung und Reparatur in Beziehungen: Therapeutische Arbeit mit Paaren

Einführung

Dieses Kapitel befasst sich mit Heilung und Reparatur in Paarbeziehungen – es hilft Paaren, sich wieder zu verbinden und zu binden, wenn das ihr Wunsch ist, nachdem die körperliche Gewalt aufgehört hat. Anhand von Beispielen aus unserer therapeutischen Praxis werden wir die anhaltenden negativen Auswirkungen in den Beziehungen der Paare von relationalen Traumata skizzieren, die hier als unverarbeitete und ungelöste Verluste und Verletzungen definiert sind, z. B. Ängste und Erfahrungen von Ablehnung, Scham und Verlassenheit. Zugänglichkeit und Reaktionsfähigkeit eines Partners bilden die Grundlage des Vertrauens in unseren engen Beziehungen. Daher wird dieses Kapitel auf die bestehende Theorie und Forschung zurückgreifen, die uns als Praktiker leitet, um Paaren zu helfen, sich sicher genug zu fühlen, um Wege zur Lösung ihrer relationalen Verluste, Verletzungen und Traumareaktionen zu erkunden. Das Ziel ist es, das Vertrauen wieder aufzubauen und Gegenseitigkeit und zufriedenstellendere Interaktions- und Problemlösungswege für das Paar zu entwickeln, (Gottman 2011; Johnson 2014). Dies beinhaltet die Entwicklung einer Erzählung darüber, wie sie ihre Beziehung geheilt haben und die Entwicklung ihrer Vision einer gewaltfreien Zukunft für sich selbst und ihre Kinder.

Obwohl dieses Kapitel von Paarbeziehungen handelt, sind wir uns immer der Auswirkungen der Beziehungsdynamik des Paares auf die Entwicklungswege ihrer Kinder bewusst, und wir fragen immer und handeln danach, was die Kinder lernen, wenn sie Beziehungskonflikte und Beziehungsreparaturen beobachten und daran teilnehmen (Dallos und Vetere 2009). Die Forschung über positive Bindung und romantische Bindungen von Erwachsenen ist die Grundlage, auf der wir die Beziehungsreparatur und positive Problemlösung für Paare erforschen, damit ihre zwischenmenschlichen Ressourcen und ihr Bewältigungsrepertoire entwickelt und erweitert werden können (Hazan und Shaver 1987). Als systemische Therapeuten sind wir an intergenerationalem Lernen in Familiensystemen interessiert – sowohl

C. Sammut Scerri et al., *Intervention nach häuslicher Gewalt*,
https://doi.org/10.1007/978-3-031-47950-2_5

in Haushaltssystemen als auch in Verwandtschaftsnetzwerken – daher werden wir die Auswirkungen auf die Entwicklung *aller* Familienmitglieder und ihre familiären Beziehungen von Heilung und verbesserter Zusammenarbeit zwischen Partnern/Eltern/Pflegern/Großeltern/Geschwistern, für jetzt und für ihre gemeinsame Zukunft in Betracht ziehen (Byng Hall 1995).

Manchmal helfen wir Paaren, sich sicher zu trennen, sobald die Gewalt aufgehört hat, da nicht alle Paare zusammenbleiben möchten. Und manchmal können sie die Entscheidung zur Trennung erst treffen, wenn es emotional und physisch sicher genug ist, dies zu tun. Eine sichere Trennung ist entscheidend, da die Risiken für körperliche Gewalt während des Trennungsprozesses und des anschließenden Kontakts mit den Kindern erhöht sind (Wilson und Daly 1993). Wir betrachten eine sichere Trennung als ein gutes Ergebnis, insbesondere wenn wir eine kooperative Elternschaft im Interesse der Kinder fördern können. Unseren Ansatz zur Unterstützung von Paaren bei einer sicheren Trennung skizzieren wir in Kap. 4 dieses Buches.

Es gibt weiterhin Kontroversen darüber, ob eine Paartherapie im Kontext von körperlicher Gewalt in der Paarbeziehung angezeigt ist, ob die Gewalt von einem zum anderen oder von beiden ausgeht. Zu Beginn von Kap. 3 skizzieren wir unsere systemische Sicherheitsmethodik, die darauf abzielt, Einzelpersonen, Paaren und Familienmitgliedern zu helfen, die körperliche Gewalt zu stoppen (Cooper und Vetere 2005; Vetere 2011, 2015). Forschungstherapieteams sind sich einig, dass eine Paartherapie angezeigt sein kann, wenn die erlebte physische und emotionale Gewalt gering bis mäßig ist, wenn Partner freiwillig eine Therapie suchen und sich dazu verpflichten, die Gewalt zu beenden, und wenn die Gewalt von beiden Partnern ausgeht (Stith et al. 2005; Vall et al. 2014). Für die Zwecke dieses Kapitels gehen wir davon aus, dass die Partner sich dazu verpflichtet haben, die Gewalt zu beenden und dass sie für einen ausreichenden Zeitraum aufgehört hat, um alle Mitglieder des Familien-Professionellen-Systems davon zu überzeugen, dass die Sicherheit gewährleistet werden kann.

Einfühlungsvermögen und die therapeutische Allianz

Heilung und Reparatur in unseren Beziehungen erfolgen in einem Kontext von emotionaler Sicherheit und Vertrauen. Daher ist die erste Aufgabe in der Arbeit nach der Gewalt, eine robuste und mitfühlende Bindung in der therapeutischen Arbeitsallianz weiter zu entwickeln und zu etablieren, mit vereinbarten Zielen und Visionen für die Zukunft. Kollaborative Praxis beinhaltet sowohl die Partner als auch ihre Therapeuten in einer Vereinbarung darüber, wie man anhaltende Sicherheit und gefühlte Sicherheit sowohl im therapeutischen Dreieck als auch in ihrer Beziehung erreicht, für jetzt, für ihre Zukunft und für die Zukunft ihrer Kinder.

Die therapeutische Beziehung wird als notwendig für Veränderungen in allen wichtigen Psychotherapien anerkannt und ist der Schlüsselindikator für das Ergebnis des Klienten (Elliott et al. 2011). Lambert und Barley (2001) schätzen in ihrer Übersicht über die Ergebnisforschung in der Psychotherapie, dass die therapeutische Beziehung 30 % der Varianz in den Ergebnissen der Klienten ausmacht. Einfühlungsvermögen wurde von Norcross und Wampold (2011) als die „evidenzbasierte Komponente" der therapeutischen Beziehung beschrieben. Es handelt sich um einen bewussten Perspektivenübernahmeprozess, der sowohl Affekt als auch Kognition beinhaltet, während Sympathie als emotionale Reaktion auf den affektiven Zustand eines anderen angesehen wird. Rogers (1975) beschrieb „genaues Einfühlungsvermögen" als einen Prozess des Verstehens des anderen und der Kommunikation dieses Verständnisses durch reflektives Zuhören. Vertrauen in den Therapeuten und in den therapeutischen Prozess entwickelt sich im Kontext warmer Akzeptanz, d. h. durch Zuhören, Präsenz und Fokus und durch Zeigen von Fürsorge. Der Therapeut schafft den Kontext, in dem die Klienten beginnen können, emotionale Risiken einzugehen und sich emotional verletzlich zu machen, indem sie ihre Ängste, Hoffnungen und Wünsche für ihre Beziehungen und in ihren Beziehungen anerkennen und artikulieren. Empathisches Reagieren des Therapeuten hilft den Klienten, ihr eigenes affektives Reagieren zu identifizieren und zu modifizieren. Wenn wir glauben, dass unser Therapeut uns helfen kann, sind wir eher bereit, uns stärker für die Therapie zu engagieren, und ebenso ist die Hoffnung des Therapeuten auf den Nutzen der Therapie mit dem Engagement des Klienten verbunden. Die wichtigsten erforschbaren Heilungskomponenten der therapeutischen Beziehung sind daher Einfühlungsvermögen, Echtheit, positive Wertschätzung und Validierung, und diese werden als Grundlage für Mitgefühl angesehen (Kirschenbaum und Jourdan 2005). Gewalt endet mit der Entwicklung der Fähigkeit zur Empathie. In dem Moment, in dem Wut oder Frustration oder Schmerz uns dazu bringen wollen, auszuschlagen, ist es das Einfühlungsvermögen, das unsere Hand zurückhält – wenn wir in unserem geistigen Auge den Ausdruck auf dem Gesicht unseres Partners sehen und das Unheil, das wir anrichten würden, wenn wir es tun würden. Diese Kombination aus Empathie und dem Sehen der Konsequenzen einer Handlung, bevor wir handeln, hilft uns, die Gewalt zu stoppen und Gewalt in der Zukunft zu verhindern.

In der therapeutischen Praxis könnten wir fragen, wie Empathie in der Interaktion aussieht, z. B. was der Therapeut tut und was die Partner für sich und in ihrer Beziehung tun. Die Aufgabe des Therapeuten besteht also darin, die Erfahrungen beider Partner getrennt voneinander und in deren Gegenwart anzuerkennen, zu klären und zu bestätigen. Dies bedeutet nicht, dass Gewalt akzeptabel ist, sondern dass unsere Erfahrungen von Angst, Traurigkeit und Scham gehört und bezeugt werden dürfen. Dies beinhaltet oft auch eine tiefere Betrachtung der Erfahrungen der Kinder während der Gewalttaten und danach, sobald die physische Gewalt aufgehört hat. Dies modelliert eine Akzeptanz für beide Partner als Menschen, die das Recht haben, dass ihre Erfahrungen gehört und verstanden werden. Sich validiert, verstanden und zugehört zu fühlen, beruhigt und bildet die Grundlage, auf der wir therapeutisch gesehen die Partner sanft ermutigen und unterstützen können, dem anderen zuzuhören. Wir können nicht erwarten, dass Menschen neugierig, reflektierend und mitfühlend über die Erfahrung ihres Partners sind, wenn sie sich nicht auch zugehört, unterstützt und verstanden fühlen.

Die Erfahrung der Bestätigung durch den Therapeuten kann auch zu einer „Erweichung“, einer beruhigenden und entspannenden Erfahrung führen, wie die emotionsfokussierten Therapeuten es beschreiben, so dass die Schuldzuweisung an den anderen weniger wahrscheinlich ist (Johnson 2002). Nach unserer Erfahrung geht physischer Gewalt immer emotionale Gewalt voraus, und das Stoppen der physischen Gewalt hilft nicht immer, die emotionale Gewalt zu stoppen, so sind z. B. Beschimpfungen, Einschüchterungen und Praktiken der Demütigung. Schuldzuweisungen, insbesondere Charakterschuldzuweisungen oft an der Eskalation von schwierigen Interaktionen in körperliche Gewalt beteiligt. Daher sind Interventionen, die darauf abzielen, die Praxis der Schuldzuweisungen zu verstehen und zu beenden, für Paare besonders hilfreich. Schuldzuweisungen können manchmal als positiver Wunsch nach Veränderung umgedeutet werden, und dies ist wahrscheinlicher aus einer gefühlten Position des Gesehen- und Gehörtwerdens in der Therapie.

Sobald die Gewalt aufgehört hat, kann es notwendig sein, die in Kap. 3 besprochenen Bindungsverletzungen und -verluste als Teil der Sicherheitsplanungsmethodik erneut zu besuchen und zu verarbeiten, und ihre tieferen und mächtigeren repräsentativen Bedeutungen für die Partner und für ihre Beziehungen zu erforschen. Wiederum, wie in Kap. 3 beschrieben, muss diese systematische Verfolgung von Bedeutung und Erfahrung sehr langsam und sicher erfolgen, damit beide Partner ihre Erfahrungen verarbeiten und erneut aufarbeiten können. Die Integration von erinnertem Handeln, Gedanken, Gefühlen und Absichten ist entscheidend für Reflexion und reflektives Funktionieren (Dallos und Vetere 2009). Die Kombination von Empathie, Neugier und der Integration von Ressourcen des Gedächtnissystems ermöglicht die Entwicklung von Selbstreflexivität (siehe unten). Die Fähigkeit, Trost zu geben, zu suchen und zu empfangen, steht im Mittelpunkt der Bindungstheorie. Die Bereitschaft des Therapeuten, einen vorhersehbareren Trostprozess anzubieten, zu modellieren und zu fördern, stellt die bisherigen Erfahrungen des Paares mit Trost als gefährlich, vernachlässigend, unvorhersehbar und/oder beschämend in Frage.

Generationenübergreifende Muster des Tröstens

Die Erfahrung von Trost und Beruhigung steht im Mittelpunkt der gefühlten Sicherheit und ist das Mittel zum Schutz. Dies ist ein zentraler Prozess in der Bindungstheorie und wird als wesentlich für die Beziehungsreparatur angesehen (Dallos und Vetere 2009).

Sicherheit und Schutz haben eine zentrale Bedeutung in der Bindungstheorie (Bowlby 1988; Crittenden und Landini 2011). Die Entwicklung von selbstschützenden und selbstverteidigenden Prozessen findet im relationalen Kontext des Feedbacks mit unseren bedeutenden Bindungsfiguren statt. Trost und Trösten haben eine besondere Bindungsbedeutung in unseren engen Beziehungen, wie eingangs in Kap. 3 beschrieben. Wenn wir verärgert und verängstigt sind, sind manchmal der Klang einer beruhigenden Stimme, ein freundliches Lächeln und eine Umarmung die einzigen Reaktionen, die uns beruhigen können. Viele Menschen, mit denen wir therapeutisch arbeiten, wurden entweder als Kinder nicht getröstet, oder ihnen wurde Trost auf unvorhersehbare und beängstigende Weise angeboten, und so haben sie möglicherweise gelernt, psychoaktive Substanzen zu verwenden, um unerträglichen Gefühlen von Scham, Angst und Traurigkeit zu entkommen oder alternativ, um sich lebendig zu fühlen, wenn ihre Art, mit Gefahr umzugehen, darin bestand, sich zu betäuben (Vetere 2014a b). Die in Kap. 3 beschriebene Sicherheitsplanungsarbeit ist darauf ausgelegt, die körperliche Gewalt zu stoppen und in dieser Arbeit wird deutlich auf die Fähigkeit jedes Familienmitglieds eingegangen, sich selbst zu trösten und zu beruhigen, und unterstützt die Deeskalation von nicht konstruktiver physiologischer und emotionaler Erregung, auf konstruktive Weise. Die Aufgabe hier besteht jedoch darin, Menschen langfristig zu unterstützen, ein Repertoire an Bewältigungsreaktionen und Ressourcen zu entwickeln und zu lernen, einige wenige vertrauenswürdige Personen als Quelle von Trost, Hilfe und Unterstützung zu sehen. Die Fähigkeit Trost zu geben, zu suchen und zu empfangen, kann durch verfestigte und nicht konstruktive Sichtweisen auf das Selbst (interne Arbeitsmodelle) eingeschränkt sein, und wir gehen später in diesem Kapitel darauf ein. Also, für eine langfristige Reparatur, sind Trösten und das Geben und Empfangen von Beruhigung im Mittelpunkt einer gefühlten Erfahrung von Sicherheit in unseren engen Beziehungen.

Das Öffnen und Erforschen eines Gesprächs über Trost kann jedoch für Menschen, die gelernt haben, anderen nicht zu vertrauen, und insbesondere für Familienmitglieder, die nur Trost von denjenigen erfahren haben, die sie auch missbraucht haben, bewegend sein. Wenn wir Paare ermutigen, Risiken einzugehen, indem sie Trost suchen und akzeptieren, könnten wir das Gespräch zunächst auf eine eher diskursive Weise eröffnen, indem wir einen Rahmen für generationenübergreifendes Lernen in Familien verwenden, wie etwa die Erforschung von korrektiven und replikativen Skripten (Byng Hall 1995). Wenn die Familienkultur als erlernte Muster von Gedanken, Erwartungen und Verhalten um zentrale Familienaufgaben, wie Pflege, Fähigkeitsentwicklung, Austausch von Zuneigung usw., beschrieben werden kann, könnte unser Ansatz die Partner dazu einladen, über ihre korrektiven und replikativen Skripte nachzudenken, d. h. was sie wiederholen und was sie ändern wollen, wie sie als Kinder getröstet wurden, oder wie sie beobachtet haben, dass ihre Eltern/Pfleger sich gegenseitig trösten. So helfen wir aus unserer systemischen Perspektive, das Gespräch zu entwickeln, indem wir nach generationenübergreifendem Lernen in Familien fragen – wie beeinflussen wir uns gegenseitig über die Generationen hinweg und lehren und lernen in Familien über Pflege, Pflegeempfang, Trösten usw. Ein generationenübergreifender Blick auf Lernen und Entwicklung in Familien ermöglicht zunächst einen gewissen emotionalen Abstand zu einem Thema, das oft Erregung und einen starken Wunsch nach Selbstschutz, manchmal ausgedrückt als Defensivität oder sogar Feindseligkeit, auslöst. Also könnten wir damit beginnen, die Eltern dazu zu bringen, über ihre Kindheitserfahrung nachzudenken und z. B. fragen: „Wenn Sie verärgert oder verängstigt waren als Kind, was ist passiert? Wodurch ging es

Ihnen besser? Wer hat Ihnen dabei geholfen? Was haben Sie daraus für Ihre eigene Familie gelernt?" Wenn dieses Gespräch emotional zu schmerzhaft ist, könnten wir fragen, was sie denken, dass ihre Eltern (oder Pfleger) von ihren Eltern gelernt haben, d. h. indem wir in dem Gespräch eine Generation weiter zurückgehen, um mehr emotionalen Abstand zu schaffen. Ebenso können wir die Fragen hypothetisch stellen, wenn das den Menschen hilft, den Mut zu haben, über schmerzhafte Angelegenheiten in ihrer Geschichte zu sprechen. Wir fragen, was sie gleich machen wollen und was sie anders machen wollen – was sie schätzen und stärken wollen, und was sie versuchen, zum Besseren zu verändern, wie sie sich in ihrer eigenen Familie trösten und wie ihre Kinder. Dann könnten wir uns speziell auf ihre Beziehung zu ihren Kindern konzentrieren und auch erforschen, wie sie ihren Kindern helfen, sich selbst zu trösten und sie als Eltern zu trösten und was passiert, wenn diese Beziehung für die Kinder unausgewogen wird. Schließlich stellen wir systemische Fragen über die Zukunft der Kinder und die Hoffnungen der Eltern für sie – zum Beispiel, was hoffen Sie, dass Ihre Kinder von Ihnen über das Trösten lernen, und für die Zukunft ihrer Kinder? Zukunftsfragen ebnen oft den Weg für ein nachdenkliches und reflektierendes Gespräch über die erhofften Zukünfte ihrer Kinder und Enkelkinder. Wir stellen fest, dass die meisten Eltern mit Hoffnung über die Zukunft ihrer Familie sprechen und das ermöglicht es uns, ihre Absichten in einem positiven Licht darzustellen, auch wenn ihre bisherigen Bemühungen nicht so erfolgreich waren.

Innere Arbeitsmodelle und Strategien der Bindung

Es wird angenommen, dass sich unsere Überzeugungen und Erwartungen bezüglich unseres eigenen und des Verhaltens anderer Menschen im Kontext unserer früheren und späteren Bindungserfahrungen entwickeln und verändern (Bowlby 1988). Den Kern dieser Überzeugungen bilden die Konstrukte, die manchmal als Schemata bezeichnet werden, nämlich unsere Akzeptanz und Kompetenz. Unsere Ansichten über uns selbst können entweder eher negativ oder positiv ausgedrückt werden, wie z. B.: Wie liebenswert, würdig und akzeptabel bin ich? Unsere Sicht auf andere könnte etwa so ausgedrückt werden: Wie verfügbar und interessiert sind andere an mir und daran, sich um mich zu kümmern und auf mich aufzupassen? Bedeute ich den Menschen, die ich liebe, etwas? Diese tief verwurzelten Überzeugungen sollen unser Handeln, Denken und Fühlen leiten und vor allem, wie wir versuchen, uns selbst sicher, nahe und geliebt von anderen zu halten. Negative Überzeugungen über sich selbst und andere können zudem das Vertrauen und die Entwicklung intimer Beziehungen blockieren. In unserer therapeutischen Arbeit ist es wichtig, Menschen dabei zu helfen, diese nicht konstruktiven Ideen zu identifizieren, Neugierde darüber zu entwickeln, wie sie im Laufe der Zeit gewachsen sind, und einen sanften Prozess des Infragestellens solcher Überzeugungen im Licht der gegenwärtigen Ressourcen, Wünsche und Bedürfnisse zu unterstützen und zu fördern.

Die Bindungstheorie ist eine Entwicklungstheorie der sozialen Regulation von Emotionen in Familien. Aus dieser Perspektive ist unser Gefühl der Sicherheit und unsere Fähigkeit, anderen zu vertrauen und uns in Zeiten der Not an sie zu wenden, in unseren früheren Erfahrungen mit unseren Eltern oder Betreuern verwurzelt. Wenn unsere Eltern meistens konsistent verfügbar waren, wenn wir sie brauchten, ermöglicht uns unser Glaube, anderen vertrauen zu können, basierend auf unserem Bewusstsein, dass unsere Eltern imstande sein werden, sowohl positive als auch negative Emotionen zu zeigen (Bowlby 1988). Wir lernen, dass wir unsere Gedanken und Gefühle nutzen können, um Ereignisse zu verstehen. Mikulincer und Goodman (2006) fassen einige der Erwachsenenbindungsstudien zusammen, die starke positive Korrelationen zwischen Wohlbefinden und einem Gefühl der Sicherheit in unseren engen Beziehungen zeigen, wie etwa weniger Schwierigkeiten mit der Affektregulation (weniger Reaktivität und Über- und Untererregung), mehr Bereitschaft, Unterstützung zu suchen, wenn sie benötigt wird, mehr Offenheit für neue Informationen, Neugier und Toleranz gegenüber Unsicherheit, mehr Durchsetzungsvermögen, mehr Zusammenarbeit und Empathie in der Kommunikation und ein elaborierteres Selbstbild, das positiv und reich artikuliert ist. Und natürlich ist dies der Fokus der Paartherapie.

Aus einer systemischen Perspektive können unsere Bindungsstrategien oder die Art und Weise, wie wir uns emotional sicher fühlen, als Lösungsversuche für die Entwicklungsdilemmata gesehen werden, die wir mit unseren Eltern erlebt haben, wenn sie, aus welchen Gründen auch immer, mit uns beschäftigt und/oder für uns nicht verfügbar waren. Eine eher abweisende oder emotionale deaktivierende und selbstschützende Strategie könnte sich entwickeln, wenn die Eltern konsequent nicht verfügbar sind, wenn sie für Trost oder Beruhigung benötigt werden. Unter diesen Umständen könnten wir lernen zu glauben, dass wir uns auf uns selbst verlassen müssen und selbstgenügsam sein müssen, indem wir lernen, unsere negativen und/oder bedürftigeren Gefühle zu unterdrücken und sogar zu leugnen. Bei jeder Ausdrucksform von Not wird erwartet, dass sie unseren Betreuer verärgert oder verunsichert, sodass wir vorgeben könnten, in Ordnung zu sein, oder eine falsche Fassade aufsetzen. Dies kann dazu führen, dass wir lernen, dass das Ausdrücken von Emotionen nicht zuverlässig Trost oder Fürsorge hervorrufen kann, und dass wir lernen, Gefühlen als Leitfaden für die Wahl und Handlung zu misstrauen, da der Ausdruck des Bedürfnisses nach Beruhigung beispielsweise nicht zu Trost und Sicherheit führte. Es entwickelt sich eine defensive Strategie des Distanzierens oder Ausschließens von Emotionen. Stattdessen wird auf die Kognition vertraut, um emotionale und physiologische Informationen zu verzerren oder wegzulassen. Einige Kinder lernen jedoch, dass sie gelegentlich ihre Bedürfnisse nach Beruhigung erfüllen können, insbesondere indem sie ihre Eltern erfreuen und für sie sorgen. Dies kann zu Mustern der Fürsorge für andere führen, zusammen mit der Hemmung unseres Bedürfnisses nach Pflege (Crittenden 2008).

Eine eher besorgte Strategie könnte sich entwickeln, wenn die Eltern inkonsistent verfügbar waren, sodass Kinder lernen, dass eine Übertreibung von negativen Gefühlen und Bedürfnissen Fürsorge hervorruft, wenn auch eine eher negative Form der Aufmerksamkeit – die oft als besser empfunden wird als ignoriert zu werden. Eine solche intermittierende Verstärkungsstrategie kann gelegentlich dazu führen, dass das Kind lernt, seine Bedürfnisse nach Aufmerksamkeit und Zuwendung zu befriedigen, indem es seine Eltern zwingt oder „anhängliche" Strategien entwickelt. Die Erwartung inkonsistenter Fürsorge und die Unfähigkeit, die Verfügbarkeit der Eltern vorherzusagen oder ihren verbalen Versprechen zu vertrauen, führt zu einem Misstrauen gegenüber Worten und Kognition als nützlich bei der Entscheidungsfindung oder Handlung – man kann nicht glauben, was die Leute sagen! Da Worte die Reaktionen anderer nicht vorhersagen können, verlässt sich eine Person möglicherweise zunehmend auf affektive Informationen, und zusammen mit einer zunehmenden Schwierigkeit, die Erregung in schwierigen zwischenmenschlichen Interaktionen zu regulieren, kann sie die Komplexität von Erklärungen reduzieren, indem sie anderen die Schuld gibt und die Berücksichtigung ihres eigenen Beitrags vermeidet. Während unserer Entwicklung zu Erwachsenen und mit unserer Beteiligung an intimen Beziehungen als Erwachsene können diese erlernten Selbstschutzstrategien Hindernisse für die Entwicklung von Vertrauen und Intimität darstellen. Wenn die erwachsene romantische Beziehung nicht die notwendigen Gefühle von Sicherheit und Geborgenheit bietet, kann es schwieriger sein, darüber nachzudenken, was sich ändern muss, und könnte sogar das Gefühl der Sicherheit für die Partner weiter untergraben.

Extreme Strategien entwickeln sich oft, wenn das Kind mit Angst lebt und versucht, sich anzupassen und zu überleben, wenn sein Elternteil oder Betreuer verwirrend, inkonsistent und nicht verfügbar, ängstlich und/oder beängstigend ist. Weder Selbstvertrauen noch Zwang funktionieren, um Fürsorge zu erwecken, sodass das Kind Schwierigkeiten hat, ein konsistentes Muster zu entwickeln und lernt, Worten und Gefühlen zu misstrauen (Crittenden 2008). Das Kind könnte lernen, sich in Gefahr zu betäuben und wenn diese Strategie angesichts überwältigender Ereignisse zusammenbricht, könnte es in eine intensiv besorgte Strategie umschlagen, die es und andere verwirrt. Selbstverletzung als Strategie zur Bewältigung und Linderung unerträglicher und überwältigender Gefühle entwickelt sich oft in diesem Kontext. Dies könnte die Form von übermäßigem Alkoholkonsum und/oder der Abhängigkeit von anderen psychoaktiven Substanzen annehmen, um die Erregung zu regulieren und um unerträglichen Gefühlen wie Angst, Traurigkeit und Scham zu entkommen, als Form des „Ausschaltens" oder sogar um sich lebendig zu fühlen, wenn Taubheit die dominante Überlebens- und Selbstschutzstrategie ist (Khantzian 2014; Vetere 2014a).

Zusammenfassend lässt sich sagen, dass eine sicherere Bindungsstrategie die Fähigkeit ist, sich an Eltern oder Betreuer zu wenden, um uns zu schützen und uns bei der Bewältigung unserer Gefühle, Ängste, Sorgen und Nöte zu helfen. Junge Säuglinge und Kleinkinder sind auf ihre Eltern/Betreuer angewiesen, um ihnen bei der Regulierung ihrer Gefühle zu helfen, da sie dies zunächst nicht selbst tun können. Kinder lernen allmählich, ihre eigenen Gefühle zu kontrollieren, d. h. Selbstkontrolle, indem sie nachahmen, modellieren und verinnerlichen, wie ihre Eltern sie trösten und wie ihre Eltern ihre eigenen Gefühle regulieren. Wenn Kinder von zwei Elternteilen oder Betreuungspersonen betreut werden, können sie unterschiedliche Strategien zur Selbstkontrolle und Emotionsregulation mit jedem Elternteil entwickeln. Aus systemischer Sicht können wir an ein Netzwerk von Bindungen denken, das sowohl das Lernen und die Erkundung der Kinder einbindet als auch unterstützt. Kinder lernen, ihre eigenen inneren Gespräche zu entwickeln und Bilder sowie ihre Gefühle zu nutzen, um sich zu beruhigen und zu besänftigen, wenn sie aufgebracht sind. Die Muster der Selbstberuhigung, die sich entwickeln, verkörpern Aspekte ihrer bevorzugten Bindungsstrategien, z. B. die Hinwendung zu sich selbst in einem Muster von Selbstvertrauen oder die Hinwendung zu anderen, die wenig Erfahrung mit der Selbstberuhigung haben, oder eine Mischung aus beiden Strategien in einem ausgewogeneren Ansatz zur Emotionsregulierung.

Unsere Strategien der Emotionsregulierung werden aktiviert, wenn wir eine Gefahr wahrnehmen und unser Bedürfnis nach Sicherheit und Rückversicherung groß ist, z. B. wenn wir befürchten, von einer Bezugsperson zurückgewiesen oder verlassen zu werden, oder wenn wir zurückgewiesen und verlassen werden. Wir reagieren mit Panik und Protest, und oft mit Wut. In erwachsenen Paarbeziehungen können wir gegenseitigen Trost erleben und uns gegenseitig dabei helfen, nicht konstruktive physiologische Erregung und schwierige Gefühle zu bewältigen, zu kontrollieren und zu beruhigen. In ähnlicher Weise können wir uns auf gegenseitige Muster der Eskalation und Deeskalation von Affekten und affektiven Reaktionen einlassen, und zwar sowohl auf anregende und hilfreiche Weise als auch auf eine Weise, die unverarbeitetes Leid verlängert.

Was sind die Auswirkungen der modernen Bindungstheorie auf die therapeutische Praxis mit Paaren nach Gewalterfahrungen?

Wie wir in Kap. 3 beschreiben, informiert die moderne Bindungstheorie unsere Entwicklung eines Sicherheitsplans und einer Sicherheitsstrategie mit Paaren und Familien, um die physische Gewalt zu stoppen. Physische und emotionale Gewalt treten oft zusammen auf, und da emotionale Gewalt in ihren subtileren Formen schwerer zu definieren ist, beinhaltet die therapeutische Arbeit mit Paaren danach oft einen detaillierteren Fokus auf die Erfahrungen, sich vom anderen kontrolliert, gezwungen, beschämt und gedemütigt zu fühlen. Emotionale Gewalt entwickelt sich manchmal im Kontext der Selbstverteidigung und nimmt dann eine oft ‚moralisch überlegene‘ Position ein wie ‚Ich habe jahrelang die physische Gewalt ertragen, jetzt ist es an der Zeit, dass du dasselbe fühlst‘.

Die Auswirkungen der modernen Bindungstheorie auf die therapeutische Praxis sind klar und umfassend, unabhängig von der Schule oder dem Modell der Therapie, das verfolgt wird. Paartherapie erfordert die gemeinsame Konstruktion einer sicheren Basis, d. h. ein Gefühl der emotionalen Sicherheit, in dem es möglich wird, beunruhigende emotionale Erfahrungen zu benennen und ein Repertoire zur Regulierung unerwünschter Emotionen und zur interaktiven Regulierung zu entwickeln. Es muss sicher genug sein, um über das Geschehen nachzudenken. Das Mitgefühl für sich selbst und für den anderen wird durch einen langsamen Prozess der Bestätigung und Validierung der individuellen Erfahrungen gefördert. Die Paartherapie erfordert Kopräsenz und Intersubjektivität, indem wir unsere Verbindungen zueinander durch emotionale Spiegelung aufzeigen. Dies führt dann zur Neugier auf den anderen und zur Fähigkeit, sich in seine Gefühlswelt hineinzuversetzen. So steht das Trösten und Beruhigen von sich selbst und dem anderen im Mittelpunkt der Heilung. Die verkörperten Reaktionen des Paartherapeuten, als Form der somatischen Gegenübertragung, geben oft Hinweise darauf, wo Veränderung und Transformation gewünscht sind, wenn auch festgefahren oder blockiert. Die Reorganisation unserer Bindungsstrategien erfordert Reflexion und Integration unserer verschiedenen repräsentativen Systeme, im Kontext emotionaler Sicherheit. Paartherapie fördert die gemeinsame Erforschung von bindungsbasierten Narrativen von einer sicheren Basis aus – von Ausflügen bis hin zu Expeditionen. So drücken sowohl die Form als auch der Inhalt unserer gemeinsamen Heilungsnarrative unsere Bindungserfahrungen aus und konstruieren sie weiter.

Wir halten unsere Bindungsfiguren und Bindungserfahrungen im Gedächtnis, als Repräsentationen. Die Gedächtnisforschung legt nahe, dass wir diese Erinnerungen in miteinander verbundenen Systemen speichern (Tulving 1983; Crittenden 2008). Zum Beispiel: (a) das prozedurale Gedächtnis ist das Gedächtnis dafür, wie wir Dinge in unseren Beziehungen tun – wie wir Zuneigung zeigen, wie wir streiten und uns versöhnen, usw.; (b) das sensorische Gedächtnis ist das Gedächtnis für Empfindung und Emotion, d. h. verkörpertes Gedächtnis – wie sich Berührung anfühlt, das Aussehen und der Geruch eines Liebhabers, der Klang einer Stimme usw; (c) das semantische Gedächtnis ist das Gedächtnis für unsere Gedanken, Werte und Überzeugungen – die Bedeutung unserer Bindungen; (d) das episodische oder autobiographische Gedächtnis ist das Gedächtnis für miteinander verbundene Erfahrungen, d. h. was uns passiert – die Geschichten, die wir von Ereignissen erzählen; und (e) das integrative Gedächtnis integriert sowohl unsere Erfahrungen über alle repräsentativen Systeme hinweg, als auch die Plattform, auf der wir reflektieren, was uns und anderen passiert ist und was jetzt passiert. Linke Gehirn- oder explizite Gedächtnisprozesse sollen mit semantischen Repräsentationen und mit episodischen und integrativen Repräsentationen verbunden sein. Rechte Gehirn- oder implizite Gedächtnisprozesse sollen mit prozeduralen und sensorischen Repräsentationen und mit episodischen und integrativen Repräsentationen verbunden sein (Schore 2012). Der Prozess der Paartherapie zielt darauf ab, implizite Erinnerungen ins Bewusstsein zu rufen, damit es benannt, erforscht, verstanden und verarbeitet werden kann.

So können wir in der Therapie alle über die komplexen Schichten unserer Bindungen nachdenken und wie wir erforschen könnten, welche Ressourcen Paare in ihre Entscheidungsfindung, Problemlösung und Heilung einbringen. Wenn wir verärgert, enttäuscht, gedemütigt und ängstlich sowie unerwünscht erregt in unseren Beziehungen sind, verlangsamt sich unsere Fähigkeit, negativ belastete Informationen zu verarbeiten, wir werden von unserer Erregung eingenommen und unsere Fähigkeit, relationale Hinweise zu lesen, ist beeinträchtigt. In diesen schwierigen Momenten neigen wir dazu, auf eine bevorzugte Strategie zurückzugreifen, wie zuvor beschrieben, etwa eine abweisende Strategie oder eine besorgte Strategie. In der Paartherapie ist es wichtig zu erforschen, welche repräsentativen Systeme für jeden Partner in diesen schwierigen Momenten aktiviert werden. Wenn z. B. ein Partner eine deaktivierende Strategie einsetzt, könnte er sich auf semantische Repräsentationen verlassen; alternativ, wenn ein Partner physiologisch überflutet wird, könnte er sich auf sensorische Repräsentationen verlassen. Dies sind die selbstverteidigenden und schützenden Prozesse, die wir einsetzen, um uns selbst sicher zu halten. Der Paartherapeut kann dann im von ihnen bevorzugten repräsentativen System interagieren, um den langsamen Prozess der Erforschung und Beleuchtung ihrer Erfahrungen zu beginnen, bevor abgewehrte oder marginalisierte repräsentative Erfahrungen erforscht werden. So helfen wir den Menschen, sich ‚aufzuwärmen' und emotionale Risiken einzugehen, um vernachlässigte affektive Reaktionen zu erforschen; und wir helfen den Menschen, sich ‚zu beruhigen', damit sie vielleicht darüber nachdenken können, was ihnen, ihrem Partner und ihrer Beziehung passiert. Das Ziel der Paartherapie ist es, beiden Partnern zu helfen, auf *alle* ihre repräsentativen Gedächtnissysteme als Ressource zurückzugreifen, wenn sie schwierige Beziehungsmomente erforschen, damit sie schließlich integrieren und reflektieren können, was ihnen, dem anderen und ihrer Beziehung passiert.

Trauma und Verlust

Kampf. Trauma und Verlust sind ein unvermeidlicher Teil unseres Lebens. Das Kampf-Flucht-Erstarren-System (engl.: fight, flight, freeze) wird oft in diesen schwierigen Momenten in unseren Beziehungen aktiviert (van der Kolk 2014). Eine Angst vor Verlassenwerden oder Ablehnung führt zu Angst, physiologischer Erregung und Verletzlichkeit, die als Traurigkeit, Angst und/oder Scham empfunden wird. Selbstverteidigende Wut und Aggression verbergen oft diese Traurigkeit, Angst und Scham und können von Schuldzuweisungen begleitet sein. Bowlby (1988) beschrieb dies als die Wut der Hoffnung und stellte fest, dass sie einen Wunsch nach Verbindung signalisiert, d. h. Protestwut (‚wo bist du!!') und die Wut der Verzweiflung (‚Ich will dich nicht mehr!!'). Diese Reaktionen können sich im Laufe der Zeit einprägen und ein Gefühl der Unsicherheit und des Ungeliebtseins aufrechterhalten. Eine übermäßige Abhängigkeit von einer besetzten Strategie in diesen Momenten kann eine Person überfordern, indem sie zu viele sensorische Informationen in die Zukunft mitnimmt. Dies kann dazu führen, dass sie weiterhin ängstlich, hyperwachsam und chronisch übererregt bleibt.

Flucht. Emotionaler Rückzug in Beziehungen kann als eine Form der Flucht gesehen werden. Eine übermäßige Abhängigkeit von einer abweisenden Strategie birgt das Risiko, zu viele Informationen zu verwerfen, mit dem weiteren Risiko, unsicher zu bleiben, weil die Person relevante Hinweise auf potenzielle zukünftige Gefahren ignoriert. Sowohl abweisende als auch besetzte Strategien haben zudem Auswirkungen darauf, wie wir unsere Kinder erziehen und ihnen beibringen, sich selbst zu schützen, und was Kinder aus der Beobachtung der Reaktionen ihrer Eltern auf schwierige, beängstigende und/oder konfliktreiche Interaktionen lernen. Wenn wir lernen, Ablehnung von einer wichtigen Bindungsperson vorherzusagen, lernen wir möglicherweise auch, Risiken zu vermeiden, um Trost und Verbindung in unseren erwachsenen Beziehungen zu suchen, und das reduziert natürlich die Möglichkeiten für Veränderungen. Wir lernen, anderen nicht zu vertrauen und glauben, dass wir letztendlich enttäuscht und im Stich gelassen werden. Bei transgenerationalem Trauma kann das Kind von einem Elternteil/einer Betreuungsperson missbraucht werden, kann lernen, sich um einen traumatisierten Elternteil zu kümmern, und kann sich selbst als missbrauchend erleben, wenn der Elternteil durch die Handlungen des Kindes Angst hat, d. h. ihre eigenen Traumareaktionen und ungelösten Erinnerungen werden durch ihre Interaktion mit ihrem Kind ausgelöst. Diese mangelnde Bewältigung von Traumaerinnerungen kann dazu führen, dass manche Eltern, auch als Partner, zunehmend und rigide Versuche wiederholen, sich selbst zu schützen und/oder Interaktionen und Skripte zu korrigieren, die nicht die gewünschte Wirkung haben. Wenn wir unter diesen Umständen versuchen, die Dinge in unseren gegenwärtigen Beziehungen besser zu machen, als es für uns getan wurde, als wir jünger waren, oder als es unsere Eltern für sich selbst getan haben, dann scheitern unsere Bemühungen, weil wir keine Vorstellung davon haben, wie „besser" aussehen oder sein könnte. Da unsere Angst und unser Bedürfnis nach Sicherheit weiter steigen, neigen wir dazu, unsere Lösungen zu wiederholen, obwohl wir wissen, dass sie nicht so funktionieren, wie wir hoffen, weil wir einfach nicht wissen, was wir sonst tun sollen. So tritt eine Starrheit in der Beziehungsantwort in das Paar- und Familiensystem in diesen verzweifelten Versuchen, Probleme zu lösen.

Erstarren. Aber Erstarren ist anders. Es signalisiert eine stärkere und implizitere Traumareaktion und die Person benötigt Hilfe, um ihren eigenen Körper soz. wieder zu bewohnen und zu besitzen. Erstarren entwickelt sich in einem viel früheren Entwicklungsstadium, wenn Kampf oder Flucht als Selbstschutzreaktion weder möglich noch verfügbar sind, z. B. das Baby im Arm, dessen Mutter körperlich angegriffen wird, oder das junge Kind, das sexuell missbraucht wird und weder protestieren noch fliehen kann (van der Kolk 2014). Ihre Erfahrung von aufdringlichen und unkontrollierbaren Gedanken und Erinnerungen, wie Visionen, Gerüche und Gefühle, können in ihre primären Bindungsstrategien eindringen und ihre Bewältigungsversuche stören.

Die Paartherapie versucht beiden Partnern zu helfen, eine ausgewogenere Lösung zu erreichen, indem sie in der Lage sind, sowohl relevante Informationen weiterzutragen als auch irrelevante Informationen zu verwerfen, und Informationen aus ihren verschiedenen repräsentativen Systemen zu verknüpfen (Crittenden und Landini 2011). Darüber hinaus zielt die Paartherapie darauf ab, den Partnern zu helfen, ihre Reaktionen interaktiv zu regulieren. Empathie, Mentalisierung und Achtsamkeit erfordern, dass wir uns unserer eigenen mentalen Zustände und der anderer bewusst sind. Unser Verständnis und unsere Erwartungen darüber, wie Beziehungen funktionieren, müssen offen für Reflexion und Revision sein, einschließlich eines Bewusstseins für Widersprüche und Inkonsistenzen innerhalb und zwischen unseren repräsentativen Gedächtnissystemen. Wie bereits in diesem Kapitel erklärt, müssen die Reflexion und Integration alle Gedächtnissysteme einbeziehen und integrieren.

Die Entwicklung unbewältigter Traumata wird häufig durch die Reaktionen von wichtigen Bezugspersonen wie der Familie, dem Partner oder Freunden beeinflusst. Unser soziales Unterstützungsnetzwerk und unsere wichtigsten Bindungsfiguren sind von zentraler Bedeutung. Sie helfen bei der Verarbeitung unserer Erfahrungen mit gefährlichen und extremen Ereignissen, indem sie unsere Erfahrungen validieren und anerkennen, helfen, Gefühle der Desorientierung und Verwirrung zu überwinden, und bei der Entwicklung von Bewältigungsstrategien für zukünftige Sicherheit unterstützen. Daher ist ihre Beteiligung an jeder Psychotherapie, die darauf abzielt, Traumazustände zu lösen, entscheidend, und im Kontext der Paartherapie ist die Paarbeziehung eine Ressource zur Heilung von Traumata, die für einen oder beide Partner vor ihrer Beziehung aufgetreten sind (Johnson 2002).

In der Paartherapie helfen wir den Partnern, Erfahrungen zu identifizieren und zu benennen, die zu Traumareaktionen geführt haben, wie sexueller und körperlicher Missbrauch. Die sichere Basis in der Therapie besteht darin, klar zu machen, dass wir nur das erforschen werden, was der Partner bereit und in der Lage ist zu besprechen, und dass er jederzeit signalisieren kann, die Diskussion zu stoppen. Dies beinhaltet die Validierung ihrer Erfahrungen und jeglicher damals und jetzt erlebter Belastungen. Eine behutsame Erkundung der Auswirkungen dieser Erfahrungen auf ihr Selbstverständnis, ihr Erleben und ihre Beziehungen zu ihrer Familie, ihrem Partner und ihren Freunden hilft uns dabei, die Art und Weise, wie sie versucht haben, damit umzugehen, zu überdenken und neu zu gestalten. Die Therapie unterstützt dann jeden Partner und sie als Paar dabei, zu antizipieren, wie sie in Zukunft Gefahren vermeiden können und welche Ressourcen sie dafür nutzen können. Wenn die Partner auch Eltern sind, helfen wir ihnen, für die zukünftige emotionale und physische Sicherheit ihrer Kinder zu sorgen und zu antizipieren, was sie jetzt tun müssen, um diese Zukunft zu sichern.

Verletzung der Bindung

„Verletzung der Bindung" ist ein hilfreicher Ausdruck, den Susan Johnson und ihre Kollegen in ihrer emotionsfokussierten Therapie für Paare entwickelt haben, um einen nicht verarbeiteten und ungelösten Verlust oder Schmerz in einer intimen Paarbeziehung zu beschreiben (Johnson et al. 2001). Man nimmt an, dass die Verletzung der Bindung in einer Zeit auftritt, in der ein Partner ein sehr hohes Bedürfnis nach Trost, Anerkennung und Bestätigung hat und den anderen in diesem Moment als emotional nicht für sich verfügbar empfindet. Dies kann zu extremer Enttäuschung führen und das Gefühl erzeugen, dass der Partner „nicht für sie da ist". Wenn diese Erfahrung wiederholt wird oder auf einer früheren unausgesprochenen Enttäuschung aufbaut, kann dies auch zu einer selbstverteidigenden Strategie führen, dem Partner nicht mehr zu vertrauen, dass er auf das Bedürfnis nach Trost und Bestätigung reagiert, sodass sie nie wieder danach fragen. Eine emotionale Distanz schleicht sich in die Beziehung ein, die nicht anerkennt, nicht bewältigt und ohne Chance auf Reparatur ist. Es kann sein, dass ihr Partner in diesem Moment ihr Bedürfnis nicht erkannt hat, oder vielleicht mit seinem eigenen emotionalen Zustand beschäftigt war, oder sogar dachte, seine Reaktion, so wie sie war, sei ausreichend. Offensichtlich wollte der scheinbar emotional nicht verfügbare Partner in diesem Austausch seinen Partner nicht absichtlich verletzen oder enttäuschen. Dies ist keine absichtliche emotionale Misshandlung, obwohl sie für die Person, die enttäuscht wurde, am schmerzhaftesten ist.

Susan Johnson und ihre Kollegen erkannten, dass, wenn diese ungelösten Verletzungen nicht zur Sprache gebracht, anerkannt und geheilt wurden, sie eine Sackgasse in der Paartherapie verursachten, die alle Versuche, Intimität zu vertiefen und Vertrauen aufzubauen, für alle Beteiligten viel schwieriger machte. Sie betont, dass es die Bindungsbedeutung des Moments ist, die entscheidend ist, nicht der Inhalt als solcher.

In der Paartherapie identifizieren wir mit den Partnern ein schwieriges Ereignis, eine Episode oder ein Muster. Wir artikulieren die Erfahrung im Muster für jede Person separat, während wir dem anderen helfen und ihn unterstützen, zuzuhören. Wir lenken den Fokus auf den kritischen Teil der Interaktion, z. B. einen Wutausbruch, verletzte Gefühle und Enttäuschung, das Gefühl, kritisiert, frustriert und missverstanden zu werden, usw. Wir helfen, die Gefühle, Gedanken, Handlungen und Absichten im kritischen Moment der Episode zu identifizieren, indem wir langsam und sorgfältig arbeiten. Der Therapeut unterstützt den anderen dabei, weiter zuzuhören und reaktionsfähig zu bleiben. Wir kehren diese Erfahrung um, bevor wir sie einladen, sich einander zuzuwenden, sodass sich beide verstanden und unterstützt fühlen. Wir verhandeln immer, wo wir in diesem Prozess anfangen und holen die Erlaubnis des anderen ein, während wir weiterhin tragen und einbinden. Susan Johnson rät, dass, wenn in der Beziehung Schuldzuweisungen stattfinden, es wichtig ist, weitere Schuldzuweisungen zu verhindern, durch einen Prozess des „Aufweichens" und Validierens der Erfahrung, bevor man die Neugier auf die Erfahrung des anderen in der Interaktion weckt. Durch den Prozess des systemischen Nachverfolgens der Episode versuchen wir, die Gedanken und Gefühle, die die Handlungen angetrieben haben, zurück zu dem zugrunde liegenden „inner working model" der Person von Selbst und Beziehungen zu verfolgen (Bowlby 1988). Wir laden sie ein, neugierig zu sein, woher ihr working model stammt, zum Beispiel aus einer früheren Geschichte in ihrer Herkunftsfamilie oder einer früheren romantischen Beziehung im Erwachsenenalter. Wir fragen, was ihnen passiert ist. Wir arbeiten langsam, während wir frühere Erfahrungen von Verletzungen, Demütigungen, Beleidigungen und Enttäuschungen in Betracht ziehen, die Teil ihres working models geworden sein könnten.

Im folgenden Beispiel sehen wir, wie ein Paar eine sich anbahnende Bindungsverletzung sozusagen gelöst hat. Wir arbeiten therapeutisch mit einem Mann und einer Frau und ihrem kleinen Jungen. Dem Paar wurde von den Kinderschutzdiensten gesagt, dass sie regelmäßig mit uns zusammenarbeiten müssen, wenn sie weiterhin für ihr Kind sorgen wollen. Wir nennen die Frau Jane (44 Jahre alt) und den Mann John (48 Jahre alt) und den kleinen Jungen nennen wir Tommy (zwei Jahre alt). Dies ist eine weiße britische Familie mit erweiterten Familienmitgliedern in der lokalen Gemeinschaft. Jane war zuvor verheiratet und hatte vier Kinder, die alle langfristig in Pflegefamilien untergebracht wurden und die sie nur selten in Anwesenheit von Kinderschutzdiensten sehen darf. Ihr früherer Ehemann war ihr gegenüber häufig körperlich gewalttätig und sie sagt, sie habe ihr Alkoholmissbrauchsproblem als Bewältigungsstrategie entwickelt. Ihre Abhängigkeit von Alkohol führte dazu, dass die Kinderschutzdienste ihre Kinder aus ihrer Obhut nahmen. John erlebte als Junge schwere körperliche Misshandlungen und Vernachlässigung und geriet in eine Gruppe von starken Trinkern, die kriminelle Aktivitäten betrieben. Er hatte nie eine feste romantische Partnerschaft und hat auch keine Kinder.

Jane und John trafen sich und verliebten sich in einem krankenhausbasierten Alkoholentzugsprogramm. Nach ihrer Entlassung aus dem Krankenhaus setzten sie ihre Beziehung fort und wollten heiraten und ein Kind haben. Ihre Alkoholabstinenz verlief gut und die Mitarbeiter der Kinderschutzdienste sagten ihnen, sie würden Janes Schwangerschaft unterstützen, wenn das Paar zustimmen würde, therapeutisch mit uns zu arbeiten. So kamen sie zu uns und wir haben uns zwei Jahre lang alle zwei bis drei Wochen getroffen, manchmal mit Tommy und manchmal mit dem Paar.

Was meinen wir also mit einer sich anbahnenden Bindungsverletzung? Eines Tages kamen sie als Paar, betraten den Raum mit uns und bevor wir die Chance hatten, uns hinzusetzen, begann John schnell und eindringlich zu sprechen – um Ihnen einen Eindruck zu geben: „Ok, Arlene, Sie wollen ein Update – nun, wir haben Tommy zur Gesundheitsfürsorgerin für seine Entwicklungskontrolle gebracht und er war in Ordnung – und ich hatte einen beschissenen Geburtstag – und wir haben Tommy zum Zahnarzt gebracht und ich habe mich auf den Stuhl gesetzt, damit er sieht, dass es nichts zu befürchten gibt….“ Ich war überwältigt von der Flut der Worte, hörte aber „beschissenen Geburtstag“ und fragte John, was er meinte. Er redete weiter über mich hinweg, mit der gleichen Wortflut, wie sie Tommy zur Gesundheitsfürsorgerin brachten usw. Ich fragte noch einmal, ob wir eine Pause einlegen sollten und was er mit „beschissenen Geburtstag“ meinte; die Worte gingen unvermindert weiter, also fragte ich noch einmal, ob wir eine Pause einlegen und besprechen könnten, was er mit „beschissenen Geburtstag“ meinte. Widerwillig stimmte John zu, wenn ich darauf bestand, was ich tat! Dann wurde mir klar, dass ich Jane nicht angesehen hatte. Sie sah niedergeschlagen aus und starrte auf den Boden. Ich erkannte das an und fragte sie, ob wir darüber sprechen könnten, und ich erklärte, warum ich dachte, dass es am besten wäre, mit John anzufangen. Sie gab mir ihre Erlaubnis.

Johns Geschichte: Es war sein Geburtstag. Er saß morgens auf dem Sofa und wartete auf sein versprochenes Geburtstagsgeschenk. Er war glücklich. Jane kam zur Wohnzimmertür, gegenüber von John, und drehte sich anscheinend seitlich in die Tür und warf sein Geschenk, ohne ihn anzusehen, in seinen wartenden Schoß.

John sagte, er habe es aufgehoben, das Papier abgerissen, es auf den Beistelltisch gelegt, wo es blieb, und keiner von ihnen sprach darüber bis zu unserem aktuellen Treffen. Er war offensichtlich verletzt, verwirrt und enttäuscht. Sie hatten nicht darüber gesprochen.

Janes Geschichte: Sie liebt John sehr. Sechs Monate zuvor hatte sie überlegt, was sie John zum Geburtstag schenken könnte. Sie haben als Paar wenig Geld zum Ausgeben. John raucht Zigaretten, die er selbst dreht und normalerweise hat er eine aus seiner oberen Hemdtasche hängen, etwas umgebogen mit sichtbaren Tabakfäden am Ende. Beide lieben es, die Hollywood-Filme der 1930er Jahre im Fernsehen zu sehen, in denen der Held eine Zigarettenhülle aufklappt und der Heldin elegant eine anbietet. Jane wollte John eine schlanke, versilberte Zigarettenhülle zum Geburtstag schenken. Monate zuvor ging sie mit Tommy in lokale Secondhandläden, um eine Zigarettenhülle zu suchen. Schließlich fanden sie eine, die sie sich leisten konnten. Sie war zerkratzt, also brachte Jane sie zu einem lokalen Juwelier, der sie neu versilberte und eine Liebesbotschaft auf die Rückseite gravierte. Jane verpackte sie mit farbigem Seidenpapier und freute sich darauf, sie John an seinem Geburtstag zu geben. Sie erzählte mir, dass er recht hatte – dass sie sich in der Tür zur Seite gedreht und sie in seinen Schoß geschleudert hatte. Es schien, dass sie, als sie die Türschwelle erreichte, von Scham überwältigt und überflutet wurde. In diesem Moment erinnerte sie sich an ihre Kinder, die ihr weggenommen worden waren, und fühlte, dass sie dieses neu gefundene Glück und diese zweite Chance nicht verdiente. Sie war verwirrt und beschämt und wollte trotzdem, dass John sein Geschenk bekam und konnte es nur seitlich schleudern.

John fühlte Mitgefühl und umarmte Jane. Jane erkannte an, wie es ihm damals erschienen war, entschuldigte sich und wollte den Moment auf eine glücklichere Weise wiederholen. John akzeptierte ihre Anerkennung und tröstete sie wiederum, indem er ihr sagte, dass sie ihr neues Glück verdiente und ein Recht darauf hatte. Wir konzentrierten uns darauf, zu erforschen, wie sie diese Verletzung nicht hatten lösen können und sagten ihnen, wie froh wir waren, dass sie sich sicher genug fühlten, diese Episode zu uns zur Erforschung, zum Verständnis und zur Lösung zu bringen.

Schlussfolgerung

Zusammenfassend lässt sich sagen, dass die Theorie der Erwachsenenbindung vom gegenseitigen Austausch von Zuneigung und Fürsorge handelt und sowohl repräsentativ als auch sexuell ist. Die Bindungstheorie pathologisiert nicht die Abhängigkeit in unseren Beziehungen. Vielmehr betont sie, dass eine effektive Abhängigkeit den Kontext für Offenheit, Exploration und Spiel in unseren Beziehungen bietet und die Autonomie im ‚Kennen unseres eigenen Geistes' fördert. Gottman (2011) erinnert uns in seiner Arbeit über Heilung daran, Paare zu unterstützen, sich einander zuzuwenden, Reparaturversuche zu unternehmen und anzunehmen sowie gemeinsame Bedeutungen in den Geschichten zu schaffen, die wir über unsere Beziehungen erzählen. Zuneigung und Bewunderung werden in einem Kontext von gegenseitigem Einfluss und Komfort und Unterstützung genährt. So unterstützt die relationale Resilienz die Fähigkeit zu lernen und emotionale Risiken einzugehen (Vetere 2014b). Wie Fosha (2009, S.) schreibt: „Die Wurzeln der Resilienz… sind in dem Gefühl zu finden, von einem liebevollen, abgestimmten und selbstbewussten Anderen verstanden zu werden und in dessen Geist und Herz zu existieren."

Literatur

Bowlby, J. (1988). *A secure base: Clinical applications of attachment theory*. London: Routledge.

Byng Hall, J. (1995). *Re-writing family scripts: Improvisation and systems change*. New York: Guilford.

Cooper, J., & Vetere, A. (2005). *Domestic violence and family safety: working systemically with family violence*. Chichester: Wiley.

Crittenden, P. (Hrsg.). (2008). *Raising parents: Attachment, parenting and child safety*. Portland: Willan.

Crittenden, P., & Landini, A. (2011). *Assessing adult attachment: A dynamic maturational approach to discourse analysis*. New York: Norton.

Dallos, R., & Vetere, A. (2009). *Systemic therapy and attachment narratives: Applications in a range of clinical settings*. London: Routledge.

Elliott, R., Bohart, A., Watson, J., & Greenberg, L. (2011). Empathy. *Psychotherapy, 48,* 43.

Fosha, D. (2009). *The healing power of emotion: Affective neuroscience, development and clinical practice*. New York: Norton.

Gottman, J. (2011). *The science of trust*. New York: Norton.

Hazan, C., & Shaver, P. (1987). Romantic love conceptualised as an attachment process. *Journal of Personality and Social Psychology, 52,* 511–524.

Johnson, S. (2002). *Emotionally focused couple therapy with trauma survivors*. New York: Guilford.

Johnson, S. (2014). *The love secret: The revolutionary new science of romantic relationships*. London: Piatkus.

Johnson, S., Makinen, J., & Millikin, J. (2001). Attachment injuries in couple relationships: A new perspective on impasses in couple therapy. *Journal of Marital and Family Therapy, 27,* 145–156.

Kirschenbaum, H., & Jourdan, A. (2005). The current status of karl rogers and the person centred approach. *Psychotherapy: Theory Research, Practice, Training, 42,* 37–51.

Khantzian, E. (2014). The self-medication hypothesis and attachment theory: pathways for understanding and ameliorating addictive suffering. In R. Gill (Hrsg.), *Addictions from an attachment perspective*. London: Karnac.

Lambert, M., & Barley, D. (2001). Research summary on the therapeutic relationship and psychotherapy outcome. *Psychotherapy: Theory Research, Practice, Training, 38,* 357–361.

Mikulincer, M., & Goodman, G. (Hrsg.). (2006). *The dynamics of romantic love: attachment, caregiving and sex*. New York: Guilford.

Norcross, J., & Wampold, B. (2011). Evidence-based therapy relationships: research conclusions and clinical practices. *Psychotherapy, 48,* 98–102.

Rogers, K. (1975). Empathic: An unappreciated way of being the Counselling. *Psychologist, 5,* 2–10.

Schore, A. (2012). *The science of the art of psychotherapy*. New York: Norton.

Stith, S., McCollum, E., Rosen, K., Locke, L., & Goldberg, P. (2005). Domestic violence focused couples treatment. In J. Lebow (Hrsg.), *Handbook of clinical family therapy* (S. 406–430). New York: Wiley.

Tulving, E. (1983). *Elements of episodic memory*. Oxford: Oxford University Press.

Van der Kolk, B. (2014). *The body keeps the score: Mind, brain and body in the transformation of trauma* (2. Aufl.). Penguin Books.

Vall, B., Seikkula, J., Latila, A., Holma, J., & Botella, L. (2014). Increasing responsibility, safety and trust through a dialogical approach: A case study in couple therapy for psychologically abusive behaviour. *Journal of Family Psychotherapy, 25,* 275–299.

Vetere, A. (2011). Family violence and family safety: An approach to safe practices in our mental health services. *Partner Abuse, 2,* 246–256.

Vetere, A. (2014a). Alcohol misuse, attachment dilemmas and triangles of interaction: a systemic approach to practice. In R. Gill (Hrsg.), *Addictions from an attachment perspective*. London: Karnac.

Vetere, A. (2014b). What supports resilient coping among family members? A systemic practitioner's perspective. In J. Ribbens McCarthy, C. Hooper & V. Gillies (Eds.), *Family troubles? exploring changes and challenges in the family lives of children and young people*. Bristol: Policy Press.

Vetere, A. (2015). Working systemically with the legacies of inter-personal violence: A casestudy of couple therapy. *Partner Abuse, 6,* 243–251.

Wilson, M., & Daly, M. (1993). Spousal homicide risk and estrangement. *Violence and Victims, 8,* 3–16.

Kapitel 6
Systemische Arbeit mit Eltern, Kindern und erwachsenen Überlebenden, wenn der Missbrauch aufhört

Einführung

Kindesmisshandlung ist häufiger als wir vielleicht annehmen. Laut einem WHO-Bericht (Sethi et al. 2013) sterben jedes Jahr mindestens 850 Kinder infolge von Kindesmisshandlung allein in der europäischen Region. Derselbe Bericht überprüft Gemeinschaftsumfragen zur Kindesmisshandlung in Europa und weltweit und legt eine Prävalenzrate von 9,6 % für sexuellen Missbrauch nahe, wobei Mädchen zweieinhalb Mal so oft Opfer sind wie Jungen. Für körperlichen Missbrauch und seelischen Missbrauch, deren Prävalenz auf 22,9 % bzw. 29,1 % steigt, gibt es keine Geschlechterunterschiede. Auch die körperliche Vernachlässigung ist hoch und erreicht 16,3 %, während die emotionale Vernachlässigung 18,4 % beträgt. Die verschiedenen Arten von Missbrauch stehen in Zusammenhang und in der überwiegenden Mehrheit der Fälle sind es die Eltern selbst, die ihre eigenen Kinder missbrauchen. Dies erhöht das Risiko für diese Kinder.

Viele Eltern fühlen sich sehr belastet, wenn sie ernsthafte Schwierigkeiten mit ihren Kindern haben und suchen selbst um Hilfe, während andere von Kinderschutzdiensten an Fachleute verwiesen werden. Die therapeutische Arbeit mit Familien, deren Kinder in Pflege außerhalb des Hauses untergebracht sind, dreht sich oft um Reparatur und Heilung nach Misshandlungen. Viele andere, die als Kinder missbraucht wurden, suchen einen Therapeuten auf, wenn sie erwachsen werden. Dieses Kapitel handelt von der therapeutischen Arbeit mit Familien, wenn die Gewalt von Eltern gegen Kinder aufhört. Es geht auch um Gewalt von Kindern gegen Eltern und um Gewalt zwischen Geschwistern. Wie gehen wir vor, um Eltern und ihren Kindern in solch schwierigen Situationen zu helfen, sobald die Gewalt aufhört?

C. Sammut Scerri et al., *Intervention nach häuslicher Gewalt*,
https://doi.org/10.1007/978-3-031-47950-2_6

Verstehen der Prozesse, die ablaufen, wenn Eltern ihre Kinder missbrauchen

Die Systemtheorie und die Bindungstheorie (Bowlby 2008) informieren unser Denken über die Prozesse, die ablaufen, wenn Eltern große Schwierigkeiten haben, empathisch zu sein und sich auf ihre Kinder einzustellen und ihnen gegenüber gefährlich sind. Sehr oft wurden solche Eltern selbst traumatisiert, als sie aufwuchsen, und das Gefühl von Sicherheit, Komfort und Liebe, das normalerweise mit der Beziehung zwischen den Eltern und ihren Kindern verbunden ist, ist ernsthaft beschädigt (Lyons-Ruth 1996). Ein traumabasierter Ansatz, der eine relationale Perspektive auf Trauma berücksichtigt (Briere 1992), ist daher hilfreich bei der Betrachtung der therapeutischen Implikationen. Diese theoretischen Rahmen gelten auch, wenn es Gewalt von Kindern gegen Eltern und Gewalt zwischen Geschwistern gibt. Der soziokulturelle Kontext, in den Familien eingebettet sind, spielt ebenfalls eine wichtige Rolle. Verschiedene Autoren haben festgestellt, dass Eltern, die in Armut leben, mehr Stress empfinden als andere Eltern, die besser gestellt sind, bis zu dem Punkt, dass die elterliche Beziehung gestört sein kann (Van Ijzendoorn et al. 1999; Conger et al. 2000; WHO und die Calouste Gulbenkian Foundation 2014; Center on the Developing child at Harvard University 2016).

Der Fokus auf das, was passiert und vor allem, was getan werden kann, wenn der Missbrauch aufhört, ist der Schwerpunkt dieses Kapitels, was mich dazu führt, im Hinterkopf zu behalten, dass die Fähigkeit, Widrigkeiten zu überwinden, allgegenwärtig ist und Wissen über Resilienz (Masten 2014; Walsh 2006) wird eine wichtige Inspirationsquelle in diesem Kapitel sein. Kindesmissbrauch aus einer systemischen Perspektive zu verstehen, ist auch nützlich, da es uns hilft, zu berücksichtigen, dass Missbrauch und Trauma bei Kindern im Kontext von Beziehungen auftreten.

Die Eltern

Eltern, die Kinder missbrauchen, haben oft ihre eigene Geschichte zu bewältigen, die einen generationenübergreifenden Zyklus von Missbrauch auslöst (Herzog et al. 1992). Eine Längsschnittstudie von Lyons Ruth (1996) und Jones (1992) zeigte, dass einige Mütter, deren Kind eine desorganisierte Bindung hatte, die typisch für Kinder ist, die Missbrauch erlebt haben, zu sehr mit ihren eigenen Geschichten beschäftigt waren, um sich um ihre Kinder zu kümmern und sich oft aufdringlich und feindselig gegenüber ihnen verhielten. Einige andere Mütter schienen hilflos und ängstlich und suchten Trost bei ihren eigenen Kindern. Sie stellte fest, dass diese Eltern dies nicht absichtlich taten, sondern es schwierig fanden, sich auf ihre Kinder einzustellen. Während die aufdringlichen und feindseligen Mütter eher eine Geschichte von körperlichem Missbrauch und/oder von häuslicher Gewalt hatten, war die letztere Gruppe eher sexuellem Missbrauch oder elterlichem Verlust ausgesetzt. In unserer Studie über die Beziehung zwischen Jugendlichen und ihren Eltern griffen einige der Väter auf Einschüchterung und harte Kritik zurück, wenn sie Grenzen für ihre Kinder setzten. Nur die Väter, die über die negativen Auswirkungen nachgedacht hatten, die sie während und nach wiederholtem körperlichem und emotionalem Missbrauch von ihren eigenen Vätern erlebt hatten, waren entschlossen, eine andere Beziehung zu ihren Kindern aufzubauen (Abela et al. 2012).

Manifestationen von Missbrauch bei Kindern

Die häufigsten Symptome von Missbrauch, die sich bei Kindern zeigen, sind Angst, Terror, desorganisierte Bindung, PTBS, Verhaltensprobleme und geringes Selbstwertgefühl. Kinder, die sexuell missbraucht werden, neigen dazu, sexualisiertes Verhalten zu zeigen. Kinder, die einem Trauma ausgesetzt sind, haben eine doppelt so hohe Rate an psychiatrischen Störungen, insbesondere Angststörungen und Depression. Während die Prognose für ein einzelnes Trauma gut ist, sind Kinder, die mehreren Traumata ausgesetzt sind, stärker belastet (Copeland et al. 2007). Bentovim (1992) erklärt, wie Missbrauch innerhalb der Familie meist andauernd ist und Kinder verschiedenen und miteinander verbundenen Formen von Missbrauch ausgesetzt sind.

Kinder erinnern sich möglicherweise nicht an tatsächliche Erinnerungen an Missbrauch; tatsächlich werden einige Kinder dazu gebracht, etwas anderes zu glauben, und das macht es für sie komplizierter, ein kohärentes Narrativ ihrer Missbrauchserfahrung zu entwickeln; diese Erfahrungen werden jedoch im Spiel ausgelebt. Kinder können sich rückentwickeln und anfangen, ins Bett zu machen, oder sie werden sehr aktiv oder passiv.

> Einer der allerersten Jungen, mit denen ich (Angela) in einem Heim gearbeitet habe, litt unter elektivem Mutismus und Enkopresis. Während der Sitzungen war er abwesend und starrte ins Leere. Er verbrachte die Zeit damit, auf einer Flöte lange, aufeinanderfolgende Töne zu blasen. Diese unheimlichen Geräusche und die Stille dazwischen erzeugten eine Atmosphäre der Angst im Raum. Bilder von heulenden Wölfen, die ein verängstigtes Reh im Wald jagen, kamen mir in den Sinn. Viele Monate später stellte sich heraus, dass seine Mutter, die an einer psychischen Krankheit litt, seinen Kopf zwischen die Treppengeländer steckte, um ihn tagsüber ruhig zu halten.[1]

Van der Kolk und seine Kollegen, die das National Child Traumatic Stress Network bildeten, argumentierten in (2009) dass „ob sie (die Kinder) Symptome von PTBS zeigen oder nicht, Kinder, die sich in einem Umfeld von anhaltender Gefahr, Misshandlung und unzureichenden Betreuungssystemen entwickelt haben,

---

[1] Alle Vignetten stammen entweder aus der vorhandenen Literatur oder sind eng an Geschichten von Klienten angelehnt. Es wurde jedoch alles daran gesetzt, die wahre Identität der Klienten zu verschleiern.

werden vom aktuellen Diagnosesystem schlecht bedient, da es häufig zu keiner Diagnose führt, zu mehreren nicht zusammenhängenden Diagnosen, einem Schwerpunkt auf Verhaltenskontrolle ohne Anerkennung von zwischenmenschlichem Trauma und mangelnder Sicherheit in der Ätiologie der Symptome und einer mangelnden Aufmerksamkeit für die Behebung der Entwicklungsstörungen, die den Symptomen zugrunde liegen" (Van Der Kolk 2015, S. 359). Das Netzwerk schlug Kriterien für das vor, was sie als Entwicklungs-Trauma-Störung (Developmental Trauma Disorder, DTD) bezeichneten. Dies schloss diejenigen Kinder ein, die direkte Erfahrungen gemacht hatten oder über einen Zeitraum von mindestens einem Jahr anhaltende negative Ereignisse beobachtet hatten, und Kinder, die die folgenden Symptome für mindestens 6 Monate zeigten, wurden als an DTD leidend betrachtet. Symptome würden diejenigen umfassen, die auf dem posttraumatischen Spektrum auftreten, aber auch affektive, physiologische, aufmerksamkeitsbezogene, verhaltensbezogene, selbst- und beziehungsbezogene Dysregulation sowie funktionelle Beeinträchtigung. Kinder würden eine solche Beeinträchtigung in mindestens zwei verschiedenen Kontexten zeigen, wie zum Beispiel in der Schule, innerhalb der Familie oder in ihrer Gruppe der Gleichaltrigen. Andere erleben Dysregulation, wenn sie Regeln und Vorschriften in der Arbeitsumgebung oder sogar in ihrem eigenen Körper einhalten müssen.

Die oben genannten Manifestationen unterstreichen die Tatsache, dass Kinder oft im Kontext ihrer laufenden Beziehungen traumatisiert werden.

Der Heilungsprozess

Leider wird bei Kindern, die traumatisiert sind, oft ADHS oder als oppositionelles Verhalten diagnostiziert und erhalten Medikamente oder werden einer Verhaltensmodifikation unterzogen. Ein solcher Ansatz berücksichtigt nicht den relationalen Kontext, in dem das Trauma und der Missbrauch von Kindern auftreten. Wenn Kindesmissbrauch im Haus stattfindet, ist das Trauma „in die emotionalen Dynamiken einer Familie eingewoben" (Dallosz. B.Vetere 2009, S. 122).

Das Schweigen des Missbrauchs brechen

Ich erinnere mich noch an die Mutter eines 5-jährigen Mädchens, die bei mir über ihr Verhalten klagte. Sie beschrieb sie als „ADHS". Dann erzählte sie mir von ihrer Beziehung zu ihrem Mann. Die Geschichte entfaltete sich mühsam. Das Paar war verbal und emotional missbräuchlich zueinander und die Tochter war Zeugin davon auf täglicher Basis. Ich arbeitete mit dieser Familie; manchmal konzentrierte ich mich auf die Dynamik des Paares und manchmal lenkte ich den Fokus auf das Mädchen. Die Eltern waren sehr kritisch gegenüber ihrem Ungehorsam. In meinen Reflexionen mit ihnen lud ich sie ein, über die Auswirkungen dieser täglichen Manifestation von Missbrauch auf das Kind nachzudenken. Das Mädchen fühlte sich in der Klinik sicher und bestand darauf, öfter zu kommen. Eines Tages äußerte sie ihre Enttäuschung darüber, dass ihre Mutter sie mit einem Besen schlug.

Das Schweigen zu brechen ist für ein Kind nicht einfach und oft sind es die Eltern selbst – wie zum Beispiel in meiner Vignette oben – oder symptomatisches Verhalten, das von anderen Fachleuten in anderen Kontexten bemerkt wird, das Kinder und Eltern in die Klinik bringt. Elterliche Vernachlässigung und harte Behandlung prognostizieren Fehlverhalten des Kindes in der Schule und Schwierigkeiten, sich in andere hineinzuversetzen, was wiederum zu weiterer Ablehnung durch die Eltern und die Schule führt. Diese Kinder werden oft von der Schule an einen Psychologen oder Familientherapeuten überwiesen.

Die Bedeutung der Teamarbeit

Systemisches Arbeiten mit Eltern und ihren Kindern, indem man die anderen Fachleute, die im Leben des Kindes involviert sind, mit einbezieht, ist sehr wichtig. Systemische Arbeit mit der Familie und dem Schulsystem erhöht die Wahrscheinlichkeit für Kinder, gute Ergebnisse zu erzielen (Dowlingz. B.Osborne 2003), insbesondere wenn das Kind Verhaltensschwierigkeiten in beiden Kontexten zeigt, wie es typisch für diejenigen mit DTD ist. Darüber hinaus ist es für Kinder, die in einem Heim oder in einer Pflegefamilie leben, wichtig, diese wichtigen Unterstützungsnetzwerke mit einzubeziehen. Interprofessionelle Zusammenarbeit und Teamarbeit helfen, die Bemühungen jeder beteiligten Person zu maximieren und eine Fragmentierung zu vermeiden, die oft Kinder und ihre Familien entfremdet, die dann in den Windungen des Systems verloren gehen.

Der Wert der Teamarbeit kann nicht überbetont werden und wird umso wichtiger, je komplexer und heikler die Situation wird. Gute Teams geben sich wertvolles Feedback und haben in der Regel die notwendigen Ressourcen, um bei Bedarf Kriseninterventionen, wie Hausbesuche, durchzuführen. Darüber hinaus sind die Schule, das Heim oder die Pflegefamilie besser in der Lage, dem Kind einen sicheren Ort zu bieten

Ich erinnere mich, wie schwierig meine therapeutische Arbeit mit dem Jungen, der an elektivem Mutismus und Enkopresis litt, am Anfang war. Als ich sah, wie voller Angst das Kind war, sprach ich den Betreuer an, der für das Schlafzimmer zuständig war, um ihm zu sagen, wie wichtig es war, dass er den Jungen ins Bett brachte und ihm das Gefühl gab, sicher zu sein, wenn er schlafen ging. Der Betreuer war sehr sensibel und engagiert. Er kümmerte sich besonders um den Jungen und kaufte ihm sogar einen Vogel als Haustier. Einige Tage später brach Peter seinen Mutismus im Heim, indem er mit dem Vogel interagierte, zu ihm zwitscherte und eine Reaktion erwartete.

Die ersten Sitzungen: Aufbau einer therapeutischen Allianz mit Familien

Die ersten Treffen mit Familien sind von entscheidender Bedeutung, da während dieser Treffen die therapeutische Allianz zwischen dem Familientherapeuten und der Familie zu entstehen beginnt. Die Evidenz aus Meta-Analysen zeigt, dass die therapeutische Allianz ein unverzichtbarer gemeinsamer Faktor für ein gutes therapeutisches Ergebnis ist (Wampold 2015). Dallos und Vetere (2009) schreiben über das, was sie als „therapeutische Einladung" (S. 124) für Familien bezeichnen, in denen Missbrauch vorliegt. Sie argumentieren, dass in solchen Familien die Suche nach Hilfe sehr oft als ambivalente Erfahrung von den Familienmitgliedern erlebt wird, da sie es möglicherweise schwierig finden, den helfenden Fachleuten zu vertrauen. Ihre frühere Erfahrung mit Missbrauch hätte ihnen gelehrt, dass „Menschen, die ihnen Vertrauen bieten sollten, ihnen tatsächlich wehtun" (S. 124). Darüber hinaus weisen McIlwaine und O"Sullivan (2015) darauf hin, dass „Familien einander misstrauen und nicht zuversichtlich sind, dass der andere in der Lage ist, auf hilfreiche Weise zuzuhören und zu reagieren" (S. 314). Eltern kommen möglicherweise nur zur Therapie, weil sie dazu gedrängt wurden oder weil sie am Ende ihrer Weisheit sind und sich in einem Teufelskreis des Missbrauchs gefangen finden.

Es ist wichtig, das Vertrauensvermögen der Familienmitglieder einzuschätzen, wenn man sie kennenlernt. Eltern, die mehr Vertrauen haben, haben möglicherweise ihre Resilienz durch die Unterstützung bedeutender Personen in Momenten entwickelt, in denen sie diese am dringendsten benötigten.

> Mir kommt das Beispiel einer Mutter in den Sinn, deren vorgebrachtes Problem das Fehlverhalten ihres Sohnes war. Sie beschrieb ihren Sohn als „boshaft" und „gemein", als sie mit mir am Telefon sprach. In der allerersten Sitzung stellte ich mich der Familie vor, bestehend aus Vater, Mutter, Tochter und Sohn. Ich erzählte ihnen, dass meine Arbeit darin besteht, das Wohlergehen von Familien zu betreuen, und es würde mir helfen, zu erfahren, wie es ihnen geht. Ich benutzte Skalierungsfragen, um die Qualität ihrer Beziehungen einzuschätzen. Man konnte bereits in der ersten Sitzung feststellen, dass die Mutter eine starke Fähigkeit zur Empathie hatte und es sehr bedauerte, zu entdecken, dass ihr Sohn sich sehr allein, elend und von allen Familienmitgliedern distanziert fühlte.

Die Bedeutung des Aufbaus einer guten therapeutischen Allianz sowohl mit dem/den Kind/ern als auch mit den Eltern kann nicht unterschätzt werden. Bei der Anbietung von kurzfristiger psychodynamischer Psychotherapie für Jugendliche betonen Whitefield und Midgley (2015) die Bedeutung der therapeutischen Allianz. In ihrem Projekt haben Eltern und Kinder unterschiedliche Therapeuten und den Kindern werden mehr Sitzungen angeboten. Allerdings verfolgen nicht alle psychodynamischen Therapeuten diesen Ansatz. Manchmal ist es derselbe Praktiker, der die Eltern und die Kinder sieht. Kinder werden häufiger gesehen als die Eltern und gemeinsame Sitzungen sind nicht so häufig. Diese Arbeitsweisen haben Auswirkungen auf die Art der therapeutischen Allianz, die zwischen dem Therapeuten und dem Kind und den Eltern aufgebaut wird. Whitefield und Midgley weisen darauf hin, dass „es wenig empirische Forschung zur Natur der Elternarbeit selbst gibt und es scheint große Unterschiede zu geben, wie diese Arbeit in der Routinepraxis durchgeführt wird“ (S. 272). Sie zitieren auch Rustins Arbeit über Dialoge mit Eltern. Rustin stellte fest, dass „die Entwicklung der Arbeit mit Eltern die Praktiker in neues Gebiet führte“ (S. 274). Die Arbeit kann manchmal auch die Arbeit mit Paaren und Erwachsenen beinhalten, von denen einige zur Erwachsenenpsychotherapie überwiesen werden. Obwohl dies in der Arbeit nicht erwähnt wird, ist auch die Notwendigkeit von Fallkonferenzen, Treffen und laufender Kommunikation zwischen den verschiedenen Therapeuten unerlässlich.

In Abwesenheit von gewalttätigem und missbräuchlichem Verhalten, oder wenn die Art des Missbrauchs moderat oder gering ist und die Eltern Reue zeigen und ernsthaft bemüht sind, den Missbrauch zu stoppen und an sich selbst zu arbeiten, argumentieren McIlwaine und O“Sullivan (2015), dass „es starke Argumente für die Familienarbeit gibt, um die Stärkung und den Wiederaufbau von Beziehungen zu erleichtern“ (S. 314.). Eltern und Kinder werden oft zusammen, aber auch getrennt gesehen. Sehr oft ist es derselbe systemische Therapeut, der die verschiedenen Familienmitglieder sieht, wenn auch mit Unterstützung des Teams. Dies hat Auswirkungen auf den Aufbau der therapeutischen Allianz. In einem solchen Kontext ist die Positionierung des Therapeuten gegenüber dem Missbrauch entscheidend und sowohl die Erwachsenen als auch die Kinder müssen darauf aufmerksam gemacht werden. Wie Dallos und Vetere (2009) hervorheben, müssen die Eltern als Täter „Verantwortung für Handlungen übernehmen, die verletzen, einschüchtern und Angst machen“ (S. 126).

Sobald eine solche Verantwortung festgestellt ist, muss der Therapeut sehr geschickt darin sein, wie er mit den Kindern und den Eltern umgeht, sich mit beiden einfühlt und ein Gespräch zwischen ihnen erleichtert. Escudero et al. (2012) weisen uns auf die Möglichkeit von gespaltenen Allianzen zwischen Familienmitgliedern gegenüber dem Therapeuten in gemeinsamen Sitzungen hin. Die Autoren präsentieren eine Sitzung, in der eine Ruptur auftrat, als der Therapeut die Mutter zu einer Einzelsitzung einlud, um zu erforschen, wie ihr persönlicher Stress ihre Beziehung zu ihrer Tochter, die in ihrer Anwesenheit als „rebellisch“ beschrieben wird, beeinflussen könnte. Der Therapeut war sehr geschickt darin, eine emotionale Wende herbeizuführen, indem er seine Verbindung zu jedem Familienmitglied verstärkte und hervorhob, was sie beide in ihrer Beziehung anstrebten, und ihnen so half, verbunden zu bleiben.

Der Aufbau einer sicheren therapeutischen Allianz mit den verschiedenen Mitgliedern in der Familie kann sich als eine herausfordernde Aufgabe für Therapeuten im Allgemeinen und insbesondere für systemische Therapeuten erweisen, die ständig klinische Urteile darüber treffen müssen, wann und wie sie während gemeinsamer Sitzungen, in Einzelsitzungen oder in Sitzungen für ein bestimmtes Subsystem (ein elterliches Subsystem zum Beispiel) eingreifen sollen. Kinder müssen darüber informiert werden, dass es manchmal hilfreich sein könnte, das, was sie in der Einzelsitzung tun, mit den Eltern zu teilen. Allerdings wird zuerst ein Gespräch über die Art der Offenlegung zwischen dem Kind und dem Therapeuten stattfinden, und das Kind wird ein Mitspracherecht darüber haben, wie dies kommuniziert wird. Hochkonfliktpaare, die auch nach der Trennung und Scheidung noch im Krieg miteinander sind, aber beide das gemeinsame Sorgerecht haben oder in einigen Fällen beaufsichtigten Zugang haben, können mehr Herausforderungen darstellen (Dowling und Gorell Barnes 1999). Trotz der Tatsache, dass Familientherapeuten in der Regel mit dem gesamten System arbeiten, hindert sie das nicht daran, Familienmitglieder zur Einzel- oder Paarpsychotherapie zu überweisen.

Trotz der Komplexität, die mit der Arbeit mit der gesamten Familie verbunden ist, wird der Fokus auf die relationale Verbindung zwischen den Familienmitgliedern und die Fähigkeit des systemischen Therapeuten, Veränderungen herbeizuführen, indem er Beziehungen konsolidiert und die Bindung zwischen den Familienmitgliedern stärkt, als eine große Stärke angesehen, wenn er mit Eltern und Kindern arbeitet.

Eine empathische Haltung gegenüber Eltern einnehmen

Psychologen, die mit Kindern und ihren Eltern arbeiten, finden die Arbeit mit den Eltern anstrengender als die Arbeit mit den Kindern. Dies liegt daran, dass einige Eltern sich möglicherweise schuldig fühlen, kritisiert oder für das Verhalten ihres Kindes verantwortlich gemacht werden und es schwer finden, sich zu öffnen oder kritisch gegenüber dem Therapeuten sein können (Brown 2008), insbesondere wenn dieser jung ist (Whitefieldz. B.Midgley 2015). Fachleute sind nicht immer empathisch mit den Eltern, wenn sie mit ihnen arbeiten, und sie vergessen oft das generationenübergreifende Erbe des Missbrauchs und die Erfahrungen, die dazu führen, dass Eltern nicht auf ihre Kinder abgestimmt sind. Es ist ein Kampf, dem sich Psychologen/Therapeuten und andere verwandte Fachleute stellen, wenn sie mit Eltern und ihren Kindern arbeiten. Dies gilt insbesondere, wenn Fachleute nicht mit einer systemischen Perspektive ausgebildet sind. Aber auch Fachleute, die mit einer systemischen Perspektive ausgebildet sind, kämpfen darum, mit beiden empathisch zu sein. In diesem Zusammenhang betonen sowohl die WHO als auch die Calouste Gulbenkain Foundation (2014) und das Center on the Developing Child at Harvard University (2016) die Bedeutung des Aufbaus eines qualifizierten Arbeitskräftepools zur Arbeit mit Erwachsenen und Kindern in Schwierigkeiten. Die Selbstregulation des Fachmanns wird als wichtig erachtet (Siehe Kap. 8 über Supervision und Beratung dazu). Die Forschung hat auch gezeigt, dass Supervision für Traumaarbeit den Klinikern hilft, sich mit den Klienten zu identifizieren (Wilson und Lindy 1994). Dies gilt insbesondere, wenn solche Klienten von den Klinikern als unkooperativ oder schwierig empfunden werden.

Mullins (2014) macht den Punkt, dass: „Empathie ist sehr ermächtigend für Klienten, insbesondere für Eltern, die im Kinderschutzsystem involviert sind und sich machtlos, hilflos und unmotiviert fühlen. Ein empathischer Arbeiter hat die Möglichkeit, das Ergebnis einer erfolgreichen Wiedervereinigung zu bestimmen. … Wenn Eltern Empathie von Kinderschutzarbeitern spüren, sind sie möglicherweise eher bereit, Aufgaben zu erfüllen und aktiver am Prozess der Wiedervereinigung mit ihren Kindern teilzunehmen“ (Mullins 2014, S. 250). Sie schreibt über einen Rahmen zur Förderung von Empathie gegenüber Eltern und weist darauf hin, dass „eine der schwierigsten Herausforderungen, denen sich Kinderschutzarbeiter gegenübersehen, die Fähigkeit ist, zu verstehen, was Eltern denken und fühlen, und dieses Verständnis ohne Urteil an die Eltern zu kommunizieren“ (S. 243).

Mullins (2014) und Gerdes und Segal (2009, 2011) betonen auch die Bedeutung von Selbstbewusstsein, Emotionsregulation und Perspektivenübernahme bei der Entwicklung von Empathie durch Fachleute: „Aktives und tiefes Zuhören, Förderung von Zusammenarbeit, Verständnis, Validierung und Unterstützung sind alle wichtige Einstellungen und Verhaltensweisen“ (S. 245). Selbstbewusstsein aufseiten des Therapeuten erfordert persönliche Arbeit. Mullins (2014) und Walsh (2006) argumentieren, dass es für Fachleute viel einfacher ist, sich mit Klienten zu identifizieren, die ihre gleichen Überzeugungen teilen. Wenn dies nicht der Fall ist, müssen Fachleute das Urteil aussetzen und mehr Geduld zeigen.

Ein guter Zuhörer sein, gute Gespräche führen, Mitgefühl zeigen, Bestätigung und Trost bieten

Diese Arbeit ist heikel und komplex und kann sowohl für die Kinder als auch für die Eltern und den Therapeuten sehr belastend sein. Eine Möglichkeit, wie der Therapeut auf die Familienmitglieder eingestimmt bleiben kann, besteht darin, Feedback von ihnen einzuholen. Die Familie zu fragen, was ihnen in der Therapie hilft und was nicht so hilfreich ist, wird von den Familienmitgliedern sehr positiv bewertet, trotz der Tatsache, dass Therapeuten sich der Machtunterschiede bewusst sein müssen, die Familien davon abhalten könnten, völlig ehrlich zu sein, insbesondere wenn das therapeutische Bündnis noch fragil ist. Eine solche Intervention ist eine gute Möglichkeit, eine Zusammenarbeit aufzubauen und das therapeutische Bündnis zu stärken. Wir wissen aus der Forschung in der Psychotherapie, dass die Art und Weise, wie der Therapeut in den ersten Sitzungen mit den Klienten in Verbindung tritt, mit dem späteren Fortschritt verbunden ist (Cramerz. B.Takens 1992). Stratton et al. (2013) schlagen auch vor, dass der klinische Einsatz des SCORE-Instruments zur Beurteilung der frühen Verbesserung in der Therapie für Familien sehr angemessen wäre.

Den Eltern zu helfen zu verstehen, wie ihre eigenen Geschichten von Vernachlässigung und verbalem, physischem oder sogar sexuellem Missbrauch ihr Verhalten gegenüber ihren Kindern prägen, ist keine leichte Aufgabe. Die Erlaubnis der Eltern einzuholen, um diese Geschichten zu bearbeiten, kann von ihnen als sehr respektvoll empfunden werden. In der systemischen Therapie sind Genogramme, die normalerweise in den allerersten Sitzungen begonnen werden, ein hervorragendes Werkzeug, das dazu beitragen würde, ein Gespräch über die

Herkunftsfamilien zu führen. Als Studentin an der Tavistock-Klinik beobachtete eine von uns (Angela) Byng-Hall bei seiner Arbeit als Familientherapeut hinter dem Bildschirm. Er benutzte echte Plüschtiere, die an einer Flanellgrafik haften blieben, wenn er das Genogramm erstellte. Er stellte dann das Genogramm in der Klinik für die Familie auf, jedes Mal wenn sie zur Sitzung kamen. Jedes Mal, wenn neue Familienmitglieder oder Lebensgefährten erwähnt wurden, wurden die Familienmitglieder eingeladen, neue Figuren auszuwählen und sie an den Familienbaum auf die Flanellgrafik zu kleben. Es ist immer hilfreich, das Genogramm zur einfachen Referenz zur Verfügung zu haben, insbesondere da das Genogramm dazu beitragen kann, neue Informationen zu erheben, auch wenn ein Elternteil alleine teilnimmt.

Sehr oft müssen die Eltern selbst betreut werden. Sie beklagen sich häufig über eine niedergeschlagene Stimmung und andere damit verbundene somatische Symptome, wie Migräne, und verbringen keine qualitativ hochwertige Zeit mit ihren Kindern. Sie erwarten, dass ihre Kinder von alleine gedeihen und sich jederzeit benehmen. Der Versuch, sie zu trösten, indem man erforscht, wie sie sich selbst versorgen können, ist ein guter Ausgangspunkt. Unterstützungsnetzwerke durch die Schule oder Kinderbetreuungszentren – wenn nicht durch ihre eigene Familie – in das Genogramm einzubeziehen, kann wirklich hilfreich sein.

Wenn Eltern sich über ihre Kinder beschweren, ist eine gute Einstiegsfrage, um zu den eigenen Geschichten der Eltern über das Elternsein zu gelangen: War es ähnlich oder anders, als Sie jung waren, zu dem, was Sie mir über Ihr Kind erzählen? Viele Eltern reagieren auf diese Frage und sind bereit, mehr über ihre eigenen Geschichten von Verlust und Schmerz nachzudenken. Andererseits könnten einige darauf bestehen, dass sie sehr unterschiedlich von ihren Kindern sind oder dass die Kinder ihrem Vater ähneln, der jetzt ein Ex-Partner ist, jemand, der sehr grausam zu ihnen war. Diese Antworten deuten darauf hin, dass viel Arbeit geleistet werden muss, um die Abstimmung zwischen den Kindern und den Eltern zu verbessern. Einige finden die Aufgabe des Elternseins so anspruchsvoll, dass sie lieber ihre Verantwortung als Eltern abgeben und ihre Kinder stattdessen sie erziehen lassen würden. Sie erwarten, dass ihre Kinder auf ihre schlechte Laune sensibel reagieren und sind zu sehr in sich selbst vertieft, um auf ihre Bedürfnisse zu achten.

Es wird eine Zeit kommen, vielleicht in einem Moment der Krise, in dem einige der verschlosseneren Eltern sich öffnen und uns einen Teil von sich selbst zeigen, den sie verborgen gehalten hatten, um sich vor dem Schmerz und dem Risiko zu schützen, sich jemandem aussetzen zu müssen, den sie als fremd für die Realität empfinden, in der sie aufgewachsen sind. Einer Mutter zu helfen, ihre Emotionen zu regulieren, nachdem sie einen heftigen Wutanfall hatte, als ihr Mann ihre Vergehen während der Therapie aufdeckte, war ein wichtiger Wendepunkt in ihrer Fähigkeit, mir zu vertrauen. Diese Momente werden als Schlüsselmomente in der Therapie angesehen und vieles hängt von unserer Sensibilität und der Qualität unserer Abstimmung mit den Eltern ab.

Um an diesen Punkt zu gelangen, haben viele Eltern bereits unsere Fähigkeit, mit ihnen mitzufühlen und Mitgefühl zu zeigen hinterfragt, nicht nur durch die Art und Weise, wie wir verbal, sondern auch nonverbal reagieren. Neander und Skott

(2006) interviewten Eltern, die mit ihren Kindern zu kämpfen hatten, über Fachleute, die sie als hilfreich empfanden. Die Eltern betonten die nonverbale Kommunikation und erwähnten die Wärme, mit der sie mit ihnen interagierten, das Lächeln und den sanften Tonfall der Fachleute. Unsere Fähigkeit, Mitgefühl zu zeigen, geht über unsere Worte hinaus und kann von unseren Klienten, sogar aus der Art und Weise, wie wir sie ansehen, gelesen werden. Die jüngste Forschung über Spiegelneuronen von Rizzolatti und Craighero (2004) hat bestätigt, was wir bereits auf einer intuitiven Ebene wussten. Es war Winnicott (1958), der zuerst über die Pupillen der Mutter sprach, die als erster Spiegel für ihr Kind fungieren.

Unsere Empathie kann sogar auf einer somatischen Ebene erfahren werden

> Ich erinnere mich an eine alleinerziehende Mutter, die eines Morgens zu mir kam. Sie erzählte eine sehr traumatische Geschichte, wie ihr Sohn fast an einem Stück Schaumstoff ersticken wäre, das aus dem Sofa kam. Der Junge wurde blau und sie erstarrte und konnte sich kaum konzentrieren, um den Arzt zu rufen. Glücklicherweise war sie im Haus ihrer Eltern und ihr Vater half dem Kind, die Atemwege des Kindes von dem Material zu befreien. Die Mutter erzählte mir, dass sie die Handlung ihres Vaters als lebensrettend ansah und dass dies ihr half, ihm teilweise für seinen Missbrauch gegenüber ihr als Kind zu vergeben. Die Menge an Emotionen, die flossen, als diese Mutter diese Geschichte erzählte, ließ mich an diesem Tag stundenlang schwindelig fühlen und ich fühlte mich, als hätte mir jemand mit einem Ziegelstein auf den Kopf geschlagen. Als ich meiner Klientin dies in unserer nächsten Sitzung erzählte, antwortete sie prompt: „Ich sehe, dass Sie verstanden haben, wovon ich gesprochen habe!"

Körperbasierte Sinne sind oft im Kern dessen, worum es bei traumatischen Erfahrungen geht (Van der Kolk 2015), und unsere Fähigkeit, sie in uns selbst und in unseren Klienten zu entschlüsseln, auch wenn sie sie nicht erwähnen, ist eine Form von fortgeschrittener Empathie. Sie können für Eltern sehr therapeutisch sein, die sich oft ermächtigt fühlen und ein neues Identitätsgefühl erlangen, wenn sie einen Teil der Scham und des erstarrten Terrors loslassen, die sie als Kinder im Angesicht von Missbrauch begleitet hatten. Ein solcher Prozess ist nicht immer einfach für Kliniker. Ich konnte spüren, dass ich irgendwie eine sekundäre Traumatisierung erlebt hatte, als ich mit dieser Frau mitfühlte, als ich diese Geschichte zur Supervision mitnahm. Sobald ich anfing, darüber zu sprechen, fühlte ich mich, als würde ich an meinem Speichel ersticken. In Kap. 7 dieses Buches werde ich hervorheben, wie wichtig es ist, dass Therapeuten sekundäre Traumatisierungen während der Supervision verarbeiten.

Berücksichtigung des sozialen Kontexts der Familie

Systemische Praktiker sind auch darauf geschult, den Kontext zu berücksichtigen, in den Familien eingebettet sind, und sind sich der Erfahrungen bewusst, die sie durchmachen. „Eltern, die in das System eingebunden sind, haben möglicherweise eine komplexe Kombination von sozioökonomischen, strukturellen oder persönlichen Barrieren erlebt, wie Armut, Rassismus oder das Fehlen eines elterlichen Vorbilds, die ihr Leben erschwert haben“ (Mullins 2014, S. 249–250).

Das Center on the Developing Child an der Harvard University (2016) betont, dass es wichtig ist, Armut, Gewalt, Rassismus und andere Bedrohungen nicht zu medikalisieren. Sie fordern „wissenschaftlich informierte Innovationen auf der Ebene der Nachbarschaftssysteme und der Politik, einschließlich Investitionen in Wohnraum, Einkommensunterstützung und Berufsausbildung unter anderem Einflussbereichen auf das Wohlergehen von Kindern“ (S. 6).

Ein Mangel an ausreichendem Einkommen und anderen Unterstützungsdiensten ist eine große Stress- und Belastungsquelle für Eltern, die ein Recht auf die angemessenen Ressourcen haben, um entsprechend funktionieren zu können. Dieser rechtsbasierte Ansatz zur Bekämpfung der Armut (Abela und Renoux 2014) ist unerlässlich, wenn Fachleute eine Arbeitsweise annehmen wollen, die sozial gerecht ist, „und damit insgesamt ethische Verantwortung für den sozialen Kontext demonstriert“ (D“Arrigo-Patrick et al. 2016, S. 2).

Sehr oft sind Familien, die in Armut leben, isoliert und sozial ausgegrenzt (Ridge 2009). Therapeuten und andere Mitglieder in einem transdisziplinären Team können das System erweitern und innerhalb der Gemeinschaft Unterstützungsnetzwerke für in Armut lebende Eltern schaffen. Die Zusammenarbeit mit Schulen und anderen Systemen, wie der erweiterten Familie oder der Gemeinde, kann die Unterstützung für Eltern und ihre Kinder maximieren und eine wichtige Verbindungsmöglichkeit bieten.

Methoden zur Entwicklung der Reflexivität der Eltern

Wenn Eltern einen Raum zum Nachdenken haben und nicht täglich unerwarteten Krisen aufgrund der prekären Bedingungen, in denen sie leben, gegenüberstehen müssen, wird dies ihre reflektierende Funktion verbessern. Darüber hinaus befähigt das erhöhte Verständnis und die Validierung, die sie erhalten, sie dazu, proaktiver gegenüber ihren Kindern zu sein.

Brown (2008), eine Bowen-Familien-Systeme-Therapeutin, stellt fest, dass wenig darüber geschrieben wurde, wie Eltern dabei geholfen werden kann, ihren Teil im Familiensystem zu sehen, wenn Probleme auftreten. Dies ist ein sensibles Thema, da viele Eltern es vorziehen würden, dass der Therapeut sich auf die Kinder konzentriert und nicht auf sie selbst. Sie zieht Rückmeldungen heran, die sie von zwei Elternpaaren erhält, über das, was „die Bereitschaft eines Elternteils fördert, ihren eigenen Beitrag zu den zirkulären Beziehungsmustern zu berücksichtigen, in denen Symptome auftreten“ (S. 61). In einer der Familien waren die beiden jugendlichen Töchter gewalttätig zueinander. Einfache Fragen, wie zum Beispiel die Eltern nach ihrer Reaktion auf das, was in der Familie vor sich ging, zu fragen, anstatt sich darauf zu konzentrieren, was die Symptomträger taten, wurden als hilfreich angesehen. Die Fragen waren behilflich dabei, ein größeres Bewusstsein zu entwickeln und halfen den Eltern, über die Auswirkungen ihres Verhaltens nachzudenken (Lesen Sie mehr in Kap. 1 über Geschwistergewalt).

Brown weist darauf hin, dass der Therapeut sehr geschickt in der Art und Weise sein muss, wie die Fragen gestellt werden – um keinen „Eltern die Schuld geben"-Ton anzuschlagen, während gleichzeitig Fragen zu Eltern- und Paarproblemen gestellt werden. Darüber hinaus erklärt sie den Wert des Wartens auf die Mitglieder der Familie, um Erklärungen für das aktuelle Verhalten im Familiensystem zu liefern, anstatt als „Sprachrohr" für eines der Mitglieder zu agieren. In dieser Hinsicht muss sich auch der Therapeut auf das Bewusstsein in der therapeutischen Beziehung konzentrieren und mit den verschiedenen Mitgliedern in Kontakt bleiben, ohne in Allianzen hineingezogen zu werden.

Wie bereits erwähnt, sind Einzelsitzungen mit jedem Elternteil (wenn beide verfügbar sind) manchmal notwendig, da einer der Partner manchmal Kritik und Schuldzuweisungen durch den anderen Partner befürchtet.

> Eine Mutter, die nach einer nahegelegenen Bombenexplosion, durch die ihr Haus zerstört wurde, Familientherapie suchte, war besonders besorgt über das herausfordernde Verhalten ihres jüngeren Sohnes. Sie fand es unmöglich, mit ihm ruhig zu bleiben, und sie hatten häufige Auseinandersetzungen. Gleichzeitig idealisierte sie ihren ältesten Sohn. Eines Tages kam sie alleine am Morgen zu mir, da ihr Mann es nicht schaffte und die Kinder mit ihren Prüfungsvorbereitungen beschäftigt waren. Nachdem sie mir ein kurzes Update darüber gegeben hatte, wie sie in ihrer gemieteten Wohnung zurechtkamen, driftete das Gespräch zu ihrer Kindheit. Wieder einmal beschrieb sie die bevorzugte Behandlung ihres Vaters gegenüber ihren Geschwistern, als sie jung waren, und wie schmerzhaft es für sie war, von ihm nicht validiert zu werden und ihre letztendliche Rebellion. Es brauchte nicht viel Nachbohren, damit diese Frau zwei und zwei zusammenzählte und sich der Resonanz zwischen ihrer schmerzhaften Geschichte mit ihrem Vater und der, die sie mit ihrem Sohn lebte, bewusst wurde.

Eine Fähigkeit zur Bewusstheit und Reflexivität ist eine wichtige Ressource für Eltern, um ihnen zu helfen, eine enge Erfahrung mit ihren Kindern zu entwickeln. Einige Geschichten beinhalten Gespräche über die Erfahrungen, die Eltern während ihrer Kindheit gemacht hätten. Viele systemische Therapeuten machen Gebrauch von der Bindungstheorie, um Sinn in den erzählten Geschichten zu finden. Die Fähigkeit der Eltern, ein kohärentes Narrative (Main et al. 1985) über ihre Erfahrungen mit der Elternschaft zu haben, wird als guter Indikator dafür angesehen, ob die Eltern ihre belastenden Kindheitsgeschichten verarbeitet haben. In Situationen, in denen sich der Elternteil noch verletzlich fühlt und die Arbeit eher therapeutische Arbeit als Elternarbeit ist, betonen Whitefield und Midgley (2015), die aus einer psychoanalytischen Perspektive arbeiten, die Wichtigkeit, „hart daran zu arbeiten, den Elternteil zurückzuziehen, um darüber nachzudenken, wie seine Vergangenheit mit seiner Beziehung zum Kind zusammenhängt" (S. 277). Dies liegt daran, dass, sobald Eltern sich öffnen, diejenigen, die noch sehr roh über ihre eigenen Erfahrungen sind, ihre eigenen Geschichten verarbeiten müssen, um sich um ihre Kinder kümmern zu können. In dieser Hinsicht ist es eine komplexe Aufgabe, sie zu bitten, beides gleichzeitig zu tun, und erfordert Therapeuten, die in der Lage sind, Mitgefühl und Verständnis in ihrer Hinsicht zum Ausdruck zu bringen, während sie die Bedürfnisse des Kindes im Auge behalten. Nur wenn Eltern eine solche Abstimmung fühlen, können sie einen Teil ihres Schmerzes loslassen und Platz in ihrem Kopf finden, um über ihre Kinder nachzudenken.

Einige Eltern benötigen mehr Zeit, um ihr Trauma und ihren Verlust zu verarbeiten. In solchen Momenten ist es sehr therapeutisch, die Klienten zu trösten. Deshalb ist es wichtig, dass Eltern Sitzungen für sich selbst haben, in denen sie sich öffnen können, ohne wegen der Kinder darauf achten zu müssen, was sie sagen. Sobald Eltern ihren Schmerz verarbeiten, indem sie darüber sprechen, in Anwesenheit des Therapeuten, der ihren Schmerz bezeugen kann, mache ich gerne Gebrauch von Interventionen, die Resilienz fördern, wie die von Walsh (2006) vorgeschlagenen. Sie schlägt vor, die beteiligten Personen zu fragen, was sie benötigten, um ihre traumatischen Erfahrungen zu überwinden, und dann weiter zu fragen, wie sie diese Weisheit nutzen könnten, indem sie sie an ihre Kinder weitergeben.

Die Verwendung von Sprache ist sehr wichtig. Metaphern können Eltern helfen, kreativ zu bleiben und neue und konstruktivere Wege zu erfinden, miteinander und mit ihren Kindern umzugehen, wenn diese sich schlecht benehmen. Eine meiner Lieblingsmetaphern ist die Validierung ihrer Bemühungen und das Vergleich mit Pionieren, die mutig danach streben, neue liebevolle Wege des Zusammenlebens zu erfinden. Das Konzept von Byng-Halls (1986) der korrigierenden Skripte für Eltern ist hier sehr relevant.

Arbeiten mit dem Kind während Einzelsitzungen

Emilia Dowling betont die Wichtigkeit, Kindern eine Stimme zu geben (Dowling 1993) in Kontexten, in denen die Eltern möglicherweise nicht den Raum haben, sich um die Bedürfnisse ihrer Kinder zu kümmern und selbst Hilfe benötigen könnten. Kinder, die missbraucht werden, benötigen oft eigene Therapiesitzungen, um eine missbräuchliche Erfahrung überwinden und heilen zu können. Eine Reihe von Studien berichtet, dass Kinder anfangs möglicherweise zögern, eine Therapie in Anspruch zu nehmen (Foster und Hegedorn 2014) und es daher sehr wichtig ist, dass sie sich wohl fühlen und dem Therapeuten vertrauen können. In der systemischen Arbeit werden die ersten Sitzungen oft mit der ganzen Familie abgehalten. Erst in einem zweiten Schritt werden das Kind oder in einigen Fällen die Geschwister zu eigenen Sitzungen eingeladen, die sich oft mit Sitzungen abwechseln, bei denen die Eltern anwesend sind. Das Thema Missbrauch mit einem Therapeuten zu besprechen, ist für Kinder nicht einfach, selbst wenn es eine sehr gute Beziehung zwischen dem Therapeuten und dem Kind gibt. In einer Studie über die Erfahrung von Therapie für Kinder, die sexuell missbraucht wurden, bestätigt dies Isidora (8 Jahre alt): „Wir haben das Thema mit der Psychologin besprochen und es hat mir nicht sehr gut gefallen … aber wir mussten auch darüber sprechen, damit sie mir helfen konnte“ (Capella et al. 2016, S. 11). Obwohl die Kinder zugaben, dass das Reden hilfreich war, spielten sie lieber als nur zu reden.

Während Einzelsitzungen würde ein Junge, den ich früher sah und der körperlich und emotional missbraucht wurde, so tun, als würde er während der Sitzungen mit einem Auto herumfahren und dann einen Unfall haben. Er würde mich dann bitten, einen Krankenwagen zu rufen und ihn ins Krankenhaus zu bringen, wo ich zum Arzt werden und mich um seine Knochenbrüche kümmern müsste. Dann würde er wollen, dass ich ihn verbinde und mich um ihn kümmere. Ich konnte sehen, dass er die ganze Operation sehr tröstlich fand.

Er suchte auch Bestätigung, indem er vorgab, ein berühmter Footballspieler zu sein; um genau zu sein, ein Held. Meine Rolle wäre die eines Kommentators, der seinen Eintritt in die Fußballarena ankündigt und dann seine außergewöhnlichen Tackles und Tore hervorhebt und die Zuschauer zum Applaudieren auffordert. Angesichts des Wunsches seiner Mutter, in der Schule gut abzuschneiden, und seiner schlechten Noten bei Tests, pflegte er mich über seine Ergebnisse in der Schule anzulügen. Ich fühlte mit ihm und seinem Wunsch, in der Schule sehr gut zu sein. Nach meiner Intervention fühlte er nicht mehr das Bedürfnis, so zu tun, als würde er in der Schule gut abschneiden, wenn er es nicht tat.

Obwohl Jugendliche eher über den Missbrauch sprechen als zu spielen, finden sie es immer noch nicht einfach, darüber zu sprechen. Neben dem Unbehagen, das das Sprechen über schwierige Situationen hervorruft, sind Kinder ihren Eltern gegenüber äußerst loyal und finden es sehr schwer, Informationen über den Missbrauch preiszugeben. Ein jugendliches Mädchen verbrachte viel Zeit damit, mit mir über ihre schwierigen Beziehungen zu ihren Altersgenossen zu sprechen, bevor sie mir tatsächlich von der missbräuchlichen Art und Weise erzählte, wie ihre Eltern sie behandelten.

Gemeinsame Arbeit zwischen Eltern und ihren Kindern

Systemische Arbeit legt großen Wert auf gemeinsame Arbeit. Während dieser Sitzungen hat der Therapeut die Möglichkeit, das Kind und den Elternteil oder beide Elternteile (je nachdem, wer das Sorgerecht für das Kind hat) zu treffen, um an der Beziehung zwischen ihnen weiterzuarbeiten. Normalerweise ist dies eine Gelegenheit, bei der die Sorgen, Verletzungen und Schmerzen, die ihre Beziehung betreffen, einschließlich derjenigen, die in ihren jeweiligen Sitzungen aufgetaucht wären, weiter verarbeitet werden.

Diese Sitzungen sind sehr heilsam. Eltern und Kinder haben Gelegenheiten für therapeutische Gespräche, die durch Spieltechniken in Anwesenheit von jemandem, der ihre Emotionen regulieren kann, erleichtert werden können. Dies ist an sich eine Lernerfahrung. Viele Familien haben eine Geschichte, in der sie sehr feindselig miteinander umgehen oder Erfahrungen übergehen, die für Familienmitglieder schmerzhaft sein können. Gespräche in der Klinik können eine Gelegenheit für Eltern und Kinder sein, die Dinge zu verlangsamen und vertraut miteinander zu sprechen. Eltern und Kinder sehnen sich vielleicht danach, ihre Lieben zu brauchen und noch mehr ihnen zuzuhören, sie in zärtlicher und liebevoller Sprache anzusprechen, aber sie sind zu schüchtern, um dies zu tun. In solchen Umständen sind strukturelle Interventionen, wie die von Minuchin vorgeschlagenen (1974), bei denen der Therapeut Familienmitglieder bittet, sich zu umarmen, Hände zu halten oder sich zu entschuldigen, gute emotionale Erfahrungen für Familienmitglieder.

Es ist oft aufschlussreich für Eltern zu sehen, dass Kinder positiv auf zärtliche und warme Interaktionen mit dem Therapeuten reagieren und dass sie in solchen Situationen eher mitmachen. Wenn Eltern sehen, dass die Kinder sich gut verhalten und gut mit dem Familientherapeuten auskommen, sind sie manchmal ungläubig und führen das Verhalten des Kindes darauf zurück, dass das Kind sich noch an den Therapeuten gewöhnt und daher nicht sein wahres Selbst zeigt.

Wenn eine Hypererregung in der Klinik stattfindet oder gemeldet wird, kann es hilfreich sein, sie mit der Familie zu externalisieren, indem man den Zyklus der Erregung abbildet. Die Familie könnte gebeten werden, einen Namen für einen solchen Prozess und das unerwünschte Verhalten der Familienmitglieder zu finden. Diese Distanz kann ihnen helfen, den Prozess besser zu verstehen und zu beschreiben, und gibt ihnen mehr Kontrolle über ihr dysreguliertes Verhalten (White 1988/1989).

Die Verwendung von Fotos kann auch sehr hilfreich sein, wenn man an der Bindungsarbeit arbeitet

> Ein jugendliches Mädchen war am Boden zerstört und fühlte sich sehr von ihren Eltern verlassen, die sie bei der Großmutter zurückgelassen hatten, als sie umzogen und ihre jüngere Schwester mitnahmen. Sie kam mit vierzehn Jahren in das Familienhaus zurück, war aber untröstlich. Sie brach die Schule ab und verbrachte ihren Tag damit, Chicken Nuggets von einem nahegelegenen Imbiss zu essen, mit Geld, das sie ihren Eltern oder aus der Spardose ihrer Schwester stahl. Die bindungsbasierte Arbeit mit Fotos, die die Tochter im Laufe der Jahre mit der Familie, insbesondere der Mutter, verbrachte, half der Mutter und der Tochter, Geschichten ihrer Beziehung zu erzählen und eine gewisse Nähe zu erreichen. Am Ende der Therapie entstand für die Tochter eine viel dichtere Geschichte, die ihr half, die Herausforderungen und Dilemmata zu schätzen, denen ihre Mutter gegenüberstand, als sie versuchte, einen Vollzeitjob zu behalten und sich um ihren Ehemann zu kümmern, der währenddessen mit psychischen Problemen zu kämpfen hatte. Sie entwickelte das Gefühl, dass ihre Mutter sie doch liebte und obwohl sie Phasen der Einsamkeit durchlebte und sich nach der Zuneigung ihrer Mutter sehnte, war sie bereit, zur Schule zurückzukehren.

Gespräche zwischen Eltern und Kindern sind äußerst hilfreich im Heilungsprozess. Kinder müssen Enttäuschung, Verlust und Verlassenheit verstehen, um ihre Emotionen regulieren zu können. Kinder, die sexuellen Missbrauch durch Familienmitglieder (z. B. Stiefvater, Geschwister, Verwandte oder leiblicher Vater) erleben, finden die Unterstützung ihrer Eltern, oder des anderen Elternteils, der wahrscheinlich die Mutter ist, sehr wichtig. Capella et al. (2016) stellten fest, dass ein Mangel an Unterstützung den Erholungsprozess in hohem Maße behinderte, während das Offenlegen der missbräuchlichen Erfahrung und das Erhalten von Unterstützung von Familienmitgliedern einen Wendepunkt im Erholungsprozess markierte. Eine solche Unterstützung muss während der gemeinsamen Sitzungen besprochen werden.

Ein therapeutisches Gespräch auf dieser Ebene ist nie ein einfacher Prozess und ist noch schwieriger, wenn Kinder das Gefühl haben, dass sie rebellieren wollen, anstatt näher zu kommen. Dieser Prozess der Distanzregulierung wird noch komplizierter, da die Eltern selbst noch damit kämpfen, sich auf die emotionalen Zustände ihrer Kinder einzustellen, sodass Eltern und Kinder oft berichten, dass sie im Laufe der Therapie aneinander geraten sind. Gemeinsame Sitzungen können als hervorragende therapeutische Räume betrachtet werden, in denen die Schwierigkeiten in der Beziehung weiter verarbeitet werden können.

Mcllwaine und O"Sullivan (2015) sprechen darüber, Familienmitgliedern zu helfen, ihr Bewusstsein für den Zusammenhang zwischen dem eruptiven Verhalten, das stattfindet, und dem emotionalen Zustand, der der Eruption vorausgeht, zu erhöhen, indem sie ihre körperlichen Reaktionen durch Körperkartierung identifizieren. Sie zitieren das Beispiel einer Mutter (Mary) und ihres Sohnes Jamie (12), die wegen Jamies gewalttätigem Verhalten gegenüber seiner Mutter überwiesen wurden:

> Die Körperkartierung mit Mary und Jamie half Mary zu erkennen, dass sie „sich in der Brust verkrampft und es schwer findet zu atmen", wenn sie durch Jamies Verhalten getriggert wird. Jamie identifizierte seine frühen Warnzeichen, wie sein schneller Herzschlag und ein heißes Gefühl in seinen Händen und Füßen. Durch die Kartierung ihrer Reaktionen mithilfe einer Zeichnung eines Lebkuchenmanns und der Verwendung von Farbe, Form und Textur vertieften Mary und Jamie ihr Bewusstsein für sich selbst und für einander. Jamie konnte diesen Gefühlen Worte geben. Mit wachsendem Einblick und durch die Identifizierung früher Warnzeichen von Stress, Angst und Aufregung, stimmten Mary und Jamie überein, dass sie sich gegenseitig helfen würden, sich zu beruhigen und die Verantwortung für ihre eigenen frühen Warnzeichen zu übernehmen, indem sie das Gespräch stoppten. Während der Sitzungen übten sie, sich einen Ball zuzuwerfen, als eine Möglichkeit, sich selbst und einander zu beruhigen (S. 320).

Dies kann als eine ausgezeichnete Möglichkeit betrachtet werden, bösartige Kreisläufe zu identifizieren und möglicherweise zu durchbrechen. Neben der Regulierung ihrer Emotionen muss jedes Familienmitglied darüber nachdenken, was es tun kann, um die Eskalation zu ändern.

Ich finde auch, dass es hilfreich ist, Eltern und Kindern Feedback zu geben, wenn sie sich während der gemeinsamen Arbeit warm zueinander verhalten. Dies verstärkt das positive Verhalten und validiert die Familienmitglieder, wodurch sie von der Schuld und Scham, die sie tragen, befreit werden. Spontanes Feedback wie: „Es ist schön zu sehen, wie ihr euch umarmt!" erzeugt ein sofortiges Wohlgefühl unter den Familienmitgliedern. Weitere bestätigende Spielaktivitäten beinhalten den Einsatz narrativer Ansätze, wie den, bei dem sich Familienmitglieder vorstellen müssen, dass sie auf einer einsamen Insel stranden würden mit anderen Familienmitgliedern, mit denen sie normalerweise aneinander geraten. Sie müssen dann sagen, warum sie dankbar wären, sie auf der Insel bei sich zu haben.

Wenn eine Trennung von den Eltern notwendig ist

Wenn der Missbrauch schwerwiegend und anhaltend ist, können Kinder nur geschützt werden, indem sie von ihren Eltern getrennt werden. Dies ist ein sehr drastischer Eingriff, der sowohl für das Kind als auch für die Eltern als traumatisch empfunden werden kann, obwohl er als notwendig erachtet werden mag. Unter solchen Umständen kann es für die Kinder weniger traumatisch sein, bei ihren nächsten Verwandten untergebracht zu werden – wenn sie der erweiterten Familie nahe stehen. Ein Erwachsener, der über seine Erfahrungen mit der Unterbringung in einem Heim als Kind aufgrund der schweren psychischen Erkrankung seiner Mutter befragt wurde, rief aus: „… es ist schwierig, ich wünschte, ich wäre gestorben, als ich in der Obhut war…" und dann rief er aus „aber es ist wahr, sie haben mich dort abgeladen. Denn keiner von 3000 Verwandten meiner Eltern, Cousins und Onkel und Tanten, kümmerte sich um mich und meine Schwester! … Es stimmt, ich war damals frech, aber … es ist schwer zu akzeptieren!" (Galea 2009, S. 67).

Selbst in Kontexten, in denen die Art des Missbrauchs so schwerwiegend ist, dass sie die Trennung des Kindes von den Eltern rechtfertigt, bleibt die Wiederherstellung der Eltern-Kind-Beziehung ein ideales Ziel in der Therapie. Die Wichtigkeit, keine strafende Haltung gegenüber den Eltern einzunehmen und ihnen zu helfen, die Situation unter Kontrolle zu bekommen, kann Wunder wirken. Mullins (2014) gibt ein sehr gutes Beispiel dafür, wie Sozialarbeiter mit Eltern interagieren können, wenn diese aufgrund der Trennung von ihren Kindern in Not sind: „Sie haben recht, das ist eine schwierige Situation. Lassen Sie uns daran arbeiten, sie wieder bei Ihnen zu haben" (S. 247).

Die Annahme eines familienzentrierten Ansatzes, wenn Kinder in außerhäuslicher Pflege sind, würde bedeuten, mit einem größeren Team von Fachleuten zu arbeiten, wie ich weiter oben angegeben habe, einschließlich Pflegeeltern, die als Teil des professionellen Teams angesehen werden und gleichzeitig kontinuierliche Unterstützung bei der Unterbringung benötigen.

Wie helfen wir Familien, sich zu heilen und zu reparieren und vom Nachdenken zum Handeln überzugehen?

Trotz ihrer besten Bemühungen und ihrer regelmäßigen Teilnahme an der Therapie, finden es Eltern vielleicht immer noch schwierig, ein Kind zu beruhigen. Im Angesicht von Fehlverhalten wird ihr Affekt auf eine nicht sehr hilfreiche Weise erregt. Eltern beginnen oft, sich gegenseitig zu kritisieren und sich gegenseitig herunterzumachen, weil sie nicht in der Lage sind, das gewünschte Verhalten von ihrem Kind hervorzurufen. Sie greifen das Kind auch verbal an und versuchen, körperliche Bestrafung zu vermeiden, wegen des Versprechens, das sie gemacht hätten, den Missbrauch zu stoppen. Diese Vorfälle erinnern uns daran, dass diese Arbeit Geduld und Ausdauer erfordert und wie wichtig es ist, den erzielten Fortschritt trotz der Rückschläge im Auge zu behalten.

Diese Geschichten, die von Eltern während der Therapie erzählt werden, geben uns weiterhin die Möglichkeit, mit ihnen darüber zu sprechen, was ihnen helfen würde, ihr Verhalten zu regulieren, wenn etwas schief geht. Kinder und Eltern kommen immer mit kleinen Ideen, die helfen. Normalerweise ist das beruhigende Verhalten, das sie sich ausdenken, nicht relational, sondern beruht auf ihren eigenen einsamen Bemühungen, wie das Rauchen einer Zigarette, das Spazierengehen oder das Spielen mit der Katze. Wenn die Eltern alleine sind, entweder als Paar oder individuell, wäre es hilfreich, sie nach den Mustern des Trostes zu fragen, die ihnen als Kindern geholfen haben, wenn sie sich aufgeregt oder in Not fühlten. Einige erinnern sich vielleicht an glückliche Momente, in denen ihre Eltern ihnen zuhörten, mit ihnen spielten oder ihnen erlaubten, gemeinsam in der Küche zu arbeiten, oder ihnen eine Umarmung oder einen Kuss gaben. Diese sind kostbare Erinnerungen, die ihre Empathie gegenüber ihrem Kind und einander verstärken können, wenn die Eltern gemeinsam zur Therapie kommen. Wenn diese Erinnerungen nicht aufkommen, ist es sehr therapeutisch, mit ihnen das Verhalten zu erforschen, das sie gerne von ihren Eltern in Momenten der Not erhalten hätten (Hughes 2007).

Gleichzeitig ist es wichtig, dass der Therapeut positive Veränderungen hervorhebt. Familien freuen sich, wenn sie für das, was sie gut machen, anerkannt werden.

> Während der Sitzung nimmt eine Mutter einen Anruf von ihrem Handy entgegen, weil ihr Sohn anruft. Der Junge beginnt sich zu beschweren, weil er nicht bei der Babysitterin bleiben will, aber die Mutter bleibt ruhig und erklärt, dass sie einen Termin hat. Sie beendet das Gespräch, indem sie ihm sagt, dass sie ihn liebt.

Diese Art von Interaktion unterscheidet sich sehr von der Art und Weise, wie die Mutter und der Sohn in den ersten Sitzungen interagiert haben, und muss validiert werden. In Momenten, in denen die Beziehung zwischen Eltern und Kindern nicht gut läuft, hilft es auch, sie an die guten Momente zu erinnern

> Erinnern Sie sich, wie glücklich und zufrieden Ihr Sohn war, als er von der Sitzung herunterkam; er umarmte Sie und sagte Ihnen „Ich liebe dich"!

Diese Form des Coachings kann für Familien, die stark benachteiligt sind, notwendig sein. Van der Kolk (2015) stellt fest, dass sie im Trauma Centre in Brookline in Massachusetts (trauma.center.org), wo er arbeitet, Programme entwickelt haben, um Eltern in Verbindung und Abstimmung zu coachen.

Hilfe für erwachsene Überlebende von Missbrauch

Viele Kinder, die Missbrauch erleiden, suchen nie Hilfe oder tun dies erst, wenn sie erwachsen sind. Rutter (1999) stellte fest, dass nicht alle Kinder auf dieselbe Weise von Widrigkeiten betroffen sind und mehr als die Hälfte der Kinder an keiner bestimmten Störung leidet, unabhängig vom involvierten Risiko. Andere schienen in der Lage zu sein, die missbräuchlichen Erfahrungen zu unterdrücken und relativ gut in ihrem Alltag zurechtzukommen, bis etwas passiert, das als Auslöser wirkt und das Abwehrsystem der Person zusammenbricht (Van der Kolk 2015), während andere stärker betroffen sind. Herman, Perry und Van der Kolk (1989) berichten, dass 81 % der Patienten, die in einem psychiatrischen Krankenhaus in den Vereinigten Staaten mit einer Borderline-Persönlichkeitsstörung diagnostiziert wurden, schwer missbraucht oder vernachlässigt wurden. Die meisten dieser Kinder hatten diese Erfahrung vor dem Alter von 7 Jahren gemacht. Er stellt auch fest, dass diese Studien von anderen repliziert wurden (siehe van der Kolk (2015, S. 140).

Im Falle von sexuellem Missbrauch sind viele Klienten in der Regel Frauen, die als Kinder in ihren eigenen Häusern missbraucht wurden. Angesichts des Tabus um Inzest ist es für diese Frauen nicht einfach, über eine Erfahrung zu sprechen, die normalerweise im Geheimen stattfindet und bei der kaum Worte ausgetauscht werden. Elsa Jones" (1992) reicher Bericht über ihre Arbeit mit erwachsenen Überlebenden von Kindesmissbrauch und sogar körperlichem Missbrauch ist ein ausgezeichneter Bezugspunkt bei der Arbeit in diesem Bereich. Ihre Fähigkeit, eine feministische, systemische Perspektive der persönlichen Missbrauchserfahrung des Klienten zu verweben, ermöglicht es, den größeren familiären und gesellschaftlichen Kontext zu berücksichtigen, wenn man den Klienten hilft, ihre traumatische Erfahrung zu verstehen. In ihrer Arbeit schafft sie ein Bewusstsein für Machtmissbrauch meistens von Männern gegenüber Frauen und gegenüber Kindern unabhängig vom Geschlecht.

Einen sicheren und haltgebenden Ort schaffen

Die Offenlegung des Missbrauchs ist ein wichtiger Schritt zur Genesung (Anderson und Hiersteiner 2008) und daher ist es sehr wichtig, „einen sicheren und haltgebenden Raum zu schaffen, in dem das Undenkbare und das Unaussprechliche ausgedrückt werden kann" (Jones 1992, S. 8). Ich möchte gerne glauben, dass meine bescheidene Klinik, ein kleines altes umgebautes Haus mit honigfarbenen Kalksteinwänden, das sehr nahe am Dorfkern liegt, eine einladende Umgebung für meine Klienten bieten kann; dennoch ist die Umgebung nur ein Detail, und Echtheit, Empathie und positive Wertschätzung – wie von Rogers (1977) vertreten – sind entscheidend für den Aufbau der Beziehung zwischen Klient und Therapeut.

Jones" (1992) nicht-expertischer Ansatz bei der Arbeit mit erwachsenen Überlebenden respektiert die Klienten, die zu jeder Zeit in ihrer therapeutischen Erfahrung die Kontrolle über ihre Geschichte behalten. Ihr Glaube an die Widerstandsfähigkeit und Ressourcen ihrer Klienten schafft ein Gefühl der Sicherheit für sie. Aus meiner Erfahrung sind Klienten eher bereit, sich zu öffnen, wenn der Therapeut ihnen signalisiert, dass sie nicht verpflichtet sind, jedes einzelne Detail ihrer Geschichte preiszugeben, sondern nur das, was sie für relevant und angemessen halten, zu erzählen.

> Eine meiner ersten Klientinnen wurde mir von einem Orthopäden geschickt. Sie hatte sich an diesen gewandt, weil sie massive Schmerzen in ihrem ganzen Körper verspürte. Als sie in meine Klinik kam, sah sie sehr ängstlich aus und vermied den Augenkontakt mit mir. Sie erzählte mir, dass sie bereits seit mehreren Jahren einen Psychiater aufsuchte wegen ihrer unkontrollierbaren Angst. Sie sprach sehr wenig und ehrlich gesagt, hatte ich nicht viel Hoffnung, dass ich ihr helfen könnte. Wir schrieben zusammen einen Brief an ihren Psychiater, um ihn darüber zu informieren, dass sie anfangen würde, mich zu sehen. Dann passierte etwas Außergewöhnliches. Sie begann, mir handschriftliche Briefe zu schreiben, in denen sie schreckliche Episoden ihres sexuellen Missbrauchs durch mehrere Täter offenbarte. Ich las die Briefe während der Sitzung mit ihrer Erlaubnis. Sie fand allmählich eine Stimme und konnte über das Geschehene sprechen und es ausführen. Ihre Fähigkeit, sich von Widrigkeiten zu erholen, war eine echte Lektion über Widerstandsfähigkeit.

Bessel van der Kolk (2015) weist darauf hin, wie wichtig es ist, das Schweigen über Missbrauch zu brechen. In seinem Buch gesteht er, dass

> Solange ich keinen Ort hatte, an dem ich mir selbst bewusst machen konnte, wie es war, als mein Vater mich wegen verschiedener Vergehen eines Dreijährigen im Keller unseres Hauses einsperrte, war ich chronisch mit dem Gefühl der Verbannung und Verlassenheit beschäftigt. Erst als ich darüber sprechen konnte, wie sich dieser kleine Junge fühlte, erst als ich mir selbst vergeben konnte, dass ich so ängstlich und unterwürfig war, wie er es war, begann ich, die Freude an meiner eigenen Gesellschaft zu genießen (S. 233).

Verarbeitung von Gefühlen der Einschüchterung, Stigmatisierung, Isolation, Hilflosigkeit und Selbstvorwürfen und Wut im familiären Kontext

Klienten, die als Kinder sexuellen und/oder körperlichen Missbrauch erlebt haben, durchleben während des Missbrauchs selbst, aber auch danach, eine Achterbahn der Gefühle. Der Gedanke an Schuld verfolgt viele Klienten (Jones 1992), insbesondere diejenigen, die in inzestuösen Beziehungen gefangen sind. Viele suchen Bestätigung und wollen hören, dass sie nicht für den Missbrauch verantwortlich sind. Ihre Geschichte wird oft durch ein Gefühl von Schuld und Scham gegenüber ihrer Mutter kompliziert, die als ihre Beschützerin erwartet wird. Andere fühlen sich vielleicht wütend, weil sie nicht von ihrer Mutter geglaubt und geschützt wurden und möchten den Therapieraum nutzen, um die Erfahrung zu verstehen und Sinn daraus zu machen.

Neue Bedeutung für den Missbrauch geben

Das Verständnis des familiären Kontexts kann eine neue Bedeutung für das eigene Trauma bringen. Klienten können sogar Mitgefühl für ihren Missbraucher entwickeln, während andere sich vielleicht anders zu denen positionieren möchten, die sie aufgezogen haben.

Eine meiner Klientinnen brachte ihren Vater zur Therapie, um ihm vor mir zu sagen, wie sehr der Missbrauch sie beeinflusst hatte. Sie überlegte lange Zeit, ob sie ihrer Mutter erzählen sollte, was tatsächlich passiert war. Sie stellte sich vor, dass ihre Mutter ihren Vater verlassen würde, wenn sie es wüsste. Am Ende entschied sie sich, es ihr nicht zu erzählen, aus Angst, dass ihre Mutter zusammenbrechen könnte, wenn sie die schockierende Nachricht hört. Trotzdem wurde diese Frau mit der Zeit respektvoller gegenüber sich selbst und obwohl sie ihre Kinder nach dem Scheitern der Beziehung zu ihrem Vater alleine aufzog, behielt sie einen Job, bekam immer mehr Verantwortung bei der Arbeit und hatte einen kleinen Freundeskreis, der sie liebte. Sie hielt auch sehr engen Kontakt zu ihrer Mutter und konnte die guten Seiten ihres Vaters sehen, obwohl sie keine Zuneigung zu ihm empfand.

Arbeit mit Überlebenden im Kontext ihrer Paarbeziehungen

Sue Johnson (1989) war eine der ersten, die vorschlug, dass Paartherapie über die Einzeltherapie hinaus für erwachsene Überlebende von Missbrauch notwendig ist, insbesondere für diejenigen, die im Kontext einer Paarbeziehung leben. Ihre Arbeitsweise (Johnson 2002), die darauf abzielt, Bindungsbande zu stärken und auch auf Traumaforschung zurückgreift, kann als Behandlung der Wahl für Paare angesehen werden, bei denen einer oder beide Traumaüberlebende sind.

Dies liegt daran, dass die Qualität der Beziehung zum Partner ein wichtiger Bestimmungsfaktor für das Wohlbefinden ist. Ford und Courtois (2013) erklären, wie Überlebende manchmal Partner wählen, die unreif, bedürftig oder geradezu missbräuchlich sind und ihren Tätern sehr ähnlich sind. Andere wählen möglicherweise Partner, die zuverlässiger und treuer sind, aber emotional nicht verfügbar sind und ihnen keinen Trost bieten oder in Momenten der Not emotional engagiert bleiben können. Diese Arten von Paar-Passungen schaffen eine Sackgasse, die es Paaren sehr schwer macht, ihre Lebensgeschichte neu zu bearbeiten und eine bessere Version ihrer Existenz zu schaffen.

Während Paartherapie für Paare, bei denen häusliche Gewalt vorliegt, kontraindiziert ist, kann sie für diejenigen, bei denen dies nicht der Fall ist, sehr vorteilhaft sein, da sie ihnen hilft zu verstehen, wie die Traumata, die sie in ihrem Leben durchgemacht haben, sie sowohl als Individuen als auch als Paar beeinflusst haben, und ihnen helfen kann, gemeinsam als Paar eine sichere Bindung zwischen ihnen zu entwickeln. Auf der anderen Seite können widerstandsfähige Überlebende, die sichere Partner wählen, ihr Selbstwertgefühl durch die Beziehung enorm verbessern und einen „verdienten sicheren“ Bindungsstil entwickeln. Einige Überlebende finden jedoch möglicherweise, dass es zu überwältigend ist, sich auf eine gesunde Beziehung einzulassen, und laufen davor weg. In dieser Hinsicht könnten sie auch Paartherapie benötigen, um zu lernen, wie sie solche Beziehungen eingehen können.

Angesichts des Umfangs dieses Kapitels wird es nicht viele Details über den Verlauf der Therapie geben. Ein ganzes Kapitel in diesem Buch (Kap. 5) ist der Paararbeit gewidmet, nachdem die Gewalt zwischen den Partnern aufhört. Auch diese Paare sind Traumaüberlebende und haben möglicherweise in der Vergangenheit andere Traumata durchgemacht, einschließlich sexuellen und/oder körperlichen Missbrauchs oder Vernachlässigung. In letzterem Fall werden Paare (ohne Druck) dazu ermutigt, mehr über die Erfahrung zu erzählen, insbesondere über die, die sie aus Angst vor Stigmatisierung geheim gehalten hätten. Diese geteilten Geschichten werden ihnen bewusst machen, dass sie im selben Boot sitzen und werden gegenseitiges Mitgefühl und Verständnis fördern. Mithilfe des Therapeuten werden Paare dazu angeleitet, Hypererregung und Mauern als „posttraumatische Wiederholungen traumatischer Ereignisse in der Beziehung" (Ford und Courtois 2013, S. 217) und als Schrei nach Liebe und Aufmerksamkeit zu entschlüsseln. Die Regulierung von Affekten ist grundlegend bei der Arbeit mit dieser Klientenpopulation, da es schwierig wäre, weitere therapeutische Arbeit zu leisten, wenn Paare nicht in der Lage sind, sich selbst und einander zu beruhigen und gegenseitiges mitfühlendes Verständnis zu zeigen. Aus meiner Erfahrung kann dies eine ziemlich herausfordernde Aufgabe für den Therapeuten sein, insbesondere weil Paare nicht immer synchron in Bezug auf ihre Bereitschaft sind, der therapeutischen Erfahrung zu vertrauen und sich zu öffnen. Ob die andere Person in der Paarbeziehung sich öffnen wird, hängt wahrscheinlich von der Sicherheit der therapeutischen Umgebung, der Fähigkeit des Therapeuten zur Abstimmung und ihrer Fähigkeit, so geschickt wie möglich einzugreifen, ab.

Schlussfolgerung

Es erfordert enormen Mut für Eltern, Kinder und erwachsene Überlebende, sich über ihr Trauma zu öffnen und eine therapeutische Allianz mit dem Therapeuten auf einer Reise einzugehen, die Erleichterung und Beziehungen zu geliebten Menschen verspricht, die sicher, warm, liebevoll und unterstützend sind. Der Therapeut muss gut vorbereitet sein, um Familien auf dieser herausfordernden Reise zu begleiten, angesichts des generationenübergreifenden Erbes von Traumata und der Notwendigkeit, mit verschiedenen Familienmitgliedern im Prozess zu arbeiten. Wir glauben, dass die Bindungstheorie, die Traumatheorie und die Systemtheorie einen reichen theoretischen Rahmen bieten, der Therapeuten am besten über die Bewegungen der Familienmitglieder informiert. Diese theoretischen Rahmenbedingungen in hilfreiche therapeutische Techniken und Arbeitsweisen zu übersetzen, erfordert spezialisierte Ausbildung und viele Fähigkeiten, savoir faire und Supervision. Es reicht nicht aus, dass Familienmitglieder ihre Geschichten rund um das Trauma erzählen. Familienmitglieder müssen mit dem Schmerz und dem Schaden fertig werden, neue Bedeutung und Position gewinnen und sich selbst anders sehen, während sie den Weg zur Genesung gehen. Natürlich ist die Integration solcher Erfahrungen ein fortlaufender Prozess und setzt sich nach dem Ende der Therapie fort. Die Person des Therapeuten, ihre Fähigkeit zur Abstimmung mit den verschiedenen Familienmitgliedern und ihre Fähigkeit zur Selbstwahrnehmung sind sehr wichtige Bestandteile der therapeutischen Erfahrung. Sehr oft werden gute Therapeuten zu wichtigen Bindungsfiguren, an die Familienmitglieder weiterhin denken und mit denen sie lange nach dem Ende der Therapie Gespräche in ihren Köpfen führen. Die Arbeit in einem Team und in voller Zusammenarbeit mit der Familie ist eine weitere wichtige Voraussetzung. Die Arbeit erfordert einfallsreiche Fachleute mit einem mitfühlenden Herzen, die sich gegenseitig unterstützen können und die Geduld haben, auch dann durchzuhalten, wenn der Fortschritt verlangsamt oder scheinbar zum Stillstand kommt. Wenn die Familienmitglieder ihren Mut zusammennehmen und zu uns für die nächste Sitzung kommen, werden sie erleichtert sein, uns dort mit erneutem Interesse an der Fortsetzung unseres Gesprächs mit ihnen zu finden, in der Hoffnung, dass sie eine bessere Regulierung ihrer Emotionen und ein Gefühl von Würde und Selbstwert wiedererlangen können.

Literatur

Abela, A., Farrugia, R., Galea, M., & Schembri, D. (2012). The relationship between parents and their adolescent children with special reference to consensual and contentious separations. *International Journal of the Jurisprudence of the Family, 3*, 111.

Abela, A., & Renoux, M. C. (2014). Families living on the margin in affluent societies. In A. Abela & J. Walker (Eds.), *Contemporary issues in family studies: Global perspectives on partnerships, parenting and support in a changing world* (pp. 302–316). London: Wiley Blackwell.

Anderson, K. M., & Hiersteiner, C. (2008). Recovering from childhood sexual abuse: Is a „Storybook Ending" possible? *The American Journal of Family Therapy, 36*(5), 413–434. doi:10.1080/01926180701804592.

Bentovim, A. (1992). *Trauma-organised systems: Physical and sexual abuse in families*. London: Karnac Books.

Bowlby, J. (2008). *A secure base: Parent–child attachment and healthy human development*. New York: Basic Books.

Briere, J. N. (1992). *Child abuse trauma: Theory and treatment of the lasting effects*. CA, US: Sage Publications Inc.

Brown, J. (2008). We don't need your help, but will you please fix our children. *Australian and New Zealand Journal of Family Therapy, 29*(2), 61–69. doi:10.1375/anft.29.2.61.

Byng-Hall, J. (1986). Family scripts: A concept which can bridge child psychotherapy and family therapy thinking. *Journal of Child Psychotherapy, 12*(1), 3–13. doi:10.1080/00754178608254780.

Capella, C., Lama, X., Rodriguez, L., Aguila, D., Beiza, G., Dussert, D., et al. (2016). Winning a race: Narratives of healing and psychotherapy in children and adolescents who have been sexually abused. *Journal of Child Sexual Abuse, 25*(1), 73–92. doi:10.1081/10538712.2015.1088915.

Center on the Developing Child at Harvard University (2016). *From best practices to breakthrough impacts: A science-based approach to building a more promising future for young children and families*. Retrieved from: http://www.developingchild.harvard.edu.

Conger, K. J., Rueter, M. A., & Conger, R. D. (2000). The role of economic pressure in the lives of parents and their adolescents: The family stress model. In L. Crockett & R. Silbereisen (Eds.), *Negotiating adolescence in times of social change* (pp. 201–223). UK: Cambridge University Press.

Copeland, W. E., Keeler, G., Angold, A., & Costello, E. G. (2007). Traumatic events and post-traumatic stress in childhood. *Archives of General Psychiatry, 64*(5), 577–584. doi:10.1001/archpsyc.64.5.577.

Cramer, D., &Takens, R. J. (1992). Therapeutic relationship and progress in the first six sessions of individual psychotherapy: A panel analysis. *Counselling Psychology Quarterly, (5)*1, 25–36. doi:10.1080/09515079208254447.

Dallos, R., & Vetere, A. (2009). *Systemic therapy and attachment narratives: Applications in a range of clinical settings*. London, New York, USA: Routledge.

D'Arrigo-Patrick, J. P., Hoff, C., Knudson-Martin, C., & Tuttle, A. (2016). Navigating critical theory and postmodernism: Social justice and therapist power in family therapy. *Family Process*. doi:10.1111/famp.122236.

Dowling, E. (1993). Are family therapists listening to the young? A psychological perspective. *Journal of Family Therapy, 15*(4), 403–411. doi:10.1111/j.1467-6427.1993.00768.x.

Dowling, E., & Gorell Barnes, G. (1999). *Working with children and parents through separation and divorce: The changing lives of children*. UK: Palgrave Macmillan.

Dowling, E., & Osborne, E. (2003). *The family and the school: A joint systems approach to problems with children* (2nd ed.). Eastbourne, UK: Routledge.

Escudero, V., Boogmans, E., Loots, G., & Friedlander, M. L. (2012). Alliance rupture and repair in conjoint family therapy: An exploratory study. *Psychotherapy, 49*(1), 26–37. doi:10.1037/a0026747.

Ford, J. D., & Courtois, C. A. (Eds.). (2013). *Treating complex traumatic stress disorders in children and adolescents: Scientific foundations and therapeutic models*. NY, USA: Guilford Press.

Foster, J. M., & Hagedorn, W. B. (2014). Through the eyes of the wounded: A narrative analysis of children's sexual abuse experiences and recovery process. *Journal of child sexual abuse, 23*(5), 538–557. doi:10.1080/10538712.2014.918072.

Galea, M. (2009). *The experience of growing up with a parent who has a mental health problem: A retrospective account* Unpublished master's dissertation, University of Malta, Malta.

Gerdes, K. E., & Segal, E. A. (2009). A social work model of empathy. *Advances in Social Work, 10*(2), 114–127.

Gerdes, K. E., & Segal, E. (2011). Importance of empathy for social work practice: Integrating new science. *Social Work, 56*(2), 141–148. doi:10.1093/sw/56.2.141.

Herman, J. L., Perry, J. C., & Van der Kolk, B. A. (1989). Childhood trauma in borderline personality disorder. *American Journal of Psychiatry, 146*(4), 490–495.

Herzog, E. P., Gara, M. A., & Rosenberg, S. (1992). The abused child as parent: Perception of self and other. *Infant Mental Health Journal, 13*(1), 83–98. doi:10.1002/1097-0355(199221)13:1<83:AID-IMHJ2280130111>3.0.CO;2-6.

Hughes, D. (2007). *Attachment focused family therapy*. New York, USA: W.W. Norton & Company.

Johnson, S. M. (1989). Integrating marital and individual therapy for incest survivors: A case study. *Psychotherapy: Theory, Research, Practice, Training, 26*(1), 96–103. doi:10.1037/h0085411.

Johnson, S. M. (2002). *Emotionally focused couple therapy with trauma survivors: Strengthening attachment bonds*. New York, USA: Guilford Press.

Jones, E. (1992). *Working with adult survivors of child sexual abuse*. London, UK: Karnak Books.

Lyons-Ruth, K. (1996). Attachment relationships among children with aggressive behavior problems: The role of disorganized early attachment patterns. *Journal of Consulting and Clinical Psychology, 64*(1), 64–73. doi:10.1037/0022-006X.64.1.64.

Lyons-Ruth, K., & Block, D. (1996). The disturbed caregiving system: Relations among childhood trauma, maternal caregiving, and infant affect and attachment. *Infant Mental Health Journal, 17*(3), 257–275. doi:10.1002/(SICI)1097-0355(199623)17:3<257:AID-IMHJ5>3.0.CO;2-L.

Main, M., Kaplan, N., & Cassidy, J. (1985). Security in infancy, childhood and adulthood: A move to the level of representations. *Monographs of the Society for Research in Child Development, 50*(1–2), 66–104. doi:10.2307/3333827.

Masten, A. S. (2014). *Ordinary magic New York*. USA: Guilford Press.

Mcllwaine, F., & O'Sullivan, K. (2015). 'Riding the wave': Working systemically with traumatised families. *Australian & New Zealand Journal of Family Therapy, 36*(3), 310–324. doi:10.1002/anzf.1114.

Minuchin, S. (1974). *Families and family therapy*. Oxford, England: Harvard University Press.

Mullins, J. (2014). A framework for cultivating and increasing child welfare workers' empathy towards parents. *Journal of Social Service Research, 37*(3), 242–253.

Neander, K., & Skott, C. (2006). Important meetings with important persons: Narratives from families facing adversity and their key figures. *Qualitative Social Work, 5*(3), 295–311. doi:10.1177/1473325006067357.

Rogers, C. (1977). *On personal power: Inner strength and its revolutionary impact*. NY, USA: Delacorte Press.

Ridge, T. (2009) *Living with poverty. A review of the Literature on children's and families' experiences of poverty* (Research Report no. 594). London: Department for Work and Pensions.

Rizzolatti, G., & Craighero, L. (2004). The mirror-neuron system. *Annual Review of Neuroscience, 27*, 169–192. doi:10.1146/annurev.neuro.27.070203.144230.

Rutter, M. (1999). Resilience concepts and findings: Implications for family therapy. *Journal of Family Therapy, 21*(2), 119–144. doi:10.1111/1467-6427.00108.

Sethi, D., Bellis, M., Hughes, K., Gilbert, R., Mitis, F., & Galea, G. (Eds.) (2013). *European report on preventing child maltreatment*. Copenhagen, Denmark: WHO Regional Office for Europe. Retrieved from: http://www.euro.who.int/en/publications/abstracts/european-report-on-preventing-child-maltreatment-2013.

Stratton, P., Lask, J., Bland, J., Nowotny, E., Evans, C., Singh, R., et al. (2013). Detecting early improvement in therapy: Validation of the SCORE-15 index of family functioning and change. *Journal of Family Therapy, 36*(1), 3–19. doi:10.1111/1467-6427.12022.

Van der Kolk, B. (2015). *The body keeps the score: Brain, mind, and body in the healing of trauma*. Great Britain: Penguin Books.

Van der Kolk, B. A., Pynoos, R. S., Cicchetti, D., Cloitre, M., D'Andrea, W., Ford, J. D., Lieberman, A. F.,... Teicher, M. (2009). *Proposal to include a developmental trauma disorder diagnosis for children and adolescents in DSM-V.*

Van Ijzendoorm, M. H., Schuengel, C., & Bakermans-Kranenburg, M. J. (1999). Disorganised attachment in early childhood: Meta-analysis of precursors, concomitants and sequalae. *Development and Psychopathology, 11*(2), 225–250.

Walsh, F. (2006). *Strengthening family resilience* (2nd ed.). New York, US: Guilford Press.

Wilson, J. P., & Lindy, J. D. (1994). Empathic strain and countertransference. In J. P. Wilson & J. D. Lindy (Eds.), *Countertransference in the treatment of PTSD* (pp. 5–30). New York, US: Guilford Press.

Wampold, B. E. (2015). How important are the common factors in psychotherapy? An update. *World Psychiatry, 14*(3), 270–277. doi:10.1002/wps.20238.

White, M. (1988/1989). *The externalization of the problem and the re-authoring of lives and relationships*. Dulwich Centre Newsletter, Summer.

Winnicott, D. W. (1958). *Collected papers: Through paediatrics to psycho-analysis*. New York: Basic Books.

Whitefield, C., & Midgley, N. (2015). 'And when you were a child?': How therapists working with parents alongside individual child psychotherapy bring the past into their work. *Journal of Child Psychotherapy, 41*(3), 272–292. doi:10.1080/0075417X.2015.1092678.

World Health Organisation & the Calouste Gulbenkian Foundation. (2014). *Social determinants of mental health* (NLM classification: WM 101). Geneva: World Health Organisation. Retrieved from: http://www.who.int/mental_health/publications/gulbenkian_paper_social_determinants_of_mental_health/en/.

Kapitel 7
Arbeiten im Territorium: Therapeutenerfahrungen mit gewalttätigem Verhalten in Paaren und Familien

Einführung

> „Auf dass wir nicht vergessen, dass es der Therapeut ist, der die Psychotherapie und andere helfende Berufe wirksam macht. Anhäufende Forschung zeigt, dass in der Praxis, sowie in klinischen Studien, ein Großteil der Variabilität in den Ergebnissen dem Therapeuten zuzuschreiben ist, unabhängig von der durchgeführten Behandlung." Wampold (2011, S. 1)

Das obige Zitat von Bruce Wampold erinnert uns an die Bedeutung des Therapeuten und der therapeutischen Beziehung, um die Ressourcen des Klienten für Veränderungen und die Aufrechterhaltung von Veränderungen zu verwirklichen. Zum Zeitpunkt des Schreibens dieses Kapitels stehen viele gesetzliche Gesundheits- und Sozialdienste vor tiefen wirtschaftlichen Kürzungen bei Ressourcen und Personal. Die organisatorischen Kontexte unserer Praxis verändern und reorganisieren sich ständig, mit daraus resultierenden Bedrohungen für die Arbeitsmoral der Mitarbeiter. Leitlinien für evidenzbasierte Praxis ignorieren häufig die wissenschaftliche Literatur über die therapeutische Beziehung als Vehikel für Veränderungen, was es manchmal schwieriger macht, sich um unsere Praktiker im Sinne der besten Übereinstimmung zwischen ihnen und dem Modell der Psychotherapie zu kümmern. Die Leitlinien gehen oft davon aus, dass jeder Therapeut jede empfohlene Intervention mit jeder Person mit einer diagnostizierten psychischen Erkrankung durchführen kann, ohne zu berücksichtigen, ob Therapeut und Klient zusammenpassen. Mitgefühlsmüdigkeit und sekundäre Traumatisierung (Figley 2002) sind als Risiken in unserer Arbeit anerkannt, sodass die Frage, wie wir uns am besten um uns selbst kümmern, um uns über die berufliche Zeit hinweg zu unterstützen, dringlicher geworden ist.

Skovholt (2008) hat über mehrere Jahre hinweg Forschungen im Bereich der Widerstandsfähigkeit von Praktikern durchgeführt. Er argumentiert, dass unsere alltägliche Arbeit sehr komplex, dialektisch und emotional anspruchsvoll ist. Daher stellt er bei der Überlegung, wie wir unsere Widerstandsfähigkeit als Prak-

C. Sammut Scerri et al., *Intervention nach häuslicher Gewalt*,
https://doi.org/10.1007/978-3-031-47950-2_7

tiker entwickeln und aufrechterhalten, einige tiefgreifende Fragen zur Diskussion. Zum Beispiel, wie verhindern wir Praktiker, die unser eigenes Selbst als Mittel zur Veränderung zum Wohl anderer einsetzen, ‚Burnout'-Erfahrungen und erhalten unsere berufliche Energie und unser Engagement? Wie schaffen und erhalten wir ein Gleichgewicht zwischen unserer Fürsorge für andere und unserer Fürsorge für uns selbst, insbesondere da unsere Ausbildung in den Gesundheits- und Sozialberufen fast einzigartig in ihrem Schwerpunkt darauf ist, uns dabei zu helfen, die Perspektive anderer einzunehmen? Und entscheidend fragt er, was ist die Widerstandsfähigkeit von Praktikern – wie sieht sie aus? Wie fühlt sie sich an? Und was tun wir, um unsere Offenheit für andere aufrechtzuerhalten?

> „Wir sind offen dafür, tiefgreifenden Verlust, Schmerz und Misstrauen von unseren Klienten aufzunehmen, aber auch für die Anregung dieser Zustände, die in uns allen vorhanden sind." Berger (2001)

In diesem eindringlichen Zitat von Hatti Berger reflektiert sie über die doppelseitige Natur der möglichen Auswirkungen auf uns, wenn wir über einige Zeit therapeutische Arbeit leisten – die Auswirkung, bei der Not unserer Klienten in ihren offenen und verdeckten Manifestationen präsent zu sein, und potenterweise, die Möglichkeit, dass sie mit unseren eigenen noch nicht verarbeiteten Erfahrungen resonieren könnte. Hatti Berger schreibt aus dem Kontext eines spezialisierten Traumadienstes. In diesem Kapitel werden wir die Auswirkungen auf Therapeuten und ihre professionellen Kollegen von der Arbeit mit Kindern und Familien betrachten, bei denen Gewalt in ihren vielen Formen ein Anliegen ist. Dieser Schwerpunkt in unserer Arbeit wirft viele Fragen auf, was unsere Arbeit für uns bedeutet und wie diese Bedeutungen sich stärken und/oder im Laufe der Zeit verändern können. Wir werden der Rolle der Supervision und anderer kollegialer Unterstützung, wie Teamarbeit und positive Arbeitsstrukturen, Aufmerksamkeit schenken, um das Gleichgewicht zwischen Selbstfürsorge und der Fürsorge für andere aufrechtzuerhalten.

In diesem Kapitel werden wir Fragen für Supervisanden und Supervisoren gleichermaßen aufwerfen. Wir interessieren uns dafür, warum wir diese Arbeit machen, welche vielen Bedeutungen sie für uns hat und wie sich unsere Investition in unsere Arbeit im Laufe der Zeit verändert. Wir gehen davon aus, dass die Bedeutung unserer Arbeit in einem dynamischen Austausch mit unserer Arbeitspraxis und unseren ‚außerberuflichen' Erfahrungen steht. Unsere Fähigkeit zur empathischen Beteiligung, unsere kognitive und perzeptive Flexibilität und unsere Toleranz gegenüber hohen Unsicherheitsgraden basiert auf unserer beruflichen Widerstandsfähigkeit und wird durch positive Arbeitsstrukturen und unseren Wunsch, das Leben für andere zu verbessern, unterstützt.

Die vielen Auswirkungen der Arbeit auf uns, als Praktiker und Supervisoren

Zu oft vernachlässigen wir Therapeuten unsere persönlichen Beziehungen. Unsere Arbeit wird zu unserem Leben. Am Ende unseres Arbeitstages, nachdem wir so viel von uns selbst gegeben haben, „fühlen wir uns entleert von dem Wunsch nach weiteren Beziehungen" Yalom (2002).

Warum machen wir also diese Arbeit? Norcross und Guy (2007) heben in ihrer Forschung hervor, dass wir Praktiker und Supervisoren die Vielfalt der Rollen und Erfahrungen in unserer Arbeit genießen, Freude daran haben, anderen zu helfen, und Möglichkeiten für intellektuelle Anregung und emotionale Entwicklung finden, die mit unseren Grundwerten übereinstimmen.

Zu jeder Zeit in unserer praktischen Arbeit als Therapeuten und Supervisoren arbeiten wir gleichzeitig im gegenwärtigen Moment und mit unseren Vergangenheiten und erwarteten Zukünften. Wir können sowohl Freude als auch Enttäuschung in unserer Arbeit erleben. Diese Erfahrungen haben Auswirkungen auf uns, unsere Kollegen und unsere ‚Nächsten und Liebsten'. Wir können sie nicht einfach abschütteln, sozusagen. Skovholt und Trotter-Mathison (2011) schreiben bewegend von dem kontinuierlichen Fluss unserer Arbeit, von der Begrüßung jedes neuen Klienten, jeder Situation und jedes Kollegen mit Energie und Begeisterung, über das Aufrechterhalten von Vertrauen und Verbindung und das aktive Engagement bei der Problemlösung, bis hin zur Erholung und Erneuerung für das nächste Stück Arbeit. Ihre Forschung erkennt das Paradox in unserer Ausbildung und Praxis an, dass wir beruflich darauf trainiert sind, die Perspektive des anderen einzunehmen, und dass dies die Regulierung der Grenzen zwischen den Bedürfnissen anderer und unseren eigenen Bedürfnissen manchmal schwierig machen kann. Der Supervisionsraum bietet die Möglichkeit, über die verschiedenen Arten, wie wir über diese Auswirkungen sprechen, nachzudenken, zum Beispiel privat mit uns selbst, unseren Familienmitgliedern, unseren Freunden und unseren professionellen Kollegen, zum Beispiel ‚bewegt von'; ‚geschockt von'; ‚resoniert mit'; ‚traumatisiert von'; ‚etwas in mir ausgelöst'; und so weiter. Wie verstehen und überwachen wir unsere Erregung und andere körperliche Reaktionen, wie somatische Gegenübertragung, und wie sprechen wir darüber? Haben wir die Erlaubnis zu sprechen, oder fürchten wir den kritischen Blick der anderen, wenn wir unsere Fehler und Vorurteile offenbaren? Während hier die Supervision als sicherer Raum zum Sprechen über das Unaussprechliche und das ‚Noch nicht Gesagte' befürwortet wird, erkennen wir an, dass die Supervision eine Überwachung und Prüfung unserer Arbeit mit sowohl impliziten als auch spezifischen Vorstellungen von guter Praxis beinhalten kann.

In der Supervision können wir sowohl über die Auswirkungen nachdenken, die leichter zu erkennen und zu beantworten sind, als auch über die Auswirkungen nachdenken, die schwerer zu erkennen und zu beantworten sind – wie würden wir dies unseren professionellen Kollegen beschreiben und was könnte passieren, wenn wir mit anderen Arten der Beschreibung dieser verkörperten Bedeutungen experimentieren könnten? Unsere beruflichen Erfahrungen entwickeln sich im Laufe der Zeit und unsere Art, über die Auswirkungen zu sprechen, spiegelt nicht immer eine gute Passung wider. Zum Beispiel, wann besprechen wir unsere arbeitsbasierten Prozesse und Erfahrungen mit einem Partner oder Freund? Welche Auswirkungen könnte dies auf ihr Wohlbefinden haben? Gibt es in diesen Beziehungen implizite oder explizite Regeln für solche Diskussionen? Wann können die Regeln in Frage gestellt werden, und von wem? Wen sollen die Regeln schützen?

Das Schaffen positiver Arbeitsstrukturen und das Identifizieren von Schutzfaktoren hilft uns allen, uns in der Arbeit um uns selbst und um Andere zu kümmern. In der Supervision konzentrieren wir uns auf die Aktivitäten, Strategien und Ansätze, die wir entwickelt haben, um uns in unserem beruflichen Leben und in unserem Privatleben außerhalb der Arbeit zu unterstützen, und darauf, wie diese Strategien sich verändert haben, da die Bedeutung unserer Arbeit sich im Laufe der Zeit und mit Erfahrung weiterentwickelt. Wir finden es wichtig, diese Strategien, sowohl berufliche als auch persönliche, zu benennen, zum Beispiel, Gespräche mit Kollegen und Supervisoren, Spaziergänge mit dem Hund, Gartenarbeit, und so weiter. Wir versuchen, diese Beziehungen, Strategien und Aktivitäten in unseren Supervisionsgesprächen nicht als selbstverständlich zu betrachten, und fragen immer, wie gut diese Aktivitäten, Strategien und Ansätze funktionieren. Wie beeinflussen sie sich gegenseitig, informieren und kombinieren sie in allen Lebensbereichen… und wie funktionieren sie für diejenigen, die uns nahe stehen? Wir bieten einen reflektierenden Raum, um über die Aktivitäten, Strategien und Ansätze zur Aufrechterhaltung der beruflichen Widerstandsfähigkeit nachzudenken, die noch nicht erforscht wurden oder die die Supervisanden sich nicht in der Lage oder noch nicht bereit fühlen, zu erforschen.

Bei der Supervision von Einzelpraktikern oder Teams von Praktikern erforschen wir die Reaktionen innerhalb der professionellen Teams auf die benannten Auswirkungen dieser Arbeit. Wir könnten uns darüber informieren, wie es ist, Teil eines Teams zu sein und welche Reaktionen auf ‚Auswirkungen' derzeit in diesem Kontext und in diesem wirtschaftlichen und politischen Klima möglich sind? Wir konzentrieren uns darauf, was gut funktioniert und was die Gegenseitigkeit und Gemeinsamkeit in der Arbeit erhält. Und natürlich erforschen wir, welche Reaktionen die Praktiker gerne in ihren Teams sehen würden, was möglich sein könnte und wie sie funktionieren könnten.

Wir haben die folgende Aktivität entwickelt, um es Supervisanden zu ermöglichen, ihre tiefen Sorgen, Ängste und Erfahrungen der somatischen Gegenübertragung in ihrer therapeutischen Arbeit mit einem Bindungsnarrativfokus zu erforschen (Dallos & Vetere 2009; Vetere 2017). Wir laden die Supervisanden ein, ihr Beispiel für ‚risikoinformierte' Arbeit vollständig zu beschreiben. Wir versuchen, einen Kontext für Reflexion und emotionale Verarbeitung zu schaffen. Wir denken mit unseren Supervisanden darüber nach, wie sie eine sichere Basis in ihrer Arbeit mit ihren Klienten schaffen. Was war die Erfahrung des emotionalen Risikoeingehens – für sie und für ihre Klienten. Wie sprechen sie über Vertrauen und Sicherheit in ihrer Arbeit – werden Beschreibungen von Denken, Fühlen,

Handeln und Absicht gleichermaßen berücksichtigt und in ihrer Darstellung der Arbeit integriert? Wir erforschen, wie wohl, sicher oder ängstlich sich der Therapeut in der Arbeit fühlen könnte und insbesondere, was solche Reaktionen auslösen könnte. Wir fragen, welche Abwehrprozesse der Therapeut bemerkt und zu nutzen beginnt? Wir versuchen, uns mit den Bindungserfahrungen des Therapeuten zu verbinden und fragen uns, welche Bindungsfiguren und Beziehungen die Klienten für den Therapeuten UND den Therapeuten für die Klienten wecken? Wir überlegen, wie die Abwehrprozesse der Klienten auf den Therapeuten wirken, ihn beeinflussen und mit ihm in Verbindung treten? Und worüber wurde gesprochen und worüber kann gesprochen werden… und wie könnte das geschehen? Wir fragen, welche Gefühle und Gedanken verteidigt und/oder ausgeschlossen werden könnten? Wir erforschen, ob die Supervisanden bei Erregung und Sorge in ihrer Arbeit das Denken, Fühlen oder Handeln bevorzugt – wir fragen, ob sie bemerken, ob ihre Angst ihr Denken blockieren könnte? Wir überlegen, was für uns als Supervisoren in diesem Gespräch ausgelöst wird und somit für das therapeutische Dreieck von Klienten, Therapeut und Supervisor.

So erforscht die reflektierende Praxis die Beziehung zwischen Reflexion und Intuition, insbesondere die Erfahrungen der somatischen Gegenübertragung in der therapeutischen Beziehung. Vertrauen, Sicherheit und Beruhigung sind notwendig, um diese Form der reflexiven Erforschung zu fördern, damit wir bewusst erkennen können, *wie* wir wissen, d. h. unser prozedurales Wissen, und was wir *nicht* wissen, und, interessanterweise, wie wir uns fragen können, wovon wir nicht wissen, dass wir es nicht wissen! Wie George Kelly sie beschrieb – die unbekannten Unbekannten.

Unsere bisherigen Erfahrungen in der Supervision können uns leiten, während wir versuchen, uns in der Supervisionsbeziehung sicher zu halten, insbesondere wenn frühere Erfahrungen nicht hilfreiche Kritik beinhaltet haben. Diese Erfahrungen leiten unser Handeln, Denken und Fühlen und wie wir versuchen, uns sicher zu halten, nahe bei, geschätzt und geliebt von anderen. Bowlby (1988) schrieb über unsere internen Arbeitsmodelle von Beziehungen, d. h. wir lernen, wie Beziehungen funktionieren und was wir von ihnen erwarten können, und in ihnen, von uns selbst und von anderen. Interne Arbeitsmodelle werden als eine Sammlung von Gedanken und Überzeugungen über unser eigenes und das Verhalten anderer in Bezug auf Akzeptanz, Liebenswürdigkeit und Kompetenz betrachtet. Zum Beispiel, in meiner Sicht von mir selbst, glaube ich, dass ich liebenswert bin und es verdiene, von anderen getröstet und gepflegt zu werden? In meiner Sicht von anderen, wie verfügbar sind andere für mich und sind sie an mir interessiert? Damasio (2008) entwickelte Bowlbys Ideen weiter und benannte diese Arbeitsmodelle um in ‚dispositionelle Repräsentationen'. Es wird angenommen, dass unsere Repräsentationen von Selbst und Anderen unser Handeln leiten – sie prädisponieren uns zum Handeln auf der Grundlage unserer Erinnerungen an frühere wiederholte Erfahrungen und deren Konsequenzen, sowohl vorhersehbare als auch unvorhersehbare. Diese mentalen Repräsentationen beinhalten Handlung, Denken, Fühlen und Empfindung – integriert in kohärente Darstellungen unserer Erfahrungen, die von anderen kommuniziert und verstanden werden können (Crittenden 2006). Diese Integration bietet eine Plattform für die Reflexion darüber, was passiert – im Hier und Jetzt, und auf vergangene Erfahrungen, und als Leitfaden für zukünftiges Handeln. Allerdings haben wir vielleicht gelernt, uns zu schützen, indem wir die Aufregung unterdrücken und uns auf Worte verlassen, d. h. unsere Gefühle waren in der Vergangenheit kein guter Leitfaden für das Handeln; alternativ haben wir vielleicht gelernt, dass wir dem, was Menschen sagen, nicht vertrauen können und uns leicht überwältigt fühlen, wenn wir eine Bedrohung wahrnehmen. Hier möchten wir die Frage aufwerfen, wie sich dieses Verständnis von Schutz- und Selbstverteidigungsprozessen, und wie sich diese Prozesse selbst in unserer lebenslangen Geschichte des Lernens aus Erfahrung entwickelt haben, Auswirkungen auf die therapeutische Praxis und die Supervisionspraxis haben könnte – für beide, Supervisoren und ihre Supervisanden.

Mikulincer und Goodman (2006) haben die Forschung über die Beziehung zwischen selbstberichteter gefühlter Sicherheit in engen Beziehungen und psychischem Wohlbefinden hilfreich zusammengefasst. Zum Beispiel korreliert gefühlte Sicherheit positiv mit weniger Erregungsreaktivität in der Erregungsregulation; einer größeren Wahrscheinlichkeit, in Zeiten der Not Unterstützung zu suchen; einer größeren Toleranz gegenüber Unsicherheit und mehr Neugier und Offenheit in der Informationsverarbeitung; einer entwickelten Fähigkeit zur Metakommunikation, Selbstoffenbarung, kollaborativem Arbeiten, Durchsetzungsvermögen und empathischem Zuhören; und einem ausgeprägteren und positiveren Selbstbild.

Offensichtlich unterstützt ein Gefühl des Vertrauens in die Zugänglichkeit und Reaktionsfähigkeit anderer und eine ‚gefühlte' Sicherheit in engen Beziehungen das Wohlbefinden (Gottman 2011). Daher könnten wir fragen: Wie funktioniert das mit unseren Kollegen und Klienten und in der Supervision? Unsere Praktiken des gemeinsamen Arbeitens, der Beratung, der kollegialen Supervision und der Gruppensupervision bieten Möglichkeiten für die Entwicklung von vertrauensvollen Beziehungen und Möglichkeiten für Therapeuten und Supervisoren, aufeinander aufzupassen. Daher fragen wir in der Supervision immer nach dem Wohlbefinden unserer Supervisanden und wir machen von Anfang an klar, dass wir immer fragen werden.

Stress in unserer professionellen Arbeit mit Gewalt in Familienbeziehungen

In unserer Erfahrung mit therapeutischer Arbeit in einem Dienst zur Prävention und Intervention von häuslicher Gewalt, resultiert der Stress in unserer professionellen Arbeit aus den folgenden Faktoren: (a) das Hören von erschütternden Berichten über Grausamkeit und Vernachlässigung, sowohl absichtlich als auch unbeabsichtigt; (b) unsere Enttäuschung, wenn Gewalt trotz Therapie oder

Rehabilitationsarbeit fortbesteht, dies kann innerhalb eines Teams gefühlt werden; (c) unser Risiko eines überhöhten Verantwortungsgefühls in Bezug auf unsere Arbeit, insbesondere in Abwesenheit von persönlicher und organisatorischer Unterstützung für unsere Arbeit; und (d) das Navigieren der Spannungen bei der Einführung von systemischen/therapeutischen Ideen in ein konservatives Rechtssystem, das keine Tradition der Anerkennung der Rolle von Emotion oder Leidenschaft im Denken und Verhalten der Menschen hat. Diese Belastungen können natürlich durch eine zu hohe Fallbelastung verschärft werden. Solche Belastungen können auch eine Reihe von schwierigen Dilemmata für Praktiker schaffen. Zum Beispiel, überwältigt und überladen mit Informationen zu werden, ohne eine Klarheit des Zwecks oder Verständnisses zu finden – dies könnte zu simplen Lösungen führen; Praktiker, die sich isolieren, indem sie ihre Bedenken nicht mit Kollegen teilen, insbesondere in Abwesenheit von positiven Arbeitsstrukturen, mit einer daraus resultierenden Beschäftigung mit der Arbeit und/oder der Familie; das Leben mit der Spannung, ständig aufgefordert zu werden, unvorhersehbares Verhalten zu beurteilen und zu bewerten; Praktiker, die den Blick für ihre Kompetenzen und ihr Gefühl von beruflicher Resilienz verlieren; und schließlich, übermäßiges Einfühlen in das Opfer und Wiederholung von Opfer/Retter-Positionen mit daraus resultierender Wut und Frustration über Agenturantworten, Dienstleistungen oder Managemententscheidungen (Vetere und Cooper 2008; Vetere 2012).

Was sind die Hauptverantwortlichkeiten des Supervisors?

Die Aufsicht über unsere Arbeit, die darauf abzielt, zukünftige Gewalt in familiären Beziehungen zu stoppen und zu verhindern, ist aus unserer Sicht zentral für das Wohlbefinden der Praktiker. Offensichtlich muss die Aufsichtsbeziehung auf gegenseitigem Vertrauen basieren, wobei der Praktiker sich der Zugänglichkeit und Reaktionsfähigkeit des Supervisors gegenüber ihren Bedenken, sowohl ausgesprochen als auch verkörpert, sicher sein kann. Die Verantwortlichkeiten des Supervisors sind in diesem Kontext vielfältig und sie sind komplex. Daher befürworten wir eine regelmäßige Supervision der Supervision, damit die Supervisoren auf ihre Selbstfürsorge achten können. Viele Supervisoren sind auch Praktiker und haben den Vorteil, die verschiedenen Perspektiven und Auswirkungen der Arbeit zu sehen, tragen aber auch die Last der Verantwortung. Also, was sind diese Verantwortlichkeiten?

Supervisoren sind verantwortlich für die Schaffung von ruhigen und sicheren Räumen für reflektierendes statt reaktives Denken, innerhalb einer vertrauensvollen Zusammenarbeit, in der Unentschlossenheit, Reflexivität und Handeln gleichermaßen geachtet werden. Dies bedeutet, dass Praktiker ihre Bedenken und Ängste als nützliche Informationen und nicht als Zeichen von ‚Schwäche' erforschen können, in dem Wissen, dass ein Aktionsplan als Ergebnis einer effektiveren Problemlösung entstehen wird. So fördern Supervisoren die Klarheit über die gemeinsame Verantwortung innerhalb der Family-Professional-Systeme und die gemeinsame Verantwortung innerhalb der Aufsichtsbeziehung ermöglicht es, Spannungen und Ängste zu bewältigen, während sie immer noch die Entwicklung von kreativen Ideen fördert. Wir sind schon lange der Meinung, dass es hilfreich ist, wenn Supervisoren ihren Supervisanden einige Ideen zu ihrem Aufsichtsstil und ihrer Aufsichtsrolle mitteilen. Dann ist es möglich zu diskutieren, was die akzeptablen und kollaborativen Parameter für einen solchen Prozess sein könnten. Zum Beispiel halten wir es für hilfreich, den Supervisanden zu sagen, dass wir *immer* nach ihrer persönlichen Sicherheit fragen werden – weil es ein natürlicher Teil des Auf und Ab des Aufsichtsgesprächs sein muss. Wenn es zum ersten Mal im Kontext einer bestimmten therapeutischen Arbeit erwähnt wird, kann es die Angst unnötig erhöhen, anstatt zu erkennen, dass Sicherheit und Bedrohung immer durch die Arbeit laufen.

Supervisoren achten auf das emotionale Wohlbefinden ihrer Supervisanden und die vielen und verschiedenen Auswirkungen, die diese Arbeit auf sie hat, sowohl persönlich als auch beruflich. Es kann Momente geben, in denen die Arbeit unerwartete Erinnerungen, Resonanzen und vielleicht unverarbeitete traumabezogene Reaktionen auslöst, die alle überraschen. Wir fragen immer neue Supervisanden, was es in ihrer bisherigen Lebenserfahrung geben könnte, das unerwartet ausgelöst werden könnte, sodass wir, wenn es angebracht ist, uns darauf konzentrieren und die Resonanz beleuchten können. Das kann ausreichend sein. Wir werden offen über unsere Bereitschaft sein, auf diese Weise innerhalb der Aufsichtsbeziehung unterstützend zu sein, und wir werden angemessene Ratschläge und Überweisungen für weitere therapeutische Arbeit anbieten, wenn dies benötigt wird. Diese ‚Grenzen‘ sind auch Teil der Verantwortung der Supervisoren, wenn ihre persönlichen Probleme ihre Aufsichtsarbeit beeinflussen. Daher halten wir uns an das Engagement, *zu versuchen,* ein Gleichgewicht zwischen Überforderung (oder Erstarrung) einerseits und Unterforderung und möglicherweise Unempfänglichkeit andererseits zu halten – für beide, Supervisoren und Supervisanden!

In der Supervision, ob es sich um Einzel- oder Gruppensupervision handelt, und in unserer Supervision der Supervision, entwickeln wir ein fortlaufendes Gespräch über die Auswirkungen unserer bevorzugten Ideen über emotionale Sicherheit, emotionales Risikoverhalten und die Entwicklung von Vertrauen auf unsere Arbeit, aus allen Perspektiven, die an der Arbeit beteiligt sind: Therapeuten, ihre Klienten, Supervisoren, Vermittler und Manager. So könnten wir zum Beispiel die theoretischen Ideen, an die wir fest gebunden sind, hinterfragen und fragen, was die Implikationen für das oben Genannte sein könnten. Wir beziehen die Überlegung dieser theoretischen Ideen und Praktiken ein, die wir gelegentlich heranziehen, und vor allem die theoretischen Ideen und Praktiken, die uns zur Verfügung stehen, die wir selten heranziehen. Dieses fortlaufende Gespräch ermöglicht die Erforschung, wie unsere Beziehungen zu bestimmten Denkschulen die emotionale Sicherheit, das emotionale Risikoverhalten und die Entwicklung von Vertrauen in der Supervision und in der Praxis einschränken oder unterstützen können. Es hält uns wachsam dahingehend, wie wir unsere bevorzugten theoretischen Ideen anpassen oder mit ihnen experimentieren möchten, um unsere Praxis rund um die Sicherheit zu entwickeln und unser Verständnis von uns selbst in Bezug auf diese bevorzugten Ideen und ihre potenzielle Auswirkung in der Arbeit zu vertiefen.

Aufsicht mit Praktikerteams – Gespräche schaffen, die Sicherheit, Zweifel und Fortschritt einschließen

Wir bieten regelmäßig Aufsicht für Teams von multidisziplinären Praktikern an. Oft bringen sie Beispiele ihrer Arbeit mit, bei denen sie sich festgefahren fühlen und nicht kreativ über die nächsten Schritte in der Arbeit nachdenken können, oder sie könnten in ihren Ansichten über diese nächsten Schritte geteilter Meinung sein. Wir finden die folgende Übung und Aktivitäten hilfreich, um das Denken zu befreien, damit mögliche Lösungen entstehen können. Die Übung und Aktivitäten basieren auf dem systemischen Prinzip, ein gemeinsames reflektierendes Verständnis aus den verschiedenen Perspektiven aller Teilnehmer – Familie, Praktiker, Manager, andere beteiligte Fachleute aus anderen Agenturen usw. – zu entwickeln und zu beleuchten. Diese Betrachtung der Unterschiede und Ähnlichkeiten in den verschiedenen Perspektiven fördert einen Kontext für ruhige Reflexion und Betrachtung, in dem Sicherheit, Zweifel und Fortschritt gleichermaßen berücksichtigt werden können.

Die Übung. Wir beginnen in der Regel damit, die Supervisanden zu bitten, die Arbeit aus der Sicht der Familienmitglieder und dann aus der Sicht ihrer Agentur und anderer Fachleute, die mit der Familie arbeiten, zu beschreiben. Oft werden wir das Familiensystem und das professionelle System während unseres Gesprächs abbilden. Wir untersuchen alle anderen Probleme oder Beschreibungen der Familie (und des Teams), die das Team (und die Familienmitglieder) uns vielleicht wissen lassen möchten. Wir fragen, was unsere Supervisanden in Bezug auf Ziele für sich selbst, die Klientenfamilie und die anderen relevanten Perspektiven von der Supervision erwarten. Wir untersuchen gemeinsame und überlappende Ziele und wie wir einen Wunsch nach unterschiedlichen Arbeitsrichtungen am besten verstehen könnten. Wir fragen immer danach, was die Familienmitglieder richtig machen. Dies eröffnet in der Regel ein Gespräch über korrektive Skripte, d. h. was die Familienmitglieder/Eltern anders und besser für ihre Kinder zu tun versuchen, als es für sie getan wurde (Byng-Hall 1995; Dallos und Vetere 2009). Dies ermöglicht es uns, einige Absichten positiv zu konstruieren, denn obwohl das korrektive Skript der Eltern möglicherweise keine sicherere Umgebung für die Pflege ihrer Kinder geschaffen hat, können wir eine Wertschätzung für den Versuch, es besser zu machen, anbieten. Wir fragen nach der Geschichte häuslicher Gewalt in diesem Fall und welche Maßnahmen (wenn überhaupt?) bereits ergriffen wurden, und von wem, und zu welchem Zweck. Wir finden es immer wichtig zu fragen, ob der/die Supervisand/en und das Team (und/oder die Agentur/andere Supervisoren) sich über das Risikoniveau und/oder die zu ergreifenden

Maßnahmen einig sind. Die Übung endet mit der Überlegung, was die Familienmitglieder und das Agenturpersonal sagen könnten, wenn sie unser Gespräch gehört hätten.

Die Aktivitäten. Manchmal, in Gruppensupervision, präsentieren unsere Supervisanden Aspekte, die ihnen wie unlösbare und unüberwindbare Dilemmata erscheinen, die normalerweise eine klare Spaltung darüber beinhalten, was zu denken und was in Bezug auf Sicherheit und sichere Praxis zu tun ist. In diesen Umständen verwenden wir oft aktionsbasierte und verkörperte Aktivitäten, wie das Formen (Vetere & Dallos 2013) und das internalisierte andere Interview (Tomm et al. 1998). Wir verwenden diese Aktivitäten auch in der Supervision mit Supervisanden, um ihre Erfahrungen mit Mitgefühl und Beziehungen in Teams mit ihren Kollegen, mit dem Management und manchmal zur Untersuchung zeitlicher Veränderungen, in Personal, Rollen und Beziehungen zu erforschen.

Das Formen mit Teammitgliedern und in Supervisionsgruppen kann mit Objekten, wie Münzen, Knöpfen, Steinen und kleinen Figuren usw., durchgeführt werden. Objekte nehmen bald die repräsentativen Eigenschaften der Personen an, die sie personifizieren, und das Bewegen von Objekten auf einer Tischplatte bietet einen gemeinsamen visuellen und kognitiven Fokus. Reziproke Einflüsse zwischen Beziehungen und Dilemmata können innerhalb eines zeitlichen Rahmens von vor, während und nach, zum Beispiel, bestimmten Entscheidungen, Offenbarungen von Gewalt in einer Familie, Managementänderungen usw., erforscht werden. Das Debriefing nach der Aktivität kann die Überlegung einschließen, warum bestimmte Objekte ausgewählt wurden, um jede Person in der Skulptur zu repräsentieren. Diese Auswahl kann manchmal veranschaulichen, wie bestimmte Personen im Hinblick auf das, was sie für den/die ‚Former' repräsentieren, im Gedächtnis behalten werden. Direkte Fragen und zirkuläre Fragen können verwendet werden, um sowohl die Diskussion während der Formeraktivität anzuregen als auch zu erleichtern. Wenn man mit einer Supervisionsgruppe formt, ist es möglich, jede Skulptur des Supervisanden zu fotografieren und diese Fotografien als visuelle Anregungen für eine Diskussion darüber zu verwenden, was ähnlich und unterschiedlich ist, und welche Bedeutung solche Ähnlichkeiten und Unterschiede für Beziehungen und für mögliche zukünftige Aktionen haben könnten.

Die Formeraktivität beginnt in der Regel mit einer Einladung, aktuelle Beziehungen und Verbindungen innerhalb des Teams und/oder des Familiensystems und des professionellen Systems usw. abzubilden. Die Erforschung von Vertrauen und Verbindung in Beziehungen kann durch Fragen nach emotionaler und praktischer Unterstützung im Team angeregt werden, zum Beispiel, wer sich an wen für Beruhigung, Rat, Trost und Hilfe bei Entscheidungen vor, während und nach herausfordernden Momenten oder während einer Krise wendet? Wie wird diese Unterstützung angeboten, gesucht und angenommen? Aktuelle Positionierungen und Veränderungen in Positionierung, sowie Verantwortung in Teams und Family-Professional-Systemen können erforscht werden mit Nachfragen darüber, wie es sich anfühlen könnte, im Zentrum, am Rand oder zwischen Ihren Kollegen usw. zu sein? Oder weiterführend, wenn Sie näher an ein Teammitglied heranrücken oder stärker in die Entscheidungsfindung einbezogen werden würden, wie wäre das?

Umgekehrt, wie denken Sie, könnte sich Ihr Kollege fühlen, wenn er weiter von Ihnen entfernt oder weniger in die Entscheidungsfindung einbezogen ist, und so weiter? Die Formeraktivität endet mit einer gemeinsamen Reflexion über die Erfahrung des ‚Hubschrauberfliegens' oder ‚Überblickens' von Teamdynamiken und Dilemmata aus einer reflektierenden und systemischen Perspektive.

Das internalisierte andere Interview ist eine Aktivität, die dazu dient, ein empathisches Verständnis für die Erfahrung eines Lebensgefährten zu fördern und zu verbessern, zum Beispiel, um die innere Erfahrung einer Person von der inneren Erfahrung einer anderen Person zu erforschen, zu verbessern und/oder zu modifizieren. Es wurde entwickelt, um ‚Feststecken' und Sackgassen in Paar- und Familienbeziehungen zu erforschen (Tomm et al. 1998). Wir haben seine Verwendung als Aktivität in der Einzel- und Gruppensupervision weiterentwickelt, insbesondere wenn unser Supervisand einen Bruch in der therapeutischen Beziehung aufzeigt und/oder einen Verlust von Mitgefühl für ihren Klienten realisiert.

Der Supervisor unterstützt den Supervisanden (normalerweise den Therapeuten) dabei, seine interne Repräsentation oder sein Arbeitsmodell seines Klienten zu identifizieren und zu versuchen, sich vorzustellen, wie sein Klient denken, fühlen und handeln könnte… Dann führt der Supervisor ein Interview mit seinem Supervisanden, als ob er der Klient wäre, d. h. mit dem ‚inneren anderen' des Supervisanden. Der Supervisor spricht den Supervisanden im Interview mit dem Namen des Klienten an und erforscht die Gedanken, Gefühle und Handlungen des Klienten. Fragen im Interview könnten folgende sein: Wie fühlen Sie sich bei der Arbeit mit Ihrem Therapeuten? Was ist hilfreich und was nicht? … und warum? Erinnert Sie Ihr Therapeut an Mitglieder Ihrer Familie und/oder Bezugspersonen in Ihrem Leben? Was ist die Auswirkung dieser Resonanz? Auf welche Probleme möchten Sie sich am meisten/wenigsten konzentrieren? Wie verstehen Sie Ihre Sorgen und Schwierigkeiten? Wie denken Sie, dass Ihre Beziehungen diese Schwierigkeiten beeinflussen? Was sehen Sie als Ihre Stärken? An wen wenden Sie sich, wenn Sie Unterstützung benötigen? Wem können Sie vertrauen? Und so weiter.

Das Debriefing von dieser Aktivität beginnt mit der Entrollung und dann der Reflexion über sowohl die emotionalen und sensorischen Erfahrungen als auch die Gedanken. Wir achten auf Bereiche der Resonanz im Interview und die unerwarteten und überraschenden Momente im Interview. Normalerweise vertieft diese Aktivität das empathische Verständnis des Therapeuten für die Erfahrungen und Umstände ihres Klienten und hilft zu klären, wie man in der Arbeit weitermachen kann.

Zum Schluss

In unseren Begegnungsmomenten, als Supervisoren und Supervisanden, und als Therapeuten mit Klienten, hilft unsere Fähigkeit zur emotionalen Sensibilität und Abstimmung, neue Bindungsbeziehungen zu etablieren und die Widerstandsfähigkeit in Stresssituationen und bei Neuheiten zu unterstützen. Die bewusste

Überwachung unserer gegenseitigen regulatorischen Prozesse der affektiven Synchronität und unserer impliziten nonverbalen Kommunikation hilft bei der gemeinsamen Schaffung eines wachstumsfördernden Kontexts für uns alle. Dies fördert die interaktive Reparatur und Heilung in unseren Beziehungen und hilft uns zu wissen, wie wir mit Familienmitgliedern umgehen sollen.

Als Praktiker und Supervisoren haben wir ein lebenslanges Engagement für Lernen und persönliche und berufliche Entwicklung (Vetere und Stratton 2016). Mit zunehmender Erfahrung und durch einen kontinuierlichen Reflexionsprozess über unsere prägenden Momente verlagert sich unser Fokus von einem Schwerpunkt auf das richtige Tun und das Befolgen von Verfahren zu einer leichteren Beziehung zu Theorie und Praxis. Wir sind komfortabler mit dem, was wir nicht wissen, und wir sind in der Lage zu wissen, dass wir herausfinden können, und zu wissen, wie wir weitermachen können, besonders mit der Hilfe und Unterstützung anderer.

Literatur

Berger, H. (2001). Trauma and the therapist. In T. Spiers (Ed.), *Trauma: A practitioner's guide to counselling*. Hove: Brunner Routledge.

Bowlby, J. (1988) *A secure base: Clinical applications of attachment theory*. London: Routledge.

Byng Hall, J. (1995). *Re-writing family scripts: Improvisation and systems change*. New York: Guilford.

Crittenden, P. (2006). A dynamic-maturational model of attachment. *Australian and New Zealand Journal of Family Therapy, 27*, 105–115.

Dallos, R., & Vetere, A. (2009). *Attachment narratives and systemic therapy: Applications in a range of clinical settings*. London: Routledge.

Damasio, A. (2008). *Descartes' error: Emotion, reason and the human brain*. New York: Random House.

Figley, C. (2002). Compassion fatigue: Psychotherapists chronic lack of self care. *Journal of Clinical Psychology, 58*, 1433–1441.

Gottman, J. (2011). *The science of trust*. New York: Norton.

Mikulincer, M., & Goodman, G. (2006). *The dynamics of romantic love: Attachment, caregiving and sex*. New York: Guilford.

Norcross, J., & Guy, J. (2007). *Learning to leave it at the office: A guide to therapist self care*. New York: Norton.

Skovholt, T. (2008). Two versions of erosion in the helping professions: Caring burnout and meaning burnout. *New Therapist, 52*, 28–29.

Skovholt, T., & Trotter-Mathison, M. (2011). *The resilient practitioner* (2nd ed.). New York: Routledge.

Tomm, K., Hoyt, M., & Madigan, S. (1998). Honoring our internalized others and the thics of caring: A conversation with Karl Tomm. In M. Hoyt (Ed.), *The handbook of constructive therapies*. pp. 198–218.

Vetere, A. (2012). Supervision and consultation practice with domestic violence. *Clinical Child Psychology and Psychiatry, 17*, 181–185.

Vetere, A. (2017). Systemic theory and narratives of attachment: Integration, formulation and development over time. In P. Stratton & M. Borcsa (Eds.), *Origins and originality in family therapy and systemic practice*. EFTA Book Series, Vol. I. Springer: New York.

Vetere, A., & Cooper, J. (2008). Supervision in domestic violence casework. In J. Hamel (Ed.), *Intimate partner and family abuse*. New York: Springer.

Vetere, A., & Dallos, R. (2013). Ouruse of action techniques in attachment narrative therapy. *Context, 126,* 17–19.

Vetere, A., & Stratton, P. (Eds.). (2016). *Interacting selves: Systemic solutions for personal and professional development in psychotherapy and counselling*. London: Routledge.

Wampold, B. (2011). Qualities and actions of effective therapists.In *Continuing education in psychology*. Washington, D.C: Education Directorate, American psychological Association.

Yalom, I. (2002). *The gift of therapy: An open letter to a new generation of therapists and their patients*. New York: Harper Collins.

Kapitel 8
Supervision und Beratung mit Praktikern, die bei Familien und Trauma eingreifen

Einführung

Die Arbeit mit Kindern und Familien, die durch Gewalt und Missbrauch traumatisiert wurden, ist anspruchsvoll und komplex, und Supervision ist für Fachleute, die in diesem Bereich arbeiten, von entscheidender Bedeutung. Herman (1997) macht deutlich, dass „Wenn eine Therapeutin sich in ihrer beruflichen Praxis isoliert fühlt, sollte sie die Arbeit mit traumatisierten Patienten einstellen, bis sie ein ausreichendes Unterstützungssystem gesichert hat" (S. 153).

Es gibt eine Lücke in der Literatur über klinische Supervision im Kontext von Trauma (Virtue und Fouche 2010; West 2010) und der Großteil der verfügbaren Literatur wurde von Klinikern mit Erfahrung auf diesem Gebiet geschrieben. Vetere und Cooper (2008) gehörten zu den wenigen, die über die Supervision von riskanter, gefährlicher und traumatisierender Arbeit mit Paaren schrieben, die gewalttätig zueinander waren. Die beiden anderen Autorinnen dieses Buches betonten auch die Bedeutung der kollaborativen Supervision von Fachleuten, die in einem Heim für jugendliche Mädchen mit problematischem Verhalten arbeiten (Abela und Sammut Scerri 2003).

In diesem Kapitel werden wir zunächst die Bedeutung einer vertrauensvollen Supervisionsallianz hervorheben, die auf Sicherheit basiert. Die Entwicklung einer soliden Formulierung, die theoretisch fundiert ist, wird von größter Bedeutung sein und Wege zur Unterstützung, Hilfe und Fürsorge für Kliniker werden diskutiert. Verschiedene Dilemmata und ethische Fragen, mit denen Kliniker, die in diesem Bereich arbeiten, konfrontiert werden, werden ebenfalls untersucht. Die Selbstfürsorge des Supervisors wird priorisiert.

Es wird davon ausgegangen, dass Supervisoren, die in diesem komplexen und spezialisierten Bereich arbeiten, in der Supervision ausgebildet sind, geeignete Qualifikationen haben und auf dem neuesten Stand der relevanten theoretischen Rahmenbedingungen und klinischen Anwendungen sind. Die direkte klinische Erfahrung des Supervisors mit Kindern, Paaren und Familien ist ebenfalls äußerst wertvoll.

C. Sammut Scerri et al., *Intervention nach häuslicher Gewalt*,
https://doi.org/10.1007/978-3-031-47950-2_8

Die Supervisionsallianz

Genau wie gute Praktiker versuchen, eine gute therapeutische Beziehung zu ihren Klienten aufzubauen, so tun dies auch Supervisoren mit ihren Supervisanden. Eine vertrauensvolle Beziehung zum Supervisor ist entscheidend für die Fruchtbarkeit der Arbeit. Dies gilt umso mehr, wenn man im Bereich Trauma arbeitet. In einer Delphi-Studie, die unter Supervisoren durchgeführt wurde, die im Bereich Trauma arbeiten, bestand Konsens darüber, dass Supervisoren über die persönliche Geschichte ihrer Supervisanden Bescheid wissen müssen und ob diese ihre klinische Arbeit beeinflusst (West 2010). Dies liegt daran, dass die Geschichten, die von Klinikern gehört werden, zwangsläufig Resonanz mit ihren eigenen traumatischen Erfahrungen erzeugen (Smith 2013). Supervisoren müssen sich darüber im Klaren sein, dass solche Erfahrungen in der Supervision am wenigsten besprochen werden (Kavner und McNab 2005), da es viel Mut und volles Vertrauen in den Supervisor seitens des Supervisanden erfordert, persönliche, peinliche und beschämende Geschichten in die Supervision zu bringen.

Prouty (2014) erwähnt die Bedeutung des Ausgleichs von Hierarchie und Zusammenarbeit in der Supervision. Dies ist ein gutes Omen für eine gute Supervisionsallianz. Als Autorinnen dieses Buches vertreten wir alle drei einen feministischen postmodernen kollaborativen Stil als Supervisoren (Abela und Sammut Scerri 2010). Dies passt sehr gut, da der Feminismus die Traumatherapie und die Sozialarbeitspraxis beeinflusst hat (Virtue und Fouche 2010). Vetere (2012) macht deutlich, dass „wir als Supervisoren die Verantwortung tragen, einen sicheren Raum für Denken und Reflexion zu schaffen, innerhalb einer vertrauensvollen Beziehung, in der wir Unentschlossenheit, Reflexivität und Handeln gleichermaßen berücksichtigen können" (S. 183). Gute Supervisoren sind mit Autorität und Bewertung vertraut und übernehmen die Verantwortung, die ihnen anvertraut wird. Gleichzeitig „teilen sie weise Zweifel und Fehler; sonst sind Supervisanden weniger geneigt, ihre Ängste und Fehler offenzulegen" (Neill et al. (2006), S. 15).

Die unterschiedlichen Kompetenzstufen der Supervisanden (siehe Stoltenberg et al. 1998) müssen ebenfalls berücksichtigt werden, wenn die Supervisionsallianz aufgebaut wird. In diesem Zusammenhang sollte eine kollaborative Beziehung zwischen Supervisoren und Supervisanden den Supervisor nicht davon abhalten, Ratschläge zu geben und bei Bedarf eine Expertenrolle einzunehmen.

Die letztgenannten Autoren teilen Therapeuten in drei Stufen ein. Bei Therapeuten, die noch neu in der Arbeit sind, muss der Supervisor ein Gleichgewicht zwischen dem Aufbau der Kompetenz des Therapeuten und der Zusammenarbeit schaffen. Anfängertherapeuten arbeiten in der Regel sehr hart, sind aber auch ängstlich und manchmal überwältigt von der schieren Komplexität der Arbeit. Sie sind auch sehr selbstbewusst in Bezug auf ihre Arbeit und dies kann ihre Fähigkeiten beeinträchtigen, wenn sie mit den Familien, mit denen sie arbeiten, in Beziehung treten. Es kann auch ihre Fähigkeit beeinträchtigen, schnell zu denken und kreativ zu sein. In dieser Hinsicht könnte es dem Supervisor gut tun, sich an die Zeit zu erinnern, als sie selbst Anfänger waren, da dies ihnen helfen würde, besser mit den Supervisanden in Verbindung zu treten, die noch am Anfang ihrer Karriere stehen. Anfängertherapeuten und verwandte Berufsgruppen benötigen Beruhigung und Supervisoren, die im Verlauf einer solchen heiklen Arbeit zur Verfügung stehen.

Ohne speziell auf Anfängertherapeuten zu verweisen, weist Vetere (2012) darauf hin, dass sie in ihrer Supervision und Beratung rund um die Arbeit mit häuslicher Gewalt „direkter und anweisender" (S. 181) ist und es für hilfreich hält, Supervisanden dabei zu unterstützen, Kontraindikationen für therapeutische Arbeit zu identifizieren, wenn Gewalt wieder in die Beziehung einzieht. In Bezug auf die Arbeit mit Kindern weisen Chard und Hansel (2006) ebenfalls darauf hin, dass Therapeuten mit begrenzten Fähigkeiten beginnen. Sie schlagen praktische Hilfe vor, einschließlich Tipps zu Arbeitsweisen, die den Einsatz von Spieltechniken und Kunst und Zeichnen beinhalten. Auch der Einsatz von therapeutischen Geschichten für Kinder ist sehr hilfreich. Anfängertherapeuten, die mit Kindern arbeiten, benötigen auch Unterstützung in Bezug auf das Zusammenspiel zwischen Einzelsitzungen und gemeinsamen Sitzungen mit Eltern, insbesondere wenn die Eltern getrennt oder geschieden sind, und mit Möglichkeiten, wie andere Fachleute (zum Beispiel der Sozialarbeiter), andere Systeme (wie das Schulsystem) und andere wichtige Unterstützungsnetzwerke in der Gemeinschaft einbezogen werden können. Die Supervisionsbeziehung kann als hervorragende Gelegenheit für junge Praktiker angesehen werden, mehr über ihre Arbeit mit dieser Klientenpopulation zu erfahren.

Busuttil (2016) berichtet auch, dass die Therapeuten, die sie interviewte, es viel schwieriger fanden, mit Familien zu arbeiten, deren Geschichten mit ihren eigenen resonierten, als sie noch Anfänger in ihrer Arbeit als Familientherapeuten waren. Darüber hinaus fällt es Familien, die Missbrauch erlebt haben, sehr schwer, einander oder dem Therapeuten zu vertrauen, weil sie bereits verraten wurden. Im Falle junger Therapeuten haben sie die doppelte Herausforderung, das Vertrauen der Eltern nicht so leicht vertraut zu gewinnen wie erfahrenere Therapeuten (Whitefield und Midgley 2015):

> Eine auszubildende Psychologin war sehr aufgebracht, als eine Großmutter, die sich um einen verlassenen Enkel kümmerte, sie offen kritisierte, weil sie nach der allerersten Sitzung keine Veränderung herbeigeführt hatte. Die Auszubildende hatte etwa 15 Minuten allein mit dem Kind verbracht, um ihm den Spieltherapieraum zu zeigen und ihn kennenzulernen. Eine Woche später, als sie zurückkehrten, sagte die Großmutter zu ihr: „Ich weiß nicht, was Sie ihm gesagt haben, aber seit wir hier waren, hat er kaum gegessen!" Die auszubildende Psychologin brauchte viel Unterstützung von ihrem Gruppensupervisor, um Wege zu finden, wie sie das Vertrauen der Großmutter gewinnen konnte. Sie gab an, dass dies eine wichtige Lernerfahrung für sie war.

Praktiker gewinnen mit der Zeit Vertrauen in diesem Arbeitsbereich, können aber dennoch zwischen Vertrauen und Verwirrung schwanken, insbesondere wenn die Arbeit kompliziert wird oder der Therapeut in seiner Arbeit feststeckt. In solchen Momenten werden Therapeuten unsicher und obwohl sie es vielleicht nicht benötigen, dass ihr Supervisor ständig zur Verfügung steht, suchen sie möglicherweise noch kollegiale Supervision bis zu ihrer nächsten Supervisionssitzung mit ihrem Supervisor. Erfahrenere Praktiker können sich in ihrer Arbeit stabiler erleben und die Supervisionsbeziehung wird zunehmend kollaborativ, obwohl Courtois und Ford (2012) darauf hinweisen, dass erfahrene Therapeuten, die in diesem Bereich arbeiten, weiterhin Supervision durch traumainformierte Supervisoren benötigen.

Die Bedeutung der Formulierung

Einer der Bausteine guter therapeutischer Arbeit mit Klienten ist die Fähigkeit des Klinikers, eine Formulierung zu entwickeln, die theoretisch fundiert ist und 'die Schwierigkeiten der Klienten und den therapeutischen Kontext zusammenfasst und zeigt, wie die Schwierigkeiten mithilfe psychologischer Theorien und Prinzipien verbunden sind… sowie versucht zu erklären, warum und wie die Schwierigkeiten auf diese Weise, zu dieser Zeit und in diesen Situationen entstanden sind, unter Berücksichtigung der Komplexität und Vielfalt der Beziehungen im Familien-Professionellen-Netzwerk“ (Vetere 2012, S. 184).

Theoretische Rahmenwerke gelten als nützlich und liefern Erklärungen, die in Forschungen über die vorherrschenden Dynamiken verwurzelt sind. Sie halten Praktiker auf Kurs, wenn die Arbeit mit Familien kompliziert wird.

Lowe (2016) teilt ihre Erfahrungen bei der Arbeit mit „Johnny“, der schwere häusliche Gewalt miterlebt hat, die sein Vater gegen seine Mutter verübt hat. Letztere suchte Rat, weil der Junge immer aufsässiger und fordernder wurde und sehr schwer zu handhaben war, sodass sie seinen Forderungen nachgab. Lowe erklärt, wie ihr die Arbeit „unter ihre Haut ging“ und sie sie zur Supervision brachte. An einer Stelle erklärt Lowe

> Ich hatte mich von theoretischen Rahmenwerken entfernt, in denen ich an Johnny und seine Mutter aus einer Trauma- und Bindungsperspektive herangegangen wäre, und die Therapie darauf ausgerichtet, meine eigenen psychologischen dadurch Bedürfnisse zu erfüllen, dass diese Mutter das Machtgleichgewicht in ihrer Beziehung wiederherstellte (S. 62).

Wie bereits in den verschiedenen Kapiteln dieses Buches erklärt, sind die bevorzugten theoretischen Rahmenwerke für das Verständnis dieser Arbeitsbereiche für uns unter anderem die Bindungstheorie (Bowlby, 1969, 1973, 1988; Crittenden 2008), die Traumatheorie (Briere 2002; Lanktree und Briere 2013; Courtois 2008; Van der Kolk 2015) und die Systemtheorie. Als systemische Denkerinnen legen wir großen Wert auf den sozioökonomischen und kulturellen Kontext, in den Familien eingebettet sind. Eine Resilienzperspektive im Angesicht von Widrigkeiten ist ebenfalls notwendig, da wir nie vergessen dürfen, dass „manchmal gesagt wird, eine traumatische Erfahrung bringe das Beste in den Menschen hervor“ (Smith 2013, S. 33). Walsh (2003) war einer der ersten Wissenschaftler, die diesen Paradigmenwechsel herbeiführten. In jüngerer Zeit hat Papadopoulos (2007) den Begriff „adversity activated development“ im Hinblick auf die Art und Weise verwendet, wie Flüchtlinge und ihre Familien trotz der traumatischen Erfahrungen, die sie durchmachen, weiterhin gedeihen. In dieser Hinsicht wird von dem Supervisor, der in diesem Bereich arbeitet, erwartet, dass er ein gutes Verständnis der oben genannten theoretischen Rahmenwerke hat, wenn er den Supervisanden hilft, ihre eigenen Formulierungen zu entwickeln. Während es wichtig ist, auf die bevorzugten theoretischen Rahmenwerke der Supervisanden zu hören und ihnen zu helfen zu verstehen, wie die Theorien, die ihr Denken informieren, sie in ihrer Arbeit mit Familien unterstützen, müssen Supervisoren auch auf dem Laufenden sein, was den Ausbildungsstand der Supervisanden bei der Arbeit mit traumatisierten Klienten angeht.

Van der Kolk (2015) beklagt, wie die mangelnde Kenntnis der Traumatheorie oft dazu führt, dass Kliniker Kinder fälschlicherweise mit ADHS diagnostizieren und sie mit Medikamenten und/oder Verhaltenstherapie behandeln. Er erklärt auch, wie viele Kliniker die Tatsache ignorieren, dass ein sehr hoher Anteil der Patienten, die mit einer Borderline-Persönlichkeitsstörung diagnostiziert und in eine psychiatrische Klinik eingewiesen wurden, als Kinder missbraucht wurden. Courtois und Ford (2012) weisen ebenfalls darauf hin, dass die meisten Therapeuten in ihrer Ausbildung keine Ausbildung in Trauma erhalten und betonen die Bedeutung eines integrativen Modells für das Verständnis dieses Phänomens. Sie heben die aktuellen Veränderungen und neuen Entwicklungen im Verständnis von Trauma in Bezug auf Erwachsene hervor. In der gleichen Weise fordern Ford und Courtois (2013) in ihrem Buch, das der Behandlung von Kindern und Jugendlichen gewidmet ist, „klinische Kreativität, geleitet von solider klinischer Theorie, evidenzbasierter Beurteilung, weiser klinischer Beurteilung und einer sich entwickelnden Evidenzbasis“ (S. XII). In einer Delphi-Studie von West (2010) gaben Supervisoren an, dass sie die Supervisanden in Bezug auf ihre Erfahrung und Ausbildung im Bereich Trauma in der ersten Supervisionssitzung beurteilen. Sie gaben an, das Gefühl zu haben, dass sie die Klienten und Supervisanden schützen und gleichzeitig die Fähigkeiten und Praxis der letzteren entwickeln mussten.

Der Wert verschiedener Supervisionsformate

Verschiedene Supervisionsformate helfen Klinikern auf unterschiedliche Weise bei ihrer Arbeit mit Trauma. Oft macht die Organisation oder Agentur, die therapeutische und Sozialhilfedienste für Klienten anbietet, Gruppen- und Einzelaufsicht verfügbar. Diese beiden Formen der Supervision erfordern unterschiedliche Fähigkeiten von den Supervisoren, während es unterschiedliche Lernpunkte für die Aufsichtsbeauftragten gibt.

Wenn sie von einem warmherzigen und fähigen Supervisor geleitet wird, bietet die Gruppenaufsicht den Teams in der Regel die Möglichkeit, enger zusammenzurücken und ihr Wissen auf sehr konstruktive Weise miteinander zu teilen und voneinander zu lernen. Ein guter Supervisor wird daran arbeiten, ein Gefühl der Sicherheit in der Gruppe zu schaffen, indem er den Beitrag jedes einzelnen Mitgliedes validiert und betont, wie viel die anderen Mitglieder verpassen, wenn

Mitglieder im Team aus Angst vor Kritik schweigen. Solche Treffen können auch eine Gelegenheit für multidisziplinäre Teams sein, zusammenzukommen und das Denken der anderen zu erweitern. Diese Art der Zusammenarbeit ist besonders vorteilhaft bei der Arbeit mit Familien, die ein Trauma überlebt haben.

Während der Gruppenaufsicht für ein kleines Familientherapieteam, das im Bereich Drogenmissbrauch arbeitet, hatte Angela die Idee entwickelt, den Psychologen einzuladen, der vor Beginn der Familientherapiearbeit eine Einzeltherapie mit dem Symptomträger durchgeführt hätte, sowie den Sozialarbeiter, der den Klienten und die Familie vor seinem Eintritt in die stationäre Behandlung begleitet hätte. Diese Aufsichtstreffen würden während der gesamten Familientherapiebehandlung regelmäßig abgehalten. Während solcher Treffen würden sich Geschichten über Trauma und Verlust entfalten, wie es typisch ist für Klienten, die sich Drogen- und Alkoholmissbrauch zuwenden. Die verschiedenen Fachleute – so informiert sie waren, durch sich überschneidende, aber auch unterschiedliche theoretische Rahmen – genossen diese Gespräche sehr und fanden sie äußerst bereichernd, vor allem weil sie ihnen die Möglichkeit gaben, sich anders zu positionieren und Manövrierfähigkeit in ihrer Arbeit mit den Klienten und ihren Familien zu gewinnen.

Durch die Verwendung von reflektierenden Teams würden die verschiedenen Fachleute sich gegenseitig Feedback zu der Arbeit geben, die durchgeführt wurde und den Dilemmata, mit denen sie konfrontiert wurden. Wenn sie sich festgefahren fühlten, würden die Aufsichtsbeauftragten dann von problemgesättigten Erklärungen, die aus linearer Kausalität abgeleitet wurden und die in Fingerzeigen und Schuldzuweisungen endeten, zu systemischen Hypothesen wechseln, die den Fachleuten helfen könnten, besser zu verstehen, wie sie Paaren, Kindern und Familien am besten helfen können, jetzt, wo der Missbrauch aufgehört hat.

Diese Arbeitsweise ist gut für Agenturen, die Klienten betreuen, die traumatisiert wurden. Dies liegt daran, dass monatliche Aufsicht durch einen qualifizierten Supervisor nicht ausreichen wird, um Fachleute zu unterstützen, die in der Organisation arbeiten, es sei denn, die Erfahrung selbst erzeugt nicht einen Ripple-Effekt, bei dem die kollegiale Unterstützung im täglichen Verhalten der Arbeiter in der Organisation inhärent ist. Natürlich funktionieren nicht alle Organisationen auf diese ideale Weise, da sekundäre Traumatisierung und Wettbewerb – eher als Zusammenarbeit zwischen Fachleuten – leicht einsickern können, wie wir weiter unten sehen werden. Es ist jedoch oft der Fall, dass die neuen Ideen, die während der monatlichen Gruppenaufsicht ausgelöst werden, dann vom Team verfolgt werden. Die folgende Vignette, die ursprünglich auf Französisch veröffentlicht wurde (Abela 2009, S. 173), illustriert einen Auszug aus einer Gruppenaufsichtssitzung mit einem multidisziplinären Team, das in einem Kinderheim arbeitet. Der Wechsel von einem problemgesättigten Gespräch zu einer systemischeren theoretischen Perspektive löste die Sackgasse auf, in der sich die Kinderpsychotherapeutin befunden hatte:

Während der (Aufsichts-)Sitzung beklagte sich eine Kinderpsychotherapeutin über die schlechten Fortschritte, die John[1] machte. Der Junge ging ein und aus in einer psychiatrischen Einheit für Kinder. Nach Ansicht der Psychotherapeutin war die Mutter nicht in

[1] Alle in diesem Papier erwähnten Namen sind fiktiv.

der Lage, ihren Sohn „einzudämmen", und doch lehnte sie es ab, trotz des Angebots die Tagespflege im Heim zu beanspruchen. Die Psychotherapeutin gab an, dass sie ziemlich schockiert war, von der Mutter während einer Fallkonferenz zu hören, dass ihr diese Unterstützung nie angeboten wurde. Nach der Fallkonferenz überprüfte sie die Situation mit dem zuständigen Sozialarbeiter, der die Einladung bestätigte. Diese Situation ließ sie sehr perplex und etwas empört zurück.

Katia, eine Familientherapeutin, bat die Gruppenmitglieder um andere Geschichten, die die verschiedenen Mitglieder über John und seine Mutter wussten.

Die Kinderpsychotherapeutin erinnerte sich daran, wie die Mutter nach einem multidisziplinären Teamtreffen anvertraut hatte, dass sie sich sehr schämte, weil sie nicht in der Lage war, ihren Sohn „einzudämmen".

Patrick, der Spieltherapeut, erinnerte die Aufsichtsgruppe daran, dass Johns Vater die Ehe verlassen hatte und mit einer anderen Frau zusammenlebte. Er plante sogar, die Insel mit ihr zu verlassen.

(Die Aufsichtsgruppe) fragte sich, ob Johns Verhalten ein Versuch war, seinen Vater zurückzuholen. Immerhin war genau das passiert, als John einen großen Wutanfall hatte. Der Vater wurde gebeten einzugreifen.

Sehnte sich die Mutter auch nach ihrem Ehemann? Würde John ihn zurückbringen?

Zusammen mit der Familientherapeutin war die Kinderpsychotherapeutin daran interessiert, daran zu arbeiten, dass der Junge sich von seinem Vater verabschiedete, bevor er ins Ausland ging. Auch die Mutter würde die Familiensitzungen besuchen.

Die Familientherapiesitzungen erwiesen sich als sehr hilfreich. Vater und Sohn konnten sich verabschieden, bevor der Vater ins Ausland ging, und der Junge konnte zunehmend ruhig mit seiner Mutter umgehen.

Die systemische Supervision hat auch das Konzept der Liveaufsicht eingeführt, bei der das Team und der Supervisor hinter dem Einwegspiegel zuschauen. Dies unterscheidet sich sehr davon, dass ein Aufsichtsbeauftragter einen Bericht über die Sitzung mitbringt, sei es während einer Einzelaufsicht oder während einer Gruppenaufsicht. Liveaufsicht ist sehr reichhaltig, da Supervisor und Aufsichtsbeauftragte sich zusammen über eine bestimmte Familie Gedanken machen, bevor die Sitzung beginnt. Es gibt auch die Reichhaltigkeit, die nicht nur davon kommt, dass der Therapeut im Raum beaufsichtigt wird, sondern auch von dem Team hinter dem Einwegspiegel. Bei der Traumaarbeit würde die Familientherapeutin alle Unterstützung benötigen, die sie bekommen kann, um der Familie die bestmögliche Hilfe zu bieten. In dieser Hinsicht hilft die Supervision dem Team, den Therapeuten im Raum zu unterstützen. Der Supervisor und das Team sind da, um den therapeutischen Prozess während der Sitzung zu beobachten und dem Therapeuten und der Familie Feedback zu geben. Nonverbale Kommunikation wird live erfasst. Das Team bietet dem Therapeuten auch die Möglichkeit, eine Pause einzulegen, neue Informationen an die Familie zu bringen und sich die Zeit zu nehmen, sich mit der Familie neu zu positionieren. Trotz all dieser Vorteile weist Smith (2013) darauf hin, dass Liveaufsicht in Anwesenheit des Teams hinter dem Einwegspiegel den Aufsichtsbeauftragten ängstlicher und verletzlicher machen kann. Dies gilt insbesondere für Anfängertherapeuten, denen das notwendige Selbstvertrauen fehlt (Abela 2003) oder wenn Teammitglieder einander gegenüber kritisch sind oder miteinander konkurrieren.

Sicherheitsfragen innerhalb der Gruppe müssen immer als Priorität behandelt werden, da es ziemlich schwierig – wenn nicht unmöglich – ist, als Team zu arbeiten, ohne diese Fragen zu klären. Darüber hinaus stellten zwei von uns in einer unserer Konsultationen mit einem therapeutischen Team in einem Wohnheim für jugendliche Mädchen mit emotionalen und Verhaltensproblemen fest, dass „mit der Entwicklung von Sicherheit und Vertrauen zwischen den verschiedenen Mitgliedern der Gruppe ihre Reflexivität in Bezug auf ihre eigene therapeutische Praxis mit den jugendlichen Mädchen zunahm." (Abela und Sammut Scerri 2003, S. 41).

Die Verwendung von Videoaufnahmen, anstatt von Livearbeit während der Supervision kann genaue Segmente einer therapeutischen Sitzung erfassen. Dies kann auch einigen der Therapeuten, die in einem Team arbeiten, die Möglichkeit geben, mehr Kontrolle über das vorgestellte Material zu haben. Die Supervisorerfahrung würde diesen Supervisor hoffentlich helfen, mehr Selbstvertrauen zu gewinnen und dann das Gefühl zu haben, dass sie zur Liveaufsicht übergehen können.

Die Einzelaufsicht ist förderlicher für eine tiefere und persönlichere Beziehung zwischen dem Supervisor und dem Supervisand. Obwohl es nicht ausgeschlossen ist, dass der Schnittpunkt zwischen persönlichen und beruflichen Fragen während der Gruppenaufsicht angesprochen wird, bietet die Einzelaufsicht einen vertraulicheren Rahmen.

Dilemmata, die während der Supervision auftreten

Wie Keys (2009) darauf hinweist, wurde „zu viel Aufmerksamkeit auf das gelegt, was in der Kinderfürsorge getan werden sollte, und nicht so viel darauf, wie es getan werden sollte" (S. 243). Es gibt eine Reihe von Situationen und Dilemmata, bei denen Kliniker Unterstützung benötigen, wenn sie mit Familienmitgliedern arbeiten, die ein Trauma erlebt haben.

Trotz der Tatsache, dass viele derjenigen, die in Not leben, arm und sozial benachteiligt sind (WHO und Calouste Gulbenkian Foundation 2014; Center on the Developing Child at Harvard University 2016), neigen viele Praktiker dazu, die Belastungen, denen diese Familien ausgesetzt sind, zu ignorieren (Falicov 1998). Trotz der Empfehlungen des Europarates in ihren Leitlinien für Fachleute (siehe Daly 2007), ist die Beteiligung der Dienstnutzer nicht in den professionellen Ausbildungskursen verankert. Dieser Mangel an Sensibilität in der Ausbildung kann dazu führen, dass Fachleute Armut, Gewalt, Rassismus und andere Bedrohungen medikalisieren, trotz ihrer besten Bemühungen. Dies ist besonders in Stresssituationen der Fall. Wenn der soziokulturelle Kontext der Familien, die wir sehen, so völlig anders ist als unserer, fällt es uns möglicherweise schwer, eine Verbindung herzustellen, und wir können Familien leicht pathologisieren (Walsh

2003). Anfängertherapeuten beklagen sich, dass ihre Klienten trotz der Tatsache, dass sie ihnen eine Notiz bezüglich ihres Treffens per Post geschickt hätten, nicht erscheinen. Sie müssen daran erinnert werden, dass viele dieser Klienten möglicherweise nicht lesen können (Abela und Tabone 2008). Sie erwarten auch, dass ihre Klienten sich genauso verhalten wie sie und bereiten sich darauf vor, sie genauso zu begrüßen, wie sie ihre mittelständischen Klienten in einer Privatklinik begrüßen würden. Wenn Angela über Klasse und Kultur in der Psychotherapie unterrichtet, zitiert sie oft ihre erste Begegnung mit einer Mutter, als sie noch als klinische Psychologin in Schulen arbeitete. In diesem Fall hatte die Schulleiterin die Mutter gerufen, weil sie Bedenken hinsichtlich der Vernachlässigung ihrer Tochter hatte:

> ... Ich fand mich völlig aus der Fassung gebracht ... als sie zu einem Termin erschien, etwas verloren wirkte und ein großes maltesisches Brot in der Hand hielt (das sie meiner Meinung nach leicht in eine Papiertüte hätte stecken können), ein Sommerkleid und eine Strickjacke trug und einen Plastikflipflop mit einer großen orangefarbenen Dahlie mitten im Winter! (Abela 2009, S. 176)

Die Notwendigkeit einer empathischen Abstimmung mit unseren Klienten, die in Not leben, wurde in verschiedenen Kapiteln dieses Buches hervorgehoben und ausführlich erläutert (siehe Kap. 5 und 6). Diese menschliche Qualität ist für Klienten äußerst tröstlich und trägt immens zu ihrem Heilungsprozess bei. Es kann verschiedene Gründe geben, warum Supervisanden es schwierig finden, sich mit ihren Klienten zu identifizieren. Wilson und Lindy (1994) erklären, wie sich dies bei den Supervisanden äußert, wenn sie empathische Belastungen erleben und es schwer finden, in emotionalen Kontakt mit dem Klienten zu bleiben. Etherington weist darauf hin, dass dieses Verhalten eine natürliche Reaktion auf die Arbeit mit Traumata ist und zu einer sekundären Traumatisierung führen kann. Die Verarbeitung sekundärer Traumata ist ein wichtiger Bestandteil der Supervision mit Klinikern, die im Bereich Trauma arbeiten (Virtue und Fouche 2010) und hilft ihnen, die empathische Abstimmung wiederherzustellen.

Die empathische Abstimmung mit den Klienten wird auch dadurch beeinträchtigt, dass die Kliniker Schwierigkeiten haben, ihr Verhalten zu verstehen, und ihre Geduld mit ihnen verlieren oder aus verschiedenen Gründen ängstlich oder besorgt sind. Etherington (2009) zitiert eine Studie von Pope und Tabachnick, die 1993 unter 285 Therapeuten, die im Bereich Trauma arbeiten, durchgeführt wurde. Ein hoher Prozentsatz dieser Therapeuten (89%) berichtete, dass sie aufgrund ihrer mangelnden Kooperation wütend auf die Klienten waren, während über 90% aus irgendeinem Grund um das Wohlergehen ihrer Klienten fürchteten. Viele Kliniker (83%) hatten auch Angst, dass sie von ihren Kollegen kritisiert werden könnten.

Während der Supervision werden Praktiker dabei unterstützt, ihre Ängste und Frustrationen zu beruhigen. Ein sicherer Raum, in dem sie ihre eigenen Gefühle ausdrücken und mithilfe des Supervisors therapeutische Wege zur Intervention erkunden können, ist sehr hilfreich. Sie müssen daran erinnert werden, dass ihre emotionalen Zustände zum Teil die Dysregulation ihrer Klienten widerspiegeln. In dieser Hinsicht fördert die Supervision die Empathie mit den Klienten.

Ein weiteres damit verbundenes Problem, das Kliniker aufweisen, wenn sie in diesem Bereich arbeiten, hat mit der Polarisierung zu tun, insbesondere im Kontext der Familienarbeit. Kliniker geraten in die Falle, empathisch mit dem Kind zu sein und erwarten, dass entweder ein Elternteil oder beide Eltern ihre Verantwortung als Eltern übernehmen. Die Eltern können jedoch aus verschiedenen Gründen Schwierigkeiten haben, sich mit ihren Kindern zu identifizieren, einschließlich ihrer traumatischen Vergangenheit, Armut und Stress, einem schlechten Unterstützungsnetzwerk oder schwierigen Beziehungen zur Herkunftsfamilie und/oder dem biologischen Vater des Kindes. Ein systemischer theoretischer Rahmen ist ein wichtiger Bezugspunkt für die Supervisanden, ebenso wie die daraus resultierenden therapeutischen Techniken, von denen einige in Kap. 6 hervorgehoben wurden. Der Supervisor muss eine sowohl/als auch Positionierung seitens des Praktikers fördern. Die Einladung des Supervisors, sich darauf zu konzentrieren, was die Mutter für eine Veränderung braucht, ist sehr hilfreich. Sie kann den Praktikern helfen, eine Theorie des Wandels zu formulieren, die ihre Arbeit informieren kann. Gleichzeitig ist es wichtig, das Ausmaß des Risikos für das Kind oder das Opfer erneut zu überprüfen und zu bewerten. Der Praktiker muss die Sicherheit jederzeit priorisieren. Sobald dies gewährleistet ist, kann der Praktiker die Bedürfnisse der Eltern und des Kindes (oder des Opfers im Falle einer früheren Geschichte von häuslicher Gewalt) im Auge behalten, anstatt die Bedürfnisse eines der Familienmitglieder über die eines anderen zu stellen.

Manchmal findet die Polarisierung auf der Ebene der Behörde statt. Typischerweise könnten einige der Mitarbeiter glauben, dass die Familie von einem Therapeuten zu viel Hilfe erhält, während der Therapeut denken würde, dass die in die Familie investierte Zeit notwendig ist und die gewünschte Veränderung herbeiführen würde. Der Supervisor kann darauf hinweisen, dass beide Seiten langfristig einen Punkt haben und ein Kompromiss äußerst vorteilhaft ist. Herman (1997) erklärt, dass Konflikte bezüglich der Behandlung von Patienten typisch für Patienten sind, die schwer traumatisiert sind:

> In institutionellen Umgebungen tritt häufig das Problem der Spaltung des Personals oder intensiver Konflikte über die Behandlung schwieriger Patienten auf. Fast immer stellt sich heraus, dass das Subjekt des Streits eine Geschichte von Traumata hat. Der Streit unter Kollegen spiegelt die unwissentliche Wiederholung der Dialektik des Traumas wider (S. 187).

Grenzsetzung wird als wesentlicher Bestandteil des therapeutischen Rahmens betrachtet (Papadopoulos 1998). Smith (2013) erläutert dies, indem er darauf hinweist, dass klare Grenzen erforderlich sind, um Klienten und Praktiker vor Traumatisierung oder Re-Traumatisierung zu schützen. Während er mit 18 bosnischen medizinischen Evakuierten arbeitete, erklärt Papadopoulos (1998) die Gefahr des Überschreitens von Grenzen bei der therapeutischen Arbeit mit Klienten, die Traumata ausgesetzt sind:

> Während der gesamten Zeit habe ich mich davon zurückgehalten, ihnen materielle Geschenke anzubieten, weil mir vollkommen bewusst war, dass eine solche Aktion die therapeutische Verbindung unwiderruflich verändert hätte; außerdem hätte keine Menge an Geschenken die grundlegende und multiple Entbehrung ihres Daseins beseitigt. Tragischer-

> weise haben viele andere Mitarbeiter, überwältigt von ihrem spontanen Impuls, mit menschlicher Großzügigkeit zu reagieren und ohne das Bewusstsein für die Bedeutung therapeutischer Grenzen, diesen Männern ständig Geschenke angeboten und professionelle Grenzen überschritten, indem sie sie für Wochenendausflüge mitgenommen haben. Unweigerlich endeten die meisten dieser Beziehungen bitter mit tragischen und manchmal sogar gewalttätigen Konfrontationen. (S. 470).

Die Traumaarbeit löst intensive Gefühle und Emotionen aus und die Supervision ist ein wichtiger Raum, in dem Praktiker diese Gefühle verarbeiten können. Wie Dutta (2010) erklärt, können die Emotionen, die Therapeuten während der Sitzungen erleben, als „potenzielle Ressource innerhalb der supervisiven Begegnung" gesehen werden, die schließlich den Supervisanden zur „Dekonstruktion von mehrfachen möglichen Bedeutungen" führen würde (S. 105).

Wenn man im Bereich Trauma arbeitet, insbesondere in extremen Traumasituationen, sind die Bedürfnisse der Klienten erheblich und die Versuchungen, die Klienten zu „retten" oder die Verantwortung für sie zu übernehmen, sind sehr häufig. Traumatisierte Klienten können so sehr nach Liebe und Schutz und/oder Anerkennung suchen, dass sie auf viele Arten versuchen, die Grenze zu überschreiten und ihrem Therapeuten näher zu kommen. Chard und Hansel (2006) erklären, wie missbrauchte Kinder oder Jugendliche gegenüber dem Therapeuten aggressiv oder verführerisch werden können. Supervisanden müssen ermutigt werden, diese Versuche während der Supervision zu verarbeiten und die Grenze, die sie mit ihren Klienten schaffen, zu schätzen, weil sie Raum für weitere Reflexion und kreative Interventionsmöglichkeiten schafft.

Etherington (2009) weist auch darauf hin, dass Supervisoren, die Grenzen setzen, indem sie nicht jederzeit verfügbar sind oder sich nicht überarbeiten, als eine Art Modell für Therapeuten dienen, die verstehen, dass die Einhaltung von Grenzen nicht nur dazu dient, die Klienten zu schützen, sondern auch die Therapeuten in ihrer Arbeit.

Natürlich bedeutet die Einhaltung von Grenzen nicht, auf starre Weise mit Kindern und Familien umzugehen. Es geht um die Fähigkeit der Praktiker, auch in Situationen, in denen sie sich besonders anstrengen müssen, um ihnen zu helfen, mit ihren Klienten zu reflektieren. Den Geburtstag eines Kindes, das in einer Pflegefamilie lebt, mit Kuchen und Süßigkeiten während einer Sitzung zu feiern, kann sehr therapeutisch sein, anstatt ein „passage a l'acte". Papadopoulos (1998) erklärt selbst diese Notwendigkeit für kreative Anpassungen. Zum Beispiel argumentierte er, dass es angemessener sei, in einer offenen Umgebung als in einer Klinik zu arbeiten, wenn er Flüchtlingen hilft. Er würde dann einen ruhigen Ort finden, an dem er mit denen sprechen würde, die bereit waren, sich zu öffnen. Gleichzeitig versuchte er, durch das Festlegen einer regelmäßigen Besuchszeit, das Führen eines Tagebuchs und das Tragen einer Krawatte einen Sinn für Grenzen in seinen Begegnungen mit ihnen zu wahren.

Ein weiteres häufiges Dilemma, mit dem Praktiker konfrontiert sind, wenn sie mit traumatisierten Klienten arbeiten, ist die Tatsache, dass sie mit *Widersprüchen leben* müssen. Clarissa Sammut Scerri hat dieses Phänomen bereits in Kap. 2 dieses Buches vertieft, als sie die Prozesse untersuchte, die erwachsene

Überlebende von häuslicher Gewalt durchlaufen. Ihre Grounded-Theory-Forschung (Sammut Scerri 2015) erklärt, wie trotz der Tatsache, dass ihre weiblichen Teilnehmerinnen körperlichen Missbrauch durch ihren Vater erlebt hatten, sie dennoch eine Beziehung zu ihm haben wollten. Dies lag daran, dass ihre Teilnehmerinnen trotz des Missbrauchs immer noch eine Bindung zu ihm hatten. Ausgehend von der Bindungstheorie (Bowlby 1969, 1973) erklärt sie, dass „die Stärke der Bindungen nicht die Qualität der Bindungsbeziehungen vorhersagt" (Sammut Scerri 2015, S. 247). Diese paradoxe Beziehung ist den Klienten, die um Hilfe bitten, oft nicht vollständig klar. Der Wunsch nach Verbindung mit einem Elternteil, das auch ein Täter war, kann manchmal verschleiert sein. In anderen Momenten kann der Klient Wut auf seine Bindungsfigur empfinden, aber später nach Wiederverbindung verlangen oder sich zu einer ähnlichen Bindungsfigur in ihrem Erwachsenenleben hingezogen fühlen und in ihrer Rolle als Opfer weitermachen. Andere treten in missbräuchliche Beziehungen ein und übernehmen selbst die Rolle des Täters. Sammut Scerri betont, dass es von größter Bedeutung ist, dass Praktiker

> ein konstantes und beständiges Objekt im Angesicht einiger der beunruhigenden und fragmentierten Erfahrungen der Klienten bleiben. … (und dass) Therapeuten in der Lage sind, inkongruente Informationen zu erkennen, zu enthalten und zu integrieren, und erkennen, dass jemand eine andere Person sowohl lieben als auch hassen kann (Lawrence 2014), während sie gleichzeitig ihre eigenen intensiven Emotionen um Gewalt bewältigen. Hier wäre die Supervision für die Therapeuten hilfreich (S. 251).

Diese heikle Arbeit erfordert achtsame Therapeuten, die in erster Linie sich darüber bewusst sind und in der Lage sind, den widersprüchlichen Charakter der Äußerungen und Verhaltensweisen der Klienten zu verstehen und die Aufmerksamkeit für Gelegenheiten haben, in denen sie auf kreative und therapeutische Weise eingreifen können. Ein Supervisor, der die Arbeit des Praktikers unterstützen kann, ist sehr wichtig. Die Teilnehmer schätzen Praktiker, die mitfühlend sind und sich besonders anstrengen, um ihnen zu helfen (Sammut Scerri 2015). Eine solche emotionale Investition kann jedoch nicht ohne die Unterstützung eines ebenso engagierten Supervisors stattfinden.

Es gibt anderes inkongruentes Material, bei dem die Praktiker ihren Klienten möglicherweise helfen müssen, es im Kontext von Gewalt und Missbrauch innerhalb der Familie zu verarbeiten. Sammut Scerri (2015) erwähnt Teilnehmer, die nicht nur Gewalt beobachtet haben und von ihrem Vater missbraucht wurden, sondern auch körperlich und emotional von ihren Müttern missbraucht wurden. Praktiker, die einen feministischen theoretischen Rahmen annehmen, können den Missbrauch von Männern an Frauen und Kindern verstehen, aber die Gefühle ihrer Klienten minimieren, sobald diese beginnen, den Verlust und den Schmerz auszudrücken, den sie von ihren Müttern erlitten haben. Der Supervisor kann diesen Klinikern helfen, indem er einen systemischen theoretischen Rahmen bereitstellt, der gleichzeitiges und vielleicht widersprüchliches Verhalten berücksichtigen und erklären kann (Vetere 2006; Vetere und Cooper 2008).

Praktiker können auch Schwierigkeiten haben, den Kopf über Wasser zu halten, wenn sie mit Klienten sympathisieren, die Opfer von Kindesmissbrauch sind und jetzt ihre Kinder und/oder Partner missbrauchen. Dennoch ist es wichtig, den Klienten die Bedeutung der Übernahme von Verantwortung für ihre missbräuchlichen Beziehungen ins Bewusstsein zu rufen. Diese Ansicht wird von einer Reihe von Wissenschaftlern auf diesem Gebiet bestätigt, darunter Goldner et al. (1990), Goldner (1998, 1999); und andere wie Dutton (2006), Hamel (2005), Hamel und Nicholls (2007), George und Stith (2014); und Lawrence (2014).

Klienten können es unerträglich und beschämend finden, den Teil von sich selbst zu konfrontieren, der missbräuchlich ist, und können Wege finden, beim Praktiker ein Schuldgefühl zu erzeugen, wenn solche Themen angesprochen werden. Praktikern wird das Gefühl gegeben, hart, kritisch und unsensibel zu sein, sodass sie anfangen, an sich selbst zu zweifeln. Die Rolle des Supervisors ist in diesen Situationen von unschätzbarem Wert. Es gibt den Praktikern die Möglichkeit, nachzudenken, während sie Mitgefühl für den/die Klienten bewahren, und kreative Interventionsmöglichkeiten zu finden, die dem/den Klienten helfen können, ihre Aggression zu bewältigen und zu verarbeiten.

Pflege und Mentoring für Praktiker, die im Feld arbeiten

Es wurde viel darüber geschrieben, wie wichtig es ist, sich um Praktiker zu kümmern, wenn sie Traumaarbeit leisten. Supervisanden begegnen oft Klienten, die aufgrund wiederholten Missbrauchs, den sie erlitten haben, dysreguliert sind. Intensive Emotionen, einschließlich Ausdrücken von Wut, Schmerz und Verletzung, haben direkte Auswirkungen auf Praktiker, wobei die weniger Erfahrenen anfälliger für sekundäre Traumatisierung sind (McLean et al. 2003). Smith (2013) weist darauf hin, dass:

> Traumatisches Material kann die Rezeptivität blockieren, indem es emotionale Dysregulation im Praktiker durch Überlastung mit überwältigendem negativem emotionalem Material aktiviert (Mosley und Wiewel 2011). Diese „Klient-Kliniker emotionale Dysregulation" kann auf Hypersensibilität stecken bleiben, gekennzeichnet durch zunehmende Angst oder dissoziative emotional abgeschnittene Interaktionen innerhalb von Therapiesitzungen (Mosley und Wiewel 2011, S. 149).

Die Selbstregulation des Supervisanden ist von entscheidender Bedeutung für ein gutes Ergebnis in der Therapie. Die WHO und die Calouste Gulbenkian Foundation 2014 erkannten diese Bedeutung, sodass sie die Ausbildung von Fachleuten in Selbstregulation forderten. Es gibt verschiedene Möglichkeiten, wie Supervision Fachleuten helfen kann, selbstreguliert zu bleiben, einige davon habe ich bereits weiter oben diskutiert, wie die Verwendung von Reflexivität und die Anwendung eines soliden theoretischen Rahmens, der bei der Verständnis des Falles helfen würde. Die persönliche Betreuung der Supervisanden ist jedoch äußerst wichtig, damit die Supervisanden gedeihen und sicherer werden und in der Lage sind, die komplexen Bedürfnisse ihrer Klienten zu erfüllen.

Vertrauen und Vertraulichkeit gegenüber dem Supervisor sind wichtig, damit Supervisanden gedeihen können

Die in Wests (2010) Delphi-Studie teilnehmenden Supervisoren waren sich nicht alle einig, dass der Supervisor ein Recht darauf hat, über die von ihren Supervisanden erlittenen Traumata informiert zu sein. Sie kamen jedoch alle zu dem Schluss, dass der Supervisor „in das Bewusstsein des Supervisors für seine eigenen Probleme und wie er diese überwacht und bewältigt, wenn sie auftreten, unter Nutzung seines eigenen internen Supervisors" (S. 425) Busuttil (2016) berichtet, dass Familientherapeuten die Supervision sehr hilfreich fanden, wenn sie mit Familien arbeiteten, die das gleiche Trauma durchmachten, das sie selbst durchgemacht hatten. Dies liegt daran, dass solche Fälle die Möglichkeit einer erneuten Traumatisierung der Supervisanden aufwerfen oder Auswirkungen auf die Therapie des Klienten haben könnten (West 2010). Wie bereits weiter oben angegeben, erzählen Supervisanden ihre eigenen Traumageschichten nicht leichtfertig ihren Supervisoren (Kavner und McNabb 2005). Eine solche Beziehung kann in Arbeitsumgebungen, in denen der Supervisor auch der direkte Vorgesetzte ist, aus Angst, dass dies dann ungünstig auf ihre Beurteilung auswirken könnte, nicht leicht gefördert werden. Idealerweise sollten Supervisanden die Freiheit haben, ihren Supervisor für ihre Einzelbetreuung zu wählen, solange der Supervisor ausreichend qualifiziert ist, um solche komplexe Arbeit zu leisten. Ein Mitspracherecht bei der Wahl eines Supervisors wird für Supervisanden als wichtig erachtet und hilft ihnen, ein hohes Vertrauensniveau zu ihrem Supervisor aufzubauen (Virtue und Fouche 2010). Kompetente Supervisoren, die ausreichend in dem Arbeitsbereich ausgebildet sind, inspirieren auch das Vertrauen ihrer Supervisanden.

Wie können Supervisoren Praktikern helfen, eine sichere Basis zu sein?

Yusmarhaini und Carpenter (2015) weisen darauf hin, dass nicht alle Therapeuten (oder andere Praktiker) einen sicheren Bindungsstil haben können. Dennoch berichten sie, dass der Bindungsstil des Therapeuten die Qualität der therapeutischen Allianz beeinflusst, die Familientherapeuten mit den Familien aufbauen. Diejenigen mit einer sicheren Bindung schaffen es, eine engere Bindung mit der Familie aufzubauen. Sie zitieren auch frühere Forschungen, die ähnliche Ergebnisse berichten. In einer explorativen Studie fanden Yusmarhaini und Carpenter (2015) auch heraus, dass Therapeuten mit einer sicheren Bindung besser in der Lage waren, die Feindseligkeit der Klienten zu bewältigen. Die Autoren schlagen vor, dass Supervisoren den Bindungsstil des Therapeuten und der Familie und die Interaktion zwischen den beiden in der Supervision berücksichtigen sollten.

Supervisoren müssen auch über ihren eigenen Bindungsstil nachdenken, wenn sie eine sichere Basis für ihre Supervisanden sein sollen.

In ihrem Kapitel über persönliche und berufliche Entwicklung im Kontext von Trauma, Gewalt, Missbrauch und Not, glauben Hanks und Vetere (2016), dass es hilfreich ist, wenn Supervisanden über den Supervisionsstil und die Rolle des Supervisors lernen. Sie argumentieren, dass die Klarheit der Rollen den Supervisanden helfen wird, sich sicher und geborgen zu fühlen. Die persönliche Sicherheit und das Wohlbefinden des Therapeuten werden ebenfalls priorisiert, ebenso wie der Raum für Reflexion. Die Autoren glauben, dass diese Bedingungen Kreativität und effektive Problemlösung fördern.

Überwachende Praktiker für Resilienz

Die Arbeit mit Paaren, Kindern und Familien, die sich von den Traumata des Missbrauchs erholen, gilt als anspruchsvolle und schwere Arbeit. Viele unserer Supervisanden, die in der traumabezogenen Arbeit tätig sind, berichten uns, dass sie feststellen, dass die Arbeit viel emotionale Energie, Ausdauer, Geduld, gutes Denken und Kreativität erfordert. Verschiedene Autoren heben die beruflichen Gefahren hervor, die diese Arbeit mit sich bringt. Dazu gehören Burnout, Mitgefühlserschöpfung und sekundäre Traumatisierung. Hanks und Vetere (2016) weisen darauf hin, dass die Besonderheit ihrer Arbeit als Supervisoren und Berater in diesem Arbeitsbereich darin besteht, „wie wir den Praktikern helfen, präsent, nachdenklich, mitfühlend und kreativ zu bleiben, wenn sie an den Extremen menschlicher Erfahrung arbeiten." (S. 65).

Mitgefühlserschöpfung (Figley 2002) tritt auf, wenn die Fähigkeit der Fachleute, empathisch zu sein, aufgrund von Überexposition gegenüber Schmerz und Leid abnimmt, was in einigen Fällen mit den eigenen Geschichten von Trauma und anderen belastenden Lebensereignissen des Therapeuten in Resonanz treten kann, die der Therapeut gerade durchmacht. Die Behandlung dieser Probleme in der Supervision ist wichtig, indem die Bedeutung der Selbstfürsorge und des Verbundenseins mit wichtigen anderen und mit Kollegen bei der Arbeit betont wird.

Sekundäre Traumatisierung ist häufiger bei der Arbeit mit Trauma. Sie tritt auf, wenn das Trauma, das von den Praktikern bezeugt wird, sie so stark beeinflusst, dass sie 'ständig über das Leiden derer nachdenken, um die sie sich kümmern. Mit der Zeit kann das einen solchen Zustand erreichen, dass der Betreuer traumatisiert wird" (Figley 1995, S. 20). Smith (2013) betont die Bedeutung einer angemessenen Supervision als Schutz gegen sekundäre Traumatisierung. Er weist auch darauf hin, dass viele, auch wenn sie vielleicht keine voll ausgeprägte sekundäre Traumatisierung erreichen, unter leichter Depression, Erschöpfung und gestörten Beziehungen leiden. Smith zitiert eine Reihe von Autoren, die berichten, dass Praktiker oft nicht in der Lage/zu beschämt sind, darüber zu sprechen, dass sie mit der Arbeit nicht zurechtkommen. Wenn Supervisoren die Supervisanden daran erinnern, dass sie ihrer Sicherheit und ihrem Wohlbefinden Bedeutung beimessen (Hanks und Vetere 2016), kann dies den Supervisanden den Mut geben, sich zu öffnen.

Supervisanden, die nicht ausreichend unterstützt werden und die mit intensiven und überwältigenden emotionalen Zuständen konfrontiert werden müssen, laufen Gefahr, auszubrennen. Einige der Symptome sind „die allmähliche Erosion der Selbstfürsorge am Arbeitsplatz – Verspätungen, Nichterfüllung von Aufgaben, Mehrarbeit oder gar keine Arbeit .... Das Foresight-Projekt zu geistigem Kapital und Wohlbefinden hat das Problem des „Präsentismus“ bei der Arbeit aufgeworfen, bei dem die Arbeitnehmer physisch anwesend, aber nicht produktiv arbeiten. Ihr Bericht legt nahe, dass dies das Vereinigte Königreich jährlich 900 Millionen Pfund kosten könnte“ (Smith 2013, S. 151)

Die Chancen für ein Ausbrennen werden ohne eine gute Supervision verschärft. Der Mangel an Reflexionsräumen, die das Potenzial haben, hilfreiche Ideen für Praktiker zu generieren, führt leicht zu Gefühlen der Hoffnungslosigkeit, des Versagens und der Schuld. Schlechte Gefühle – genau wie gute – sind ansteckend und Burnout kann ganze Teams infizieren.

Letztendlich ist es die Organisation als Ganzes, die die Verantwortung übernehmen und eine fürsorgliche und lebendige Umgebung schaffen muss. Auch der politische und soziale Kontext, in dem die Organisation tätig ist, muss berücksichtigt werden. Arbeitsüberlastung, unzureichende Belohnungen, Ungerechtigkeit und Zusammenbruch in einer Abteilung sind einige der systemischen Arbeitsweisen, die in der Organisation zum Ausbrennen führen (Maslach und Leiter 2008). Hanks und Vetere (2016) machen zu Recht darauf aufmerksam, dass Supervisoren diese Prozesse nicht ignorieren können. „Wie verhalten wir uns (als Supervisoren), wenn die Organisation sichtbar und absichtlich feindselig gegenüber der Belegschaft ist, indem sie beispielsweise die Arbeitsbelastung ohne zusätzliche Ressourcen erhöht, Gehaltsstrukturen herabstuft und/oder die Ansichten der Arbeitnehmer ignoriert?“ (S. 76). Dies ist in der Tat eine relevante Frage, die sie an die Supervisoren stellen. Smith (2013) weist darauf hin, dass „die Unfähigkeit, intensive emotionale Erfahrungen zu verarbeiten, zu autoritären und strafenden Management- und Supervisionsstilen führen kann und dies erhöht die Wahrscheinlichkeit einer sekundären Traumatisierung.“ (S. 153). Wir glauben, dass Supervisoren, die auf verschiedenen Ebenen in der Organisation arbeiten, bei so ernsten Problemen wie allgegenwärtigem Burnout in der Organisation nicht auf fragmentierte Weise arbeiten können. Supervisoren müssen in der Lage sein, sich zusammenzuschließen, um darüber nachzudenken, wie sie das Denken auch in schwierigen Zeiten aufrechterhalten können. Die Positionierungstheorie (Harre und Moghaddam 2003; Campbell und Groenback 2006) und ein dialogisches Modell zur Konfliktbewältigung und zur Gehörverschaffung der Stimme der Arbeitnehmer können als sehr hilfreiche Interventionsmöglichkeiten betrachtet werden. (Campbell 2008; Abela et al. 2013).

Traumaarbeit ist nicht nur Doom und Gloom. Hernandez et al. (2010) bieten einen integrativen und nuancierten Rahmen für das Verständnis der Auswirkungen, die diese Arbeit auf Kliniker hat. Dieser Rahmen beinhaltet auch positive Effekte, die aus dem Trauma resultieren und die unter einem Resilienzrahmen zusammengefasst werden können. Zu diesen Phänomenen gehören posttraumatisches Wachstum, aus Leid geborener Altruismus und sekundäre Resilienz. Im psychotherapeutischen Prozess dienen sie dazu, den Klienten daran zu erinnern, dass sie trotz des erlittenen Leids immer noch stark sind und ein sinnvolles Leben führen können.

Sekundäre Resilienz ist ein Prozess, bei dem Therapeuten positiv von der Resilienz von Traumaüberlebenden beeinflusst werden. Hernandez et al. (2010) argumentieren, dass: „Das Konzept der sekundären Resilienz kann das Wohlbefinden des Therapeuten stärken, indem es schätzt und integriert, was sie aus den Heilungsprozessen ihrer Klienten lernen." (S. 73). Altruismus, der aus Leid geboren wird, unterscheidet sich von Resilienz. Es geht darum, Dinge für andere zu tun, weil man durch das Leid geht, während posttraumatisches Wachstum die Fähigkeit ist, nach Verlust und Leid eine neue Bedeutung im Leben zu finden. Es geht um die Überarbeitung der eigenen Werte und der Annahmen, die man über das Leben macht.

Supervisoren, die sich dieser positiven Prozesse während der therapeutischen Begegnung bewusst sind, müssen in der Lage sein, diese aufzugreifen und sie als Gelegenheiten zu nutzen, um Praktiker für Resilienz zu supervidieren. Dies bedeutet nicht, dass die potenziell schädlichen Auswirkungen bei der Arbeit mit Trauma ignoriert werden sollen. Indem sie jedoch die Fülle und Inspiration, die die Klienten ihren Therapeuten bieten, integrieren, nähren die Supervisoren den Geist ihrer Supervisanden und motivieren sie, in schwierigen Momenten durchzuhalten.

Unterstützungsquellen für den Vorgesetzten

Hanks und Vetere (2016) betonen, dass es ebenso wichtig ist, dass Vorgesetzte auf sich selbst achten. Die Supervision der Supervision ist eine solche Gelegenheit. In einer Grounded-Theory-Studie von Virtue und Fouche (2010) betonten Vorgesetzte im Bereich Trauma die Notwendigkeit, selbst unterstützt zu werden. Ein Vorgesetzter erklärte, wie wichtig eine solche Unterstützung bei der Bearbeitung eines schwierigen Falles ist:

> Nun, zu wissen, dass mein Vorgesetzter von einem besonders schwierigen Fall zum Beispiel Kenntnis hat. Und dass ich sogar zu meinem Betreuten sagen kann, mach nichts, bis ich meinen eigenen Vorgesetzten dazu konsultiert habe. Zu fühlen, dass ich nicht alleine bin, was möglicherweise ziemlich schwierige Dinge betrifft. Mir ist bewusst, während ich es sage, dass es eine Art Kette gibt (S. 71).

In der oben genannten Studie wurde dieses Bedürfnis nach einer *„Kette des Haltens"* (S. 71) auch von den anderen Vorgesetzten erwähnt. Sie fanden auch die Richtlinien und Verfahren der Agentur hilfreich bei ihrer Führung. Die Vorgesetzten forderten auch Finanzmittel, die ihnen helfen würden, mit dem wachsenden Wissen über Trauma Schritt zu halten. Ein leichter Zugang zu Kollegen war ebenfalls wichtig. Im Falle von externen Vorgesetzten, die in den Agenturen tätig sind, in denen sie die Aufsicht führen, ist es auch wichtig, eine gute Kommunikation und Beziehung zum direkten Vorgesetzten des Betreuten und anderen verwandten Fachleuten zu haben. Die Zusammenarbeit in Teams, Netzwerkarbeit und Verbindungstätigkeiten sind ebenfalls Möglichkeiten, um in Verbindung zu bleiben.

Hanks und Vetere (2016) weisen auch darauf hin, dass Freunde und Familie ebenfalls als wichtige Unterstützungsquelle, Erneuerung und Feedback angesehen werden. Die Autoren erklären, dass dieser Arbeitsbereich manchmal eine Quelle für anhaltende Sorgen sein kann. Sie erkennen die Unterstützung ihrer Lieben in solchen Momenten an und schließen mit den Worten:

> In unserer Erfahrung waren unsere Partner unsere „stabilen Vierten'! Im Dreieck zwischen uns als Vorgesetzten, unseren Betreuten und deren Klienten haben unsere Partner uns oft geholfen, diese Arbeitsdreiecke mit ihrem stillen Engagement und Verständnis zu stabilisieren. In der Schaffung und Aufrechterhaltung stabiler Interaktionsdreiecke sind wir in der Lage, reflexiv und klar zu denken, Unterstützung zu verwirklichen und unsere besten Entscheidungen zu treffen (Hanks und Vetere, S. 81).

Die Rolle des Vorgesetzten in Bezug auf ethische Fragen

Ethische Fragen müssen in unserer Arbeit jederzeit priorisiert werden. Dies ist verständlich angesichts der sehr großen Verantwortung, die wir tragen, wenn uns die Aufgabe anvertraut wird, verletzlichen Menschen bei der Heilung von Missbrauch und Trauma zu helfen. Es gibt nicht viel Forschung in diesem Bereich und laut West (2010) bedarf es weiterer Untersuchungen. Vorgesetzte haben eine wichtige Rolle in Bezug auf ethisches Verhalten zu spielen und sind letztendlich dafür verantwortlich, Klienten vor schlechter Praxis zu schützen.

Darüber hinaus weisen Clark und Croney (2006) darauf hin:

> Die Aufsicht ist der Ort, an dem ethische Entscheidungen erkannt, bewertet und modelliert werden müssen ... kein Ethikkodex oder Kurs kann die konsequente Präsenz und Modellierung eines Vorgesetzten ersetzen, der dem Supervisanden aktiv hilft, die Prinzipien ethischer Praxis mit dem bereits bestehenden moralischen Rahmen des Supervisanden zu integrieren (Handelsman et al. 2005, S. 52).

In dieser Hinsicht muss ein Vorgesetzter in diesem speziellen Bereich die moralische Autorität haben, die aus Wissen und Erfahrung im Bereich der Kinder-, Paar- und Familienpsychotherapie in Bezug auf diejenigen gewonnen wird, die durch Missbrauch traumatisiert wurden. Eine Ausbildung in Supervision versorgt den Vorgesetzten auch mit Fähigkeiten und Wissen, die ihn besser darauf vorbereiten könnten, einen haltgebenden supervisierenden Rahmen anzubieten.

Supervisanden schauen zu Vorgesetzten auf, die selbst ethisch einwandfrei sind. Clark und Croney (2006) weisen darauf hin, dass es für Supervisanden schwierig ist, eine gute supervisierende Allianz mit einem Vorgesetzten aufzubauen, der ethische Prinzipien verletzt. Sie zitieren eine verwandte Umfrage unter 151

Therapeuten, die 1999 von Ladany, Lehrman-Waterman, Molinaro und Walgast durchgeführt wurde, die zeigt, dass Vorgesetzte sich stärker ihrer ethischen Prinzipien bewusst sein müssen. Mehr als die Hälfte der Therapeuten (51%) zitierten mindestens eine ethische Verletzung, wobei die drei am häufigsten genannten unzureichende Leistungsbewertungen, Vertraulichkeitsprobleme in der Supervision und theoretische klinische Unflexibilität waren. Vorgesetzte haben die ethische Verantwortung, ihre eigenen persönlichen Probleme verarbeiten zu können, kohärent zu sein und die supervisierende Beziehung zu managen. Sollte es zu stark belastenden Meinungsverschiedenheiten zwischen dem Supervisanden und dem Vorgesetzten kommen, wird erwartet, dass letzterer die Beziehung auf eine konstruktive Weise managen kann.

In extremen Situationen kann sogar die Einhaltung von Grenzen Anlass zur Sorge sein, wenn Vorgesetzte moralisch dazu verpflichtet sind, eine formelle Beschwerde einzureichen, insbesondere wenn Supervisanden in ihrem Verhalten beharren. In extremen Situationen kann der Vorgesetzte tatsächlich Supervisanden dazu beraten, ihren Arbeitsplatz zu wechseln oder sogar in einen anderen Beruf zu wechseln. Eine solch drastische Maßnahme kann für Vorgesetzte, die ebenfalls Unterstützung für sich selbst suchen müssen, stressig sein.

In Kap. 6 wird Bezug genommen auf Eltern, die möglicherweise aufhören, körperlich missbräuchlich zu sein, aber immer noch emotional missbräuchlich gegenüber ihrem Kind sind. Die Meldung von Kindesmissbrauch oder Vernachlässigung erfordert eine konzertierte Anstrengung und die Rolle des Vorgesetzten kann für den Supervisanden äußerst hilfreich sein. Der folgende Fall aus der Literatur veranschaulicht die Art von supervisierender Arbeit, die ein Fall erfordern könnte (Clark und Croney 2006, S. 61–62).

> Nach vielen Wochen der Arbeit hatte der 13-jährige John eine positive Allianz mit seinem Therapeuten aufgebaut. John kämpfte mit Symptomen einer posttraumatischen Belastungsstörung (PTSD), die Folge vieler Jahre sexuellen Missbrauchs. John offenbarte, dass er zwanghaften Sex hatte und jeden Tag nicht verschriebene Benzodiazepine einnahm. Aus Angst, aus seinem Pflegeheim und seiner neuen Schule geworfen zu werden, flehte er den Therapeuten an, niemandem etwas zu sagen. Dieses Ergebnis, warnte er, würde das Leben nicht lebenswert machen. In der Supervision schien der Therapeut überfordert von den möglichen Konsequenzen von Johns Aktivitäten, fühlte sich aber auch schuldig, sie den Behörden zu offenbaren, und hatte Angst, dass die Offenlegung gegenüber dem Vorgesetzten ein Eingeständnis des Scheiterns wäre. Nachdem der Vorgesetzte empathisch die emotionalen Reaktionen des Therapeuten erkundet und die Situation als typisches Dilemma identifiziert hatte, das diejenigen konfrontiert, die mit Hochrisikoklienten arbeiten, untersuchte der Vorgesetzte, welche klinischen Ansätze gewählt worden waren. Nachdem festgestellt wurde, dass John trotz Standardinterventionen in seinem Verhalten beharrte, untersuchte der Vorgesetzte die Möglichkeit, dass John so außer Kontrolle war, dass seine Enthüllungen eine Art waren, seine Verzweiflung und seine Angst zu signalisieren, dass die Therapie nicht funktionierte.
>
> Nachdem der Vorgesetzte die Situation als komplexen Fall umrahmt hatte, der mehrere Behandlungsanbieter benötigte und möglicherweise eine Krankenhauseinweisung zur Sicherung von John erforderte, wurde der Therapeut zunehmend komfortabler mit der objektiven Überprüfung von evidenzbasierten Ansätzen zur komorbiden PTSD und süchtig machenden Verhaltensweisen. Er sah John für eine Notfallsitzung und kontaktierte in An-

wesenheit von John den Pflegebetreuer und die Pflegeeltern. Ein Verhaltensvertrag wurde aufgestellt, der John belohnen würde, indem er seinen aktuelle Therapieplatz beibehielt, wenn er sofort an einer stationären Behandlung teilnahm. John schloss seine stationäre Behandlung ab und nahm nach der Entlassung die ambulante Arbeit wieder auf, wo er und der Therapeut die gestärkte therapeutische Allianz und den Verhaltensvertrag nutzen konnten, um seine Behandlungserfolge aufrechtzuerhalten.

Angesichts der oben genannten Risikofaktoren können Vertraulichkeitsprobleme auftreten, wenn mit solch sensiblen Fällen gearbeitet wird. Supervisanden würden sowohl emotionale Unterstützung als auch praktische Unterstützung bei der Datenvorbereitung benötigen. Sie müssten darauf hingewiesen werden, wie sie ihre Akten führen sollen. Gespräche über Datenschutz und welche Informationen geteilt werden sollen, müssen stattfinden. In extremen Fällen kann ein Fall vor Gericht enden. Die Unterstützung durch den Vorgesetzten und andere forensische Experten kann in dieser Phase von entscheidender Bedeutung sein.

Ein weiterer Bereich, der in der Supervision von besonderer ethischer Bedeutung ist, bezieht sich auf Situationen, in denen Klienten, die traumatisiert und missbraucht wurden, von den Mitarbeitern der Agentur vernachlässigt oder unangemessen behandelt werden. Sehr oft spiegelt dies die Art und Weise wider, wie diese Klientengruppe ihr ganzes Leben lang behandelt worden wäre, ist aber auch ein Symptom für Burnout aufseiten des Fachpersonals. Andere Gründe könnten mit Kürzungen bei den Ausgaben zusammenhängen, die zu größeren Fallzahlen führen können, die unhandhabbar werden. Termine werden dann entweder vom Klienten oder vom Fachpersonal verpasst und nicht neu angesetzt. Es ist immer hilfreich, Supervisanden zu bitten, über Klienten zu berichten, über die sie lange nicht gesprochen haben. Ethisch zu sein bedeutet auch, sich für das Wohlergehen des Klienten in einer Agentur einzusetzen. Vorgesetzte können eine einflussreiche Rolle dabei spielen, nicht nur Klienten, sondern auch Fachleute zu schützen, wenn sie ausgebrannt sind. Eine von uns (Angela) erinnert sich, wie besorgt sie wurde, als der Arbeitsplatz, an dem sie als Vorgesetzte arbeitete, eine alarmierende Fluktuation von Pflegefachkräften aufwies. Sie fühlte die Notwendigkeit, ein Treffen mit der Geschäftsleitung zu vereinbaren, um ihre Besorgnis zu besprechen.

Schließlich kann auch die Beendigung der Arbeit an diesen Fragen ein heikler Prozess sein. Wie West (2010) hervorhebt, ist eine kurzfristige, zeitlich begrenzte Sitzungspolitik unethisch. Sehr oft ist solche Arbeit langfristig. Gleichzeitig ist es nicht sehr wahrscheinlich, dass die Gesundheits- und Sozialdienste Sitzungen ad infinitum anzubieten, trotz der Tatsache, dass die meisten Menschen die negativen Erfahrungen, die sie im Laufe ihres Lebens gemacht haben, weiterverarbeiten und umdeuten. Vorgesetzte müssen Supervisanden bei der Beendigung und dem Abschluss helfen, indem sie ihnen helfen, zunehmend kooperative Beziehungen zu ihren Klienten aufzubauen, sodass sowohl Therapeut als auch Klient/en Kriterien aufstellen können, die ihnen helfen, die Beendigung festzustellen.

Schlussfolgerung

Die Eigenschaften des Supervisors wie Wärme, Sicherheit, Mitgefühl, die Fähigkeit, den Supervisanden zu unterstützen, die Fähigkeit, sekundäre Traumatisierung zu verarbeiten, Neugier und Offenheit (Neill et al. 2006; Virtue und Fouche 2010), die die Schaffung eines sicheren Hafens für Supervisanden ermöglichen, gelten als wichtige Merkmale des Supervisors in der Supervisionsbeziehung. Auch Supervisoren müssen sich selbst unterstützt fühlen. Sie möchten auf dem neuesten Stand des Wissens über die Behandlung von Traumata sein, suchen Supervision der Supervision, informieren sich über gesetzliche und regulatorische Richtlinien und schaffen kooperative Beziehungen mit Kollegen, die Möglichkeiten für Diskussion und Feedback bieten.

Der Begriff „multiple Holding" verdeutlicht die Bedeutung der verschiedenen Unterstützungsquellen, nach denen Supervisoren und Supervisanden suchen. Dieses Kernkonzept, das aus einer Grounded-Theory-Studie von Virtue und Fouche (2010) darüber stammt, was benötigt wird, um Unterstützung für Fachleute zu bieten, die im Bereich Trauma und Missbrauch arbeiten, „ist ein Begriff für die Prozesse, die Praktiker nutzen, um in diesem Bereich weiterarbeiten zu können" (S. 64) und ist nicht nur mit Supervision, Wissen und Fähigkeiten verbunden, sondern auch mit externen Ressourcen wie Kollegialität, persönlicher Therapie, Spiritualität und kontinuierlicher Weiterbildung.

Es ist diese „Kette des Haltens", die Fachleute am Laufen hält. Wie Smith (2013) schlussfolgert, muss die Traumaarbeit die Verbindung zwischen Menschen ehren. Es ist diese Verbindung, die Praktikern hilft, kreativ über die Traumaarbeit nachzudenken. Die Kinder, ihre Familien, die Paare und die Klienten erinnern uns wiederum daran, dass in Leid und Verlust auch Wachstum und Altruismus entstehen, der aus dem Leiden geboren wird.

Literatur

Abela, A. (2003). *Who's knocking at the door? Experiences of trainees and families when supervisors knock during live supervision* (Unpublished study for Supervisor's Course Tavistock Clinic), Tavistock Institute, London.

Abela, A. (2009). Travailler en collaboration avec les enfants et les familles en risqué d'exclusion sociale. In C. Paisant (Hrsg.), *Familles et Professionnels de l'Action Sociale* (S. 167–179). Lyon: Editions Chronique Sociale.

Abela, A., & Sammut Scerri, C. (2003). Collaborative enquiry versus didactic training with organisations: A case study. *Human Systems, 14*(1), 41–54.

Abela, A., & Sammut Scerri, C. (2010). Managing multiple relationships in supervision. In C. Burck & G. Daniel (Hrsg.), *Mirrors and reflections: Processes of systemic supervision* (S. 289–308). London: Karnac.

Abela, A., & Tabone, C. (2008). Processes of poverty and social exclusion in poor families. In D. R. Crane & T. B. Heaton (Hrsg.), *Handbook of families & poverty* (S. 144–160). Los Angeles: Sage.

Abela, A., Zahra de Domenico, R., Formosa Ventura, R., & Zammit, J. (2013). The ultimate ethical position is to keep talking: dealing with difference in teams, in supervision, and in therapy. In C. Burck, S. Barratt, & E. Kavner (Hrsg.), *Positions and polarities in contemporary systemic practice: The legacy of David Campbell* (S. 215–226). London: Karnac.

Bowlby, J. (1969). *Attachment and loss, Vol 1: Attachment*. New York, NY: Basic Books.

Bowlby, J. (1973). *Attachment and loss, Vol 2: Separation: Anxiety and anger*. New York, NY: Basic Books.

Bowlby, J. (1988). *A secure base: Parent-child attachment and healthy human development*. New York: Basic Books.

Briere, J. (2002). Treating adult survivors of severe childhood abuse and neglect: Further development of an integrative model. In J. E. B. Myers, L. Berliner, J. Briere, C. T. Hendrix, T. Reid, & C. Jenny (Hrsg.), *The APSAC handbook on child maltreatment* (2. Aufl., S.175–191). USA: Sage.

Busuttil, C. (2016). *The school of life: Exploring the Relationship between family therapists' own parenting experience and their clinical practice*. Unpublished Master Dissertation, University of Malta, Malta.

Campbell, C., & Groenbaek, M. (2006). *Taking positions in the organization*. London: Karnac Books.

Campbell, D. (2008). Locating conflict in team consultations. In D. Campbell & C. Huffington (Hrsg.), *Organisations connected: A handbook of systemic consultation* (S. 79–98). London: Karnac Books.

Center on the Developing Child at Harvard University. (2016). From best practices to breakthrough impacts: A science-based approach to building a more promising future for young children and families. Retrieved from: http://www.developingchild.harvard.edu.

Chard, K. M. & Hansel, J. E. (2006). Supervising therapists working with traumatised children. In T. Kerby Neil (Hrsg.), *Helping others help children: Clinical supervision of child psychotherapy* (S. 193–207). Washington, DC: American Psychological Association.

Clark, J. J. & Croney, E. L. (2006). Ethics and accountability in supervision of child psychotherapy. In T. Kerby Neil (Hrsg.), *Helping others help children: Clinical supervision of child psychotherapy* (S. 51–71). Washington, DC: American Psychological Association.

Courtois, C. A. (2008). Complex trauma, complex reactions: Assessment and treatment. *Psychological Trauma: Theory, Research, Practice, and Policy, S*(1), 86–100. 10.1037/1942-9681.S.1.86.

Courtois, C. A., & Ford, J. D. (2012). *Treatment of complex trauma: A sequenced, relationship-based approach*. NY, New York: Guilford Press.

Crittenden, P. M. (2008). *Raising parents: Attachment, parenting, and child safety*. Abingdon, UK: Routledge/Willan.

Daly, M. (Hrsg.). (2007). *Parenting in Contemporary Europe: A Positive Approach*. Strasbourg France: Editions du Conseil de l'Europe.

Dutta, S. (2010). Exploring emotions: A critical incident for a supervisor. In C. Burck & G. Daniel (Hrsg.), *Mirrors and reflections: Processes of systemic supervision* (S. 103–120). London: Karnak.

Dutton, D. G. (2006). *Rethinking domestic violence*. Vancouver, Canada: UBC Press.

Etherington, K. (2009). Supervising Helpers Who Work with the Trauma of Sexual Abuse. *British Journal of Guidance and Counselling, 37*(2), 179–194. 10.1080/03069880902728622.

Falicov, C. J. (1998). *Latino families in therapy: A guide to multicultural practice*. New York: Guilford Press.

Figley, C. R. (1995). *Compassion Fatigue: Coping with secondary traumatic stress disorder in those who treat the traumatized*. New York: Brunner/Mazel.

Figley, C. R. (2002). Compassion fatigue: Psychotherapists' chronic lack of self care. *Journal of Clinical Psychology, 58*(11), 1433–1441. 10.1002/jclp.10090.

Ford, J. D., & Courtois, C. A. (Hrsg.). (2013). *Treating complex traumatic stress disorders in children and adolescents: Scientific foundations and therapeutic models*. New York, USA: Guilford Press.

George, J., & Stith, S. M. (2014). An updated feminist view of intimate partner violence. *Family Process, 53*(2), 179–193. 10.1111/famp.12073.

Goldner, V. (1998). The treatment of violence and victimization in intimate relationships. *Family Process, 37*(3), 263–286. 10.1111/j/1545-5300.1998.00263.x.

Goldner, V. (1999). Morality and multiplicity: Perspectives on the treatment of violence in intimate life. *Journal of Marital & Family Therapy, 25*(3), 325–336. 10.1111/j.1752-0606.1999.tb00251.x.

Goldner, V., Penn, P., Sheinberg, M., & Walker, G. (1990). Love and Violence: Gender paradoxes in volatile attachments. *Family Process, 29*(4), 343–364. 10.1111/j.1752-0606.1999.tb00251.x.

Hamel, J. (2005). *Gender inclusive treatment of intimate partner abuse: A comprehensive approach*. New York: Springer.

Hamel, J., & Nicholls, T. L. (Hrsg.). (2007). *Family interventions in domestic violence: A handbook of gender inclusive theory and treatment*. New York: Springer.

Hanks, H., & Vetere, A. (2016). Working at the Extremes: the impact on us of doing the work. In A. Vetere & P. Stratton (Hrsg.), *Interacting selves: Systemic solutions for personal and professional development in counselling and psychotherapy* (S. 65–84). London and New York: Routledge.

Handelsman, M. M., Gottlieb, M. C., & Knapp, S. (2005). Training ethical psychologists: an acculturation model. *Professional Psychology: Research and Practice, 36*(1), 59–65. 10.1037/0735-7028.36.1.59.

Harre, R., & Moghaddam, F. (Hrsg.). (2003). *The self and others: Positioning individuals and groups in personal, political, and cultural contexts*. Westport, CT: Praeger Publishers.

Herman, J. L. (1997). *Trauma and recovery. The aftermath of violence from domestic abuse to political terror* (2nd Hrsg.). New York, NY: Basic books.

Hernandez, P., Enstorm, D., & Gangsei, D. (2010). Exploring the impact of trauma of therapists: Vicarious resilience and related concepts in training. *Journal of Systemic Therapies, 29*(1), 67–83.

Kavner, E., & McNab, S. (2005). Therapist experience of shame. In C. Flaskas, B. Mason, & A. Perlesz (Hrsg.), *The space between: Experience, context and process in the therapeutic relationship* (S. 141–156). London: Karnac.

Keys, M. (2009). Determining the skills for child protection practice: From quandary to quagmire? *Child Abuse Review, 18*(5), 297–315. 10.1002/car.1088.

Lanktree, C., & Briere, J. (2013). Integrative treatment of complex trauma. In J. D. Ford & C. A. Courtois (Hrsg.), *Treating complex traumatic stress disorders in children and adolescents: Scientific foundations and the rapeutic models* (S. 143–161). New York: Guilford Press.

Lawrence, J. A. (2014). Managing dissonance: Implications for therapeutic practice with partner violence. *Partner Abuse, 5*(2), 119–151. 10.1891/1946-6560.5.2.119.

Lowe, C. (2016). The professional's influence within the client system: Exploring countertransference and adult attachment within the therapeutic relationships with children experiencing abuse and their caregivers. *Journal of Social Work Practice, 30*(1), 59–68. 10.1080/02650533.2015.1035236.

Maslach, C., & Leiter, M. P. (2008). Early predictors of job burnout and engagement. *Journal of Applied Psychology, 93*(3), 489–512. 10.1037/0021-9010.93.3.498.

McLean, S., Wade, T., & Encel, J. S. (2003). The contribution of therapist beliefs to psychological distress in therapists: An investigation of vicarious traumatization, burnout and symptoms of avoidance and intrusion. *Behavioural and Cognitive Psychotherapy, 31*(4), 417–428. 10.1017/S135246580300403X.

Mosley, T., & Wiewel, B. (2011). Trauma focused clinical supervision. *UCLA Integrated Substance Abuse Programs.*

Neill, T. K., Holloway, E. L., & Kaak, H. O. (2006). A systems approach to supervision of child psychotherapy. In T. Kerby Neil (Hrsg.), *Helping others help children: Clinical supervision of child psychotherapy* (S. 7–33). Washington, DC, US: American Psychological Association.
Papadopoulos, R. K. (1998). Destructiveness, atrocities and healing: epistemological and clinical reflections. *Journal of Analytical Psychology, 43*(4), 455–477. 10.1111/1465-5922.00047.
Papadopoulos, R. K. (2007). Refugees, trauma and adversity-activated development. *European Journal of Psychotherapy and Counselling, 9*(3), 301–312. 10.1080/13642530701496930.
Prouty, A. M. (2014). Incorporating feminist practices in systemic supervision. In C. L. Storm & T.C Todd (Hrsg), *The systemic supervisor electronic resources.*London: Wiley-Blackwell.
Sammut Scerri, C. (2015). *Living with contradictions of love and violence: A grounded theory study of women's understanding of their childhood experiences of domestic violence.* Unpublished doctoral dissertation, University of Surrey, UK.
Smith, G. (2013). *Working with trauma: systemic approaches.* Palgrave, Macmillan: Basingstoke.
Stoltenberg, C. D., McNeill, B., & Delworth, U. (1998). *IDM supervision: An integrative developmental for supervising counselors and therapists.* San Fransico: Jossey-Bass.
Van der Kolk, B. (2015). *The body keeps the score: Brain, mind, and body in the healing of trauma.* Great Britain: Penguin Books.
Vetere, A. (2006). Commentary—The role of formulation in psychotherapy practice. *Journal of family Therapy, 28*(4), 388–391. 10.1111/j.1467-6427.2006.00359.x.
Vetere, A. (2012). Supervision and consultation practice with domestic violence. *Clinical child psychology and psychiatry, 17*(2), 181–185. 10.1177/1359104511433563.
Vetere, A., & Cooper, J. (2008). Supervision and family safety: Working with domestic violence. In J. Hamel (Hrsg.), *Intimate partner and family abuse: A casebook of gender-inclusive therapy* (S. 347–359). New York: Springer.
Virtue, C., & Fouche, C. (2010). Multiple holding: A model for supervision in the context of trauma and abuse. *Aotearoa New Zealand Social Work, 21*(4), 64–72.
Walsh, F. (2003). Clinical views of family normality, health and dysfunction. In F. Walsh (Hrsg.), *Normal Family Processes* (3. Aufl., S.27–57). New York: Guilford Press.
West, A. (2010). Supervising counselors and psychotherapists who work with trauma: a Delphi study. *British Journal of Guidance and Counselling, 38*(4), 409–430. 10.1080/03069885.2010.503696.
Whitefield, C., & Midgley, N. (2015). „And when you were a child?": how therapists working with parents alongside individual child psychotherapy bring the past into their work. *Journal of Child Psychotherapy, 41*(3), 272–292. 10.1080/0075417X.2015.1092678.
Wilson, J. P., & Lindy, J. D. (1994). Empathic Strain and countertransference. In J. P. Wilson & J. D. Lindy (Hrsg.), *Countertransference in the treatment of PTSD* (S. 5–30). New York, US: Guilford Press.
World Health Organisation & the Calouste Gulbenkian Foundation. (2014). *Social Determinants of Mental Health* (NLM classification: WM 101). Geneva: World Health Organisation. Retrieved from: http://www.who.int/mental_health/publications/gulbenkian_paper_social_determinants_of_mental_health/en/.
Yusmarhaini & Carpenter. (2015). Family therapists adult attachment styles and the therapeutic alliance. *Journal of Family Therapy, 38*(1), 59–81. 10.1111/1467-6427.12079.

Kapitel 9
Prävention und Frühintervention bei Gewalt und Missbrauch in Familien

Einführung

Die durch häusliche Gewalt und Kindesmissbrauch verursachten Schäden können erheblich sein und stellen ein Risikofaktor von einer Generation zur nächsten dar. Forscher schätzen, dass Kindesmissbrauch als das schwerwiegendste und kostspieligste öffentliche Gesundheitsproblem in den Vereinigten Staaten betrachtet werden kann. Van der Kolk (2015) stellt fest, dass: „die Gesamtkosten die von Krebs oder Herzkrankheiten übersteigen, und die Ausrottung von Kindesmissbrauch in Amerika würde die allgemeine Depressionsrate um mehr als die Hälfte, Alkoholismus um zwei Drittel und Selbstmord, Drogenkonsum und häusliche Gewalt um drei Viertel reduzieren. Es hätte auch eine dramatische Auswirkung auf die Arbeitsleistung und würde den Bedarf an Inhaftierung erheblich verringern" (S. 148).

Ähnlich wurden die Kosten von häuslicher Gewalt wiederholt angeführt. Die WHO berichtet, dass weltweit bis zu 35 % der Morde an Frauen von einem intimen Partner begangen werden (WHO 2016). Die Kosten beinhalten medizinische und psychische Gesundheitspflegekosten und die Auswirkungen auf die Produktivität am Arbeitsplatz (Campbell 2002; Krug et al. 2002; Reeves und O'Leary-Kelly 2007). Wenn die Opfer und Täter auch Eltern sind, kann darüber hinaus der Effekt auf die Kinder lang anhaltend sein.

Häufig kann ein Familienmitglied oder mehrere Mitglieder eine Gefahr und Bedrohung für das Wohlergehen anderer, die vulnerabler sind, darstellen. Eines von vier Kindern in den Vereinigten Staaten wird missbraucht, meistens im eigenen Zuhause (Costello et al. 2002; Van der Kolk 2015). Die Statistiken sind in Europa höher (WHO 2013). Darüber hinaus erleben 35 % der Frauen weltweit körperliche und/oder sexuelle Gewalt von einem aktuellen oder früheren Partner (WHO 2016). Obwohl männliche Gewalt insgesamt mehr Verletzungen verursacht als weibliche Gewalt (Lawrence 2014), sind auch Männer Opfer von Missbrauch, und sowohl Männer als auch Frauen sind Opfer von schwerer Gewalt. Desmarais et al.

C. Sammut Scerri et al., *Intervention nach häuslicher Gewalt*,
https://doi.org/10.1007/978-3-031-47950-2_9

(2012a, b) führten eine Überprüfung von Studien durch und fanden heraus, dass etwa eine von vier Frauen und einer von fünf Männern berichteten, dass sie Opfer von körperlicher Gewalt durch ihren intimen Partner waren. In einer erheblichen Anzahl von Familien überschneiden sich häusliche Gewalt und Kindesmissbrauch (Appel und Holden 1998; Edleson 1999; Jouriles et al. 2008; Sammut Scerri 2015).

Dieses Kapitel handelt von der Prävention von häuslicher Gewalt und Kindesmissbrauch, die im Haus stattfinden. Es beginnt mit der Bereitstellung eines theoretischen Rahmens zum Verständnis der Prozesse, die bei Missbrauch in der Familie ablaufen. Anschließend werden die derzeit geltenden rechtlichen Rahmenbedingungen und die Strategien, einschließlich Beispiele für gute Praxis und evidenzbasierte Maßnahmen zur Verhinderung von Gewalt und Missbrauch zwischen Familienmitgliedern, überprüft.

Die Notwendigkeit der Entwicklung eines theoretischen Rahmens zum Verständnis von Missbrauch

Es ist unmöglich, primäre präventive Interventionen vorzulegen, um Missbrauch zu verhindern oder zu stoppen, wenn man nicht ein klares Verständnis der Gründe hat, warum Gewalt in Familien passiert. In Kap. 1 dieses Buches machen wir unser Verständnis von Gewalt und Missbrauch innerhalb der Familie explizit. Es ist das gleiche wie das des Europarats (2011), auch bekannt als die Istanbul-Konvention, die „Alle Gewaltakte, sexuelle, psychologische oder wirtschaftliche Gewalt, die innerhalb der Familie oder häuslichen Einheit oder zwischen ehemaligen oder aktuellen Ehepartnern oder Partnern stattfinden, unabhängig davon, ob der Täter die gleiche Wohnung mit dem Opfer teilt oder geteilt hat“ einschließt. Wir berücksichtigen auch die Definition des Europarats von 1986: „jede Handlung oder Unterlassung, die innerhalb des Rahmens der Familie von einem ihrer Mitglieder begangen wird und die das Leben, die körperliche oder psychische Integrität oder die Freiheit einer anderen Person derselben Familie untergräbt oder die Entwicklung seiner oder ihrer Persönlichkeit ernsthaft schädigt“ (Empfehlung Nr. R (85) 4).

In dieser Hinsicht beinhalten diese Definitionen die Ansichten vieler feministischer Forscher, die häusliche Gewalt gegen Frauen als Ausdruck des Patriarchats sehen (Jewkes 2002), wo die vorherrschende Ideologie eine männliche Überlegenheit ist und die Ideale von Männlichkeit mit der Kontrolle von Frauen verbunden sind, auch durch gewaltsame Mittel. Aus dieser Perspektive werden Frauen als sozial weniger wertvoll und weniger mächtig als Männer wahrgenommen.

Diese feministische Perspektive hindert uns nicht daran, andere Forscher wie Dutton (2006), Hamel (2005), Hamel und Nicholls (2007), George und Stith (2014) und Lawrence (2014) anzuerkennen, die darauf hinweisen, dass Gewalt auch von Frauen gegenüber Männern oder zwischen Personen desselben Geschlechts stattfinden kann und nicht immer von Männern gegenüber Frauen ausgeht.

Darüber hinaus kann Gewalt in intimen Partnerschaften auch situativ sein (Johnson 2008) und nicht ausschließlich von einem der Partner auf den anderen ausgeübt werden. Dies ist nicht der Fall bei sexuellen Übergriffen, die fast immer von Männern begangen werden. Wenn es eine Symmetrie der Geschlechter im Missbrauch gibt, ist ein umfassender systemischer theoretischer Rahmen zum Verständnis von Gewalt in intimen Partnerschaften sehr relevant (siehe Kap. 3 und 4).

In Kap. 6 dieses Buches haben wir bereits die Prozesse erläutert, die ablaufen, wenn Kinder in ihren eigenen Heimen missbraucht werden. Sehr oft sind es die Eltern selbst, die ihre Kinder missbrauchen. Gewalt kann jedoch auch zwischen Geschwistern oder von Kindern gegenüber ihren Eltern stattfinden. Forschung und klinische Praxis stimmen überein, dass Gewalt von Eltern gegenüber ihren Kindern sehr oft eine Reflexion bestehender Traumata ist.

Dennoch können viele Eltern, die Missbrauch erfahren haben, sehr widerstandsfähig sein und sind in der Lage, über ihre Erfahrungen nachzudenken und ein kohärentes Narrativ darüber zu entwickeln, warum ihre Eltern sie missbraucht haben (Main et al. 1985). Anstatt den Missbrauch fortzusetzen, macht ihr Mitgefühl sie therapeutisch. Als Eltern können sie eine hohe reflektierende Funktion haben (Steele und Steele 2008) und ihre Kinder sind sicher gebunden und wachsen so auf, dass sie sichere romantische Beziehungen bilden können. In dieser Hinsicht bieten die Bindungstheorie und das Wissen, das wir über Resilienz haben, reiche theoretische Rahmenbedingungen für politische Entscheidungsträger, die an Familienbeziehungen interessiert sind.

Andere Eltern sind wiederum ihren Kindern gegenüber missbräuchlich (Herzog et al. 1992; Lyons-Ruth und Block 1996). Aus einer emotionalen Regulierungsperspektive legt die moderne Bindungsforschung nahe, dass die Übertragung von Gewalt von einer Generation zur nächsten aufgrund der Dysregulation zustande kommt, die im Angesicht von Stress, Missbrauch und Vernachlässigung erlebt wird. Ein traumabasierter und erweiterter familienorientierter Ansatz zum Verständnis von Gewalt und Missbrauch bietet wichtige Einblicke in dieses vielschichtige Phänomen (Perry 1997; Siegel 2013).

Der systemische theoretische Rahmen hilft uns auch, andere Formen von Gewalt in der Familie zu verstehen. Haskins (2003) weist darauf hin, dass Geschwisterinzest und Körperverletzungen häufig sind und „Teil eines familieninterdependenten Netzwerks" (S. 328) bilden. Ebenso ist Gewalt von Kindern gegenüber ihren Eltern wahrscheinlicher, wenn es häusliche Gewalt zwischen den Eltern gibt, und Jungen sind eher gewalttätig gegenüber ihrer Mutter, wenn sie vom Vater misshandelt wurde. Andererseits werden Erziehungsstile, die strafend sind und denen an Wärme und emotionaler Unterstützung fehlen, sowie Nachsichtigkeit und ein Mangel an Grenzen innerhalb der Familie auch als Risikofaktoren betrachtet (Ibabe et al. 2013; Calvete et al. 2013).

Auch kontextuelle Druckfaktoren müssen berücksichtigt werden. Armut wird als ein Schlüsselfaktor für das Auftreten von häuslicher Gewalt angesehen. Jewkes (2002) erklärt, dass häusliche Gewalt zwar in verschiedenen sozioökonomischen Gruppen vorkommt; sie ist jedoch häufiger und schwerwiegender im Kontext von Armut. Dies ist der Fall in verschiedenen Ländern weltweit. Eine plausible

Erklärung ist, dass Armut Stress erzeugt. Darüber hinaus können Männer, die sich als verantwortlich sehen, eine Krise in ihrer Männlichkeit erleben, wenn sie sich nicht in der Lage sehen, für die Familie zu sorgen. Auch starker Alkoholkonsum wird als ein Einflussfaktor angesehen, der Gewalt in der Familie verschärft. Kindesmissbrauch ist auch häufiger, wenn die Familie in Armut lebt (siehe Kap. 6 für eine detailliertere Erklärung in dieser Hinsicht).

Entwicklung einer präventiven Strategie zur Beendigung von Missbrauch

Die langfristigen schädlichen Auswirkungen häuslicher Gewalt sind zu einem weit verbreiteten Anliegen geworden. Die Beendigung von Gewalt wurde als eine der fünf wichtigsten Prioritäten von fünf Millionen Bürgern angesehen, die an von den Vereinten Nationen geleiteten Konsultationen teilgenommen haben (WHO 2014).

Auf der Grundlage einer Reihe von systematischen Überprüfungen zur Prävention hat der Global Status Report on Violence Prevention, der von der Weltgesundheitsorganisation (2014) zusammen mit dem Entwicklungsprogramm der Vereinten Nationen und dem Büro der Vereinten Nationen für Drogen- und Verbrechensbekämpfung geleitet wurde, sieben Strategien identifiziert, die als evidenzbasiert gelten und Gewalt verhindern können. Sie sind in der untenstehenden Textbox aufgeführt:

> Entwicklung sicherer, stabiler und nährender Beziehungen zwischen Kindern und ihren Eltern und Betreuern;
> Entwicklung von Lebenskompetenzen bei Kindern und Jugendlichen;
> Reduzierung der Verfügbarkeit und des schädlichen Gebrauchs von Alkohol;
> Reduzierung des Zugangs zu Waffen und Messern;
> Förderung der Geschlechtergleichheit zur Verhinderung von Gewalt gegen Frauen;
> Veränderung kultureller und sozialer Normen, die Gewalt unterstützen.
> Identifizierung von Opfern, Pflege- und Unterstützungsprogramme;
> die Entwicklung sicherer, stabiler und fürsorglicher Beziehungen

Zu den Interventionen gehören die Einrichtung eines rechtlichen Rahmens zur Bekämpfung und Beendigung von Missbrauch, Bildung in der Gemeinschaft, Unterricht, der Teil des Schulcurriculums ist, Kampagnen in den Medien und die Entwicklung von Richtlinien.

Dies führt uns dazu, in einige dieser Strategien tiefer einzutauchen und Beispiele für gute Praxis und evidenzbasierte politische Interventionen zu beleuchten. Wie wir sehen werden, gibt es trotz der ständig wachsenden Evidenzbasis und im

Einklang mit den Ergebnissen der von der Weltgesundheitsorganisation und den beiden anderen zusammenarbeitenden Partnern durchgeführten Umfrage (WHO 2014), immer noch unzureichende Investitionen in die Prävention von Gewalt und Missbrauch.

Familien ihr soziales Recht auf ein Leben in Würde geben

Es ist sinnlos, Familien zu helfen und dabei zu unterstützen, respektvoll miteinander zu leben, ohne den Lebensstandard derjenigen zu verbessern, die in Elend und ohne ausreichendes Einkommen leben. Partnergewalt kann reduziert werden, wenn Armut in Schach gehalten wird, das Bildungsniveau erhöht wird und die Gleichstellung der Geschlechter gefördert wird (Stith et al. 2013).

Viele Forscher auf diesem Gebiet beziehen sich oft auf gefährdete Familien und schlagen Interventionen zur Verhinderung von Gewalt und Missbrauch vor, ohne jedoch die Bedeutung von Interventionen hervorzuheben, die sozioökonomische oder strukturelle Barrieren wie Armut, Geschlechterungleichheit und Rassismus bekämpfen. Indem sie dies nicht tun, könnten sie diese Probleme unbeabsichtigt medikalisieren (Center on the Developing Child at Harvard University 2016). Der WHO-Bericht (2013) stellt fest, dass wir sehr wenige Studien darüber haben, wie die Reduzierung von Armut Kindesmisshandlung verhindern kann; die vorhandenen konzentrieren sich auf die Bewertung von Sozialreformen und haben bisher widersprüchliche Ergebnisse erbracht (Klevens und Whitaker 2007).

Dennoch wissen wir, wie Armut reduziert werden kann. Familien brauchen gut bezahlte Arbeitsplätze. Ridge (2009) in Großbritannien und Povich et al. (2015) in den USA weisen beide darauf hin, dass die Beschäftigung für Menschen mit niedrigem Bildungsniveau begrenzt ist und sie nicht aus der Armut heraushebt. Gute Unterkunft und/oder Einkommensunterstützung für diejenigen, die nur ein Gehalt haben oder für gefährdete Familien, in denen die Ernährer keinen Job halten können oder vielleicht Teilzeit arbeiten müssen, sind notwendig. Fortlaufende Erwachsenenbildung und Berufsausbildung können auch vielen Menschen Möglichkeiten eröffnen, die die Schule vielleicht frühzeitig aufgrund von widrigen Umständen in ihrem Leben, einschließlich Armut und Trauma, verlassen haben, die sie stark benachteiligt haben könnten. Im Hinblick darauf hat die Europäische Union eine Reihe von Themen auf ihre Agenda gesetzt, die im Bezug auf die Eindämmung von Gewalt und Missbrauch ökologische Bedeutung haben. Dazu gehören Geschlechtergleichheit, Einwanderung, die Vereinbarkeit von Beruf und Familie, lebenslanges Lernen, die Reduzierung des vorzeitigen Schulabgangs in Europa 2020 und der Beschluss, Armut und soziale Ausgrenzung in der EU zu verringern. Leider geht der Kampf gegen die Armut weiter (Abela und Renoux 2014). Viele Kinder und Familien, auch in hoch entwickelten Ländern, schneiden in dieser Hinsicht sehr schlecht ab (Unicef Innocenti Research Centre 2012; Amato et al. 2015). Stith et al. (2013) machen darauf aufmerksam, dass die Menschenrechte aller Menschen respektiert werden müssen, wenn wir eine gewaltfreie Welt anstreben. Dies gilt auch im Falle von Frauen, wenn sie im Vergleich zu Männern ungleich behandelt werden.

Bereitstellung des rechtlichen Rahmens zur Bekämpfung von Missbrauch

Die breite Anerkennung der schädlichen Auswirkungen von Missbrauch und das wachsende Bewusstsein für seine Häufigkeit innerhalb der Familie haben mehrere Staaten auf der ganzen Welt dazu veranlasst, einzugreifen. Wie Hartman (2003) feststellt, hat der Staat „im Laufe der Jahre langsam Grenzen für die Unverletzlichkeit der Familie gesetzt, insbesondere im Hinblick auf den Schutz von Kindern" (S. 639). Die Konvention der Vereinten Nationen über die Rechte des Kindes (UNCRC), die 1990 in Kraft trat, war in dieser Hinsicht ein wichtiger Meilenstein. Der von 195 Ländern ratifizierte Vertrag ist der am weitesten ratifizierte Vertrag in der Geschichte und schützt die zivilen, politischen, wirtschaftlichen, sozialen, gesundheitlichen und kulturellen Rechte von Kindern.

1993 erließ die Generalversammlung der Vereinten Nationen eine Erklärung zur Beseitigung von Gewalt gegen Frauen. Bis heute haben mindestens 119 Länder Gesetze gegen häusliche Gewalt verabschiedet. Darüber hinaus haben 125 Länder Gesetze gegen sexuelle Belästigung und 52 Länder haben Gesetze gegen Vergewaltigung in der Ehe.

Rechtliche Rahmenbedingungen sind ein wichtiger Abschreckungsfaktor bei der Bekämpfung von Missbrauch aus einer öffentlichen Gesundheitsperspektive. Solche Gesetze heben die soziale Ungerechtigkeit der häuslichen Gewalt gegenüber verwundbaren Familienmitgliedern, vor allem Frauen und Kindern, hervor. Allerdings reicht die Gesetzgebung allein nicht aus, um eine kulturelle Verhaltensänderung herbeizuführen. Sehr oft verfügt der Staat möglicherweise nicht über die Infrastruktur, um solche Gesetze umzusetzen. Die Polizei oder die Kinderschutzdienste sind möglicherweise nicht ausreichend geschult, um sicherzustellen, dass die Gesetzgebung effektiv funktioniert. In diesem Zusammenhang betonte der Global Status Report on Violence Prevention (WHO 2014), dass Gesetze erlassen und rigoros angewendet werden müssen. In einer von ihnen durchgeführten Umfrage stellte sich heraus, dass nur 57 % der Länder, die körperliche Bestrafung befürworteten, die Gesetze vollständig durchsetzten. Darüber hinaus praktizierten von 87% der Länder, die Gesetze gegen sexuelle Belästigung und häusliche Gewalt hatten, nur 44 % eine vollständige Durchsetzung der Gesetze. Sie fordern die Stärkung der Ressourcen. Eine Veränderung der Kultur muss auch durch die Entwicklung von Richtlinien unterstützt werden, die positive Beziehungen zwischen Partnern und eine positive Erziehung der Kinder fördern.

Informelle und formelle Unterstützung zur Bekämpfung von Gewalt und Missbrauch

Familien kommen besser zurecht, wenn sie von ihren Verwandten unterstützt werden und Freunde oder Nachbarn haben, an die sie sich wenden können, insbesondere in Momenten der Not. Formelle Unterstützung ist ebenfalls äußerst wichtig. Die Empfehlung des Europarats zur *Politik zur Unterstützung positiver Elternschaft* (Europarat 2006) betonte die Bedeutung sowohl informeller als auch formeller Unterstützung für Familien, mit besonderem Schwerpunkt auf denen, die gefährdet sind.

Van Wyk et al. (2003) stellten fest, dass Frauen, die eine gute soziale Unterstützung genießen, weniger wahrscheinlich Opfer werden. Ehepartner, die niemanden haben, an den sie sich wenden können, außer ihrem Ehemann oder Partner, sind stärker gefährdet für häusliche Gewalt (Stets 1991). Van Wyk et al. (2003) weisen auch darauf hin, dass die Isolation in einem benachteiligten Viertel mit hoher Arbeitslosigkeit, Gewalt und Drogenproblemen noch verstärkt wird. Der WHO-Europabericht über Kindesmisshandlung betrachtet auch starke soziale Netzwerke und ein hohes Maß an sozialem Kapital als sehr wirksam zur Reduzierung von Kindesmisshandlung (WHO 2013).

Die Art und Weise, wie erweiterte Familienmitglieder, Nachbarn und Freunde reagieren, wenn Familien eine schwierige Zeit durchmachen, macht einen großen Unterschied in Bezug auf das Wohlbefinden der Familie. Opfer von häuslicher Gewalt finden positive empathische Reaktionen sehr hilfreich und psychologisch vorteilhaft (Slaska und Edwards 2013). Australische Frauen, die interviewt wurden, fanden auch informelle Unterstützung unbezahlbar. Sie fanden den respektvollen und empathischen Kontakt mit Familie und Freunden hilfreich und schätzten auch praktische Unterstützung, einschließlich finanzieller Hilfe, Wohnraum und Kinderbetreuung (Taket et al. 2014). Im Gegensatz dazu wurde kritische und/oder beschuldigende Rückmeldung von den Opfern als nicht sehr hilfreich angesehen. Manchmal benötigen Verwandte und Freunde selbst Unterstützung, insbesondere wenn ihre Lieben in Gefahr sind. Einige Verwandte und Freunde, insbesondere diejenigen, die dem Opfer sehr nahe stehen, können angesichts des Traumas erstarren und sich selbst traumatisiert und/oder in Gefahr fühlen. Andere können sehr kritisch werden. In einer systematischen Überprüfung, wie häusliche Gewalt auf informelle Unterstützer wirkte, stellte sich heraus, dass derzeit wenig Unterstützung für sie vorhanden ist. (Gregory et al. 2016). Die gleichen Prinzipien gelten, wenn man gestressten Eltern hilft, die Schwierigkeiten haben, ihre Kinder großzuziehen. Psychologische und praktische Unterstützung durch Familie und Freunde werden sehr geschätzt.

Formelle Unterstützung ist auch unerlässlich, damit Familien in ihren Gemeinschaften gedeihen können. Formelle Unterstützung beinhaltet Beziehungen zu Fachleuten und Unterstützung von Schule, Vereinen, NGOs und/oder der örtlichen Gemeinde.

Die beiden wirksamsten Komponenten von fünf verschiedenen Gemeinschaftspräventionsprogrammen in den Vereinigten Staaten, die darauf abzielen, Kindesmissbrauch zu verhindern, waren die Entwicklung des sozialen Kapitals von Familien in der Gemeinschaft und die Koordination der von verschiedenen Einheiten angebotenen Dienstleistungen (Daro und Dodge 2009). Familienressourcenzentren, die in der Gemeinschaft verankert sind, sind ideale Orte, an denen dies geschehen kann. Sie können als Kulturzentren dienen, in denen Familien sich treffen und kennenlernen können, sowie als Anlaufstellen, in denen Familien geholfen werden kann, die benötigte Dienstleistung zu erreichen. Starke Verbindungen zwischen der Familie und der Schule sind ebenfalls wichtig.

In dieser Hinsicht müssen Gemeinschaften eine kohärente Strategie verfolgen und gut ausgestattet sein. Das Center on the Developing Child an der Harvard University (2016) setzt sich für wissenschaftlich fundierte Innovationen auf der Ebene der Nachbarschaftssysteme ein, damit dies geschehen kann. Die Arbeit auf Gemeinschaftsebene, anstelle des Fokus auf Hochrisikofamilien, könnte kostspieliger sein, und man muss die Kompromisse bewerten, bevor man in Erwägung zieht, ob man anstelle von mehr Gemeinschaftsinterventionen mehr persönliche Dienstleistungen für Kinder und gefährdete Familien anbietet (Daro und Dodge 2009). Wir glauben, dass weiterhin spezialisierte Dienstleistungen benötigt werden, um sowohl Prävention als auch Hilfe für Familien zu bieten, die durch Missbrauch traumatisiert wurden; jedoch ist auch die Intervention auf Gemeinschaftsebene sehr hilfreich. Dies liegt daran, dass die Gemeinschaftsarbeit die Widerstandsfähigkeit der Familien stärkt und ihre Mitglieder befähigt, auf eine Vielzahl von Ressourcen zuzugreifen, anstatt zu stark von professionellen Dienstleistungen abhängig zu werden (Rodrigo et al. 2016).

Erhöhung des Bewusstseins für die Gefahren von Gewalt und Missbrauch durch die Medien

Medienkampagnen sollen die Öffentlichkeit über positive Elternschaft und die Annahme konstruktiver Konfliktstile aufklären. Sie helfen, soziale Normen in Bezug auf häusliche Gewalt und Kindesmissbrauch zu ändern. Sie ermutigen auch die Öffentlichkeit, Hilfe zu suchen und bei Bedarf Misshandlungen zu melden, damit die notwendigen rechtlichen Schritte eingeleitet werden. Der WHO-Bericht (2013) über die Prävention von Kindesmisshandlung stellt fest, dass „Massenmedienprogramme mindestens bescheidene Vorteile bei der Behandlung einer Vielzahl von gesundheitsbezogenen Einstellungen und Verhaltensweisen haben, Diskussionen und Debatten anregen und andere Präventionsarbeit vorantreiben können“ (S. 62–63). Bewusstseinskampagnen in den achtziger und neunziger Jahren verzeichneten Rückgänge bei verbalen und körperlichen Strafen; dennoch blieb die Anzahl der Eltern, die angaben, ihre Kinder geschlagen oder verletzt zu haben, gleich (Daro und Gelles 1992; Daro und McCurdy 2007). Dieser Befund stimmt mit den Schlussfolgerungen von Harvey et al. (2007) überein, die über Kampagnen zur Bekämpfung von häuslicher Gewalt schrieben und zu dem Schluss kamen, dass Kampagnen allein nicht ausreichen, um Veränderungen herbeizuführen, und durch andere Strategien ergänzt werden müssen. Evidenzbasierte Programme in Beziehungserziehung und Elternbildung sind Beispiele für gezieltere Interventionen.

Die WHO-Studie zur Prävention von Kindesmisshandlung (2013) erwähnt auch Fernsehserien wie *Families* in Australien oder *Driving Mum and Dad Mad* in Großbritannien als eine weitere Möglichkeit, die elterliche Kompetenz zu verbessern. Evaluationsstudien kamen zu dem Schluss, dass diejenigen, die die australische Serie verfolgten, ihre Kompetenz als Eltern verbesserten und ihre Kinder sich besser verhielten, während diejenigen, die die britische Serie verfolgten, besser in der Lage waren, ihren Ärger zu bewältigen, sich weniger deprimiert und mehr im Griff fühlten und das Verhalten ihrer Kinder verbesserte. Darüber hinaus wurde den Eltern in der britischen Serie auch personalisierte Internetbasierte Unterstützung angeboten, um das Anschauen der Episoden zu ergänzen.

Reduzierung von Alkohol

Alkoholmissbrauch kann häusliche Gewalt und sexuelle Gewalt verschlimmern. Viele Kinder werden auch misshandelt, wenn die Eltern unter dem Einfluss von Alkohol oder Drogenmissbrauch stehen (Harvey et al. 2007; WHO 2013).

Normalerweise werden drei Hauptansätze zur Reduzierung des Alkoholkonsums verfolgt. Dazu gehören die Preisregulierung, die Einführung einer Steuer auf das Produkt und die gesetzliche Regelung der Verfügbarkeit alkoholischer Getränke und des Kontexts, in dem das Trinken erlaubt ist.

Ökonomische Modellierungsstudien haben geschätzt, dass die Reduzierung des Alkoholkonsums möglich ist. Markowitz und Grossman (1998) haben berechnet, dass durch eine Erhöhung des Bierpreises um 10 % die Wahrscheinlichkeit von Gewalt gegen Kinder um 2,3 % und die allgemeine Gewalt um weitere 1,2 % sinken würde. Sie schätzten auch, dass durch die Schließung eines Alkoholausschanks pro 1000 Personen in der Bevölkerung der Kindesmissbrauch möglicherweise um 4 % sinken könnte. Eine Reihe von Studien in verschiedenen Teilen der Welt haben gezeigt, dass Beispiele für solche Regulierungen tatsächlich zu einer Reduzierung von Unfällen und Gewalt und zu besseren Ergebnissen für Kinder geführt haben. Eines der beeindruckendsten war die intensive Anti-Alkohol-Kampagne in der ehemaligen Sowjetunion im Jahr 1985. Die Politik war sehr umfassend und umfasste eine Verringerung der Alkoholproduktion, die Reduzierung von Alkoholausschankstellen, eine Preiserhöhung für Alkohol, das Verbot von Alkohol bei offiziellen Funktionen und die Anhebung des Alterslimits für den Alkoholkauf auf 21 Jahre. Die neuen politischen Maßnahmen wurden mit hohen Strafen durchgesetzt. Dies führte zu einer Reduzierung der gewaltsamen Todesfälle um 33 %. Kinder genossen auch in dieser Zeit bessere Gesundheitsbedingungen (Balan-Cohen 2008).

Die Prävention von Partnermissbrauch

Andere Methoden zur Umsetzung der primären Prävention von Missbrauch zwischen Partnern beinhalten Screening und Beziehungserziehung.

Screening

Die Ergebnisse des Partner Abuse State of Knowledge (PASK) für Prävention, Behandlung und Politik unterstreichen die Bedeutung des Screenings in Bezug auf häusliche Gewalt (Stith et al. 2013). Die Autoren zitieren eine wachsende Forschung zu diesem Thema und liefern eine Reihe wichtiger Gründe für die Verwendung von gut durchdachten Bewertungen und Maßnahmen, die validiert sind. Obwohl sie anerkennen, dass die verfügbaren Werkzeuge in ihrer Vorhersagegenauigkeit variieren (siehe Nicholls et al. 2013) und man daher gut informiert sein muss, wenn man ein bestimmtes Instrument verwendet, kann man durch deren Verwendung den Vorteil von Genauigkeit, Validität und Reproduzierbarkeit haben. Andere Vorteile bestimmter Werkzeuge beinhalten die Möglichkeit, Rückfälligkeit und andere Risikofaktoren zu bewerten. Sie helfen bei der Entwicklung von Sicherheitsplänen und Interventionen und reduzieren so die Häufigkeit und Schwere von Partnergewalt (siehe Kap. 4).

Screening kann auch sowohl eine präventive als auch eine intervenierende Rolle haben. Eine der politischen Maßnahmen einer nationalen Strategie für positive Elternschaft in Malta (Abela und Lanfranco 2016), die vom maltesischen Ministerium für Familie und soziale Solidarität veröffentlicht wurde, betraf das routinemäßige Screening von werdenden Müttern durch Hebammen in den ambulanten Vorsorgeleistungen hinsichtlich der psychischen Gesundheit der Mutter und etwaiger negativer Situationen im Haushalt (wie häusliche Gewalt). Diejenigen, die spezialisierte Unterstützung benötigen, würden dann an den entsprechenden Dienst verwiesen. Screening könnte auch stattfinden, um Kindesmisshandlung zu identifizieren. Das *Safe Environment for Every Kid* (SEEK) Programm in den Vereinigten Staaten identifiziert gefährdete Familien durch die Verwendung eines Fragebogens, den Eltern im Wartezimmer eines In-Service oder in einer primären Dienstleistung in der Gemeinschaft ausfüllen sollen. Der Fragebogen enthält sehr persönliche Fragen zu Depressionen, Stress, häuslicher Gewalt, Alkoholkonsum und Drogenkonsum sowie zur Anwendung harter Disziplin. Alle Risikofaktoren werden dann mit einem Gesundheitsfachmann besprochen und die Eltern oder Elternteile werden bei Bedarf zur Hilfe überwiesen. Das Programm führte zu einer Reduzierung der Kindesmisshandlung (Dubowitz et al. 2009).

Die Verwendung von validierten Maßnahmen beim Screening auf Gewalt sollte nicht als einzige Methode des Screenings auf Gewalt betrachtet werden. Berichte von beiden Partnern und Interviews mit Opfern haben das Potenzial für mehr Vorhersagekraft als andere Formen der Bewertung (Nicholls et al. 2013).

Weitere wichtige Tipps beinhalteten die Notwendigkeit, nach spezifischen Handlungen zu fragen, anstatt sich auf allgemeine Fragen zu beschränken, und sowohl Partnergewalt als auch Kindesmissbrauch zu bewerten, wenn eine der beiden Gewaltformen gemeldet werden. Der letztere Vorschlag macht angesichts der Überschneidungen, die zwischen den beiden Formen des Missbrauchs bestehen, Sinn. Nicht zuletzt muss angesichts der Auswirkungen auf die Intervention auch die Richtung des Missbrauchs festgehalten werden. Im Einklang mit anderen bereits in unserem theoretischen Rahmen zitierten Forschern berichteten Langhinrichsen-Rohling et al. (2012) sowohl über bidirektionale als auch unidirektionale Gewalt bei der Durchführung einer umfassenden Überprüfung von 48 Studien über häusliche Gewalt.

Beziehungsaufklärung

Neuere Studien wie die in Australien (Halford et al. 2010) zeigen, dass 20 % der frisch verheirateten Paare mindestens einen Vorfall von Beziehungsgewalt im vergangenen Jahr berichteten. Ähnliche Zahlen wurden in den Vereinigten Staaten berichtet (siehe Leonard und Schencak 1996). Traditionelle Ansätze zur Beziehungsaufklärung konzentrieren sich auf Konfliktmanagementfähigkeiten und konstruktive Kommunikation. Eine Metaanalyse, die von Jakubowski, Milne, Brunner und Miller in 2004 durchgeführt wurde, kam zu dem Schluss, dass das Prevention and Relationship Enhancement Program (PREP) die stärksten Belege für seine Wirksamkeit hat.

Trotz der starken Belege für die Wirksamkeit der Beziehungsaufklärung nehmen nur 30 % der heiratenden Paare teil, wenn solche Kurse in Ländern wie Australien und den Vereinigten Staaten angeboten werden (Halford et al. 2006; Stanley et al. 2006). In Großbritannien gehen nur eins von zwölf verlobten Paaren vor der Ehe zu Vorbereitungsstunden, und diese werden meistens von Kirchen angeboten (Callan 2009). In ihrem Literaturbericht weisen Petch et al. (2012) darauf hin, dass die Beziehungsaufklärung zuerst von der Kirche angeboten wurde und religiöse Organisationen bis heute in diesem Bereich sehr aktiv sind. Dennoch fördern eine Reihe von Regierungen die Beziehungsaufklärung in unterschiedlichem Maße (siehe Halford und Simons 2005 für Australien, Helskog 2009 für Norwegen und Coffin 2009 für die Vereinigten Staaten).

Obwohl traditionelle Ansätze zur Beziehungserziehung auch wirksam sind, um aggressives Verhalten zu reduzieren (Markman et al. 1993), zeigen eine Reihe von Studien, dass eine stärker fokussierte Ausbildung diejenigen Bevölkerungsgruppen, die gefährdet sind, effektiver erreichen könnte.

Bradford et al. (2011) schlagen vor, ein Protokoll einzuführen, das Beziehungserzieher befolgen müssen, um Paaren, die zu missbräuchlichem Verhalten greifen, Unterstützung anbieten zu können. Die Studie unterstreicht die Bedeutung des ordnungsgemäßen Screenings von Paaren, die sich gegenseitig missbrauchen, wenn Beziehungserziehung angeboten wird, sowie die Ausbildung für Beziehungserzieher im Umgang mit Paaren, bei denen es Partnermissbrauch gibt.

Das Team der University of Denver hat ebenfalls ein Präventionsprogramm entwickelt, das sich auf Einzelpersonen (anstatt auf Paare) konzentriert. Das Programm untersucht häusliche Gewalt und wie man solche Beziehungen sicher verlassen kann. Sie argumentieren, dass solche Interventionen in einer Paarbeziehung schwieriger zu untersuchen sein könnten. Das Programm hilft auch den Teilnehmern, Fragen in ihren Beziehungen zu klären, einschließlich solcher, die mit gemeinsamer Elternschaft und/oder der klugen Wahl von Partnern zusammenhängen (Stanley et al. 2005). Dieses Programm wurde mit Personen mit niedrigem Einkommen und anderen gefährdeten Teilnehmern durchgeführt und bewertet. Es wurde eine signifikante Reduzierung von physischem und emotionalem Missbrauch 6 Monate nach dem Programm sowie ein signifikanter Unterschied in der Reduzierung von emotionalem Missbrauch zwischen der oben genannten Bevölkerungsgruppe und denen mit einem Universitätsbildungsgrad festgestellt (Antle et al. 2011).

Die Rekrutierung von Paaren für die Beziehungserziehung während des Übergangs zur Elternschaft wurde als besser angesehen, um neue Eltern zu erreichen, die für zukünftige Beziehungsprobleme gefährdet sind (Petch et al. 2012). Obwohl Minderheitenpaare unterrepräsentiert waren, hatten sich 80 % derjenigen, die sich für den Kurs entschieden, zuvor nicht für Beziehungsaufklärung eingeschrieben und 30 % von ihnen hatten drei oder mehr Risikofaktoren, einschließlich Partnergewalt, hoher Belastung und einer ungeplanten Schwangerschaft, einem niedrigen Bildungsniveau und niedrigem Einkommen. Die Autoren führen die hohe Teilnahme darauf zurück, dass normalerweise Beziehungsaufklärung nur denen angeboten wird, die sich auf die Ehe vorbereiten. Zusammenlebende Paare, deren Zahl zunimmt (siehe Noack et al. 2014), könnten nun erreicht werden. Ein weiterer wichtiger Faktor hatte mit der Phase im Familienlebenszyklus zu tun, in der sich die Paare befanden. Das Elternwerden machte Paare offener dafür, in ihre Beziehung zu investieren. Es wird erwartet, dass Technologie zunehmend bei der Bereitstellung von Beziehungsaufklärung und Elternbildungsdiensten eingesetzt wird (Mansfield 2009; Long 2016).

Interventionen bei Jugendlichen

Stith et al. (2013) weisen darauf hin, dass Programme, die sich an Jugendliche richten, effektiver sind als solche, die sich an junge Erwachsene richten, wenn es um Prävention geht. In der Regel sind die Interventionen von pädagogischer Natur. Safe Dates ist ein solches evidenzbasiertes Programm (Foshee et al. 1996, 1998, 2000, 2004), bei dem Achtklässlern und Neuntklässlern in den USA ein kreatives Programm zur Prävention von Gewalt in jugendlichen Beziehungen angeboten wurde. Ein weiteres Programm, das sich an Jugendliche richtet, ebenfalls effektiv und stärker auf Beziehungen fokussiert, ist das LoveU2 für Oberschüler (Adler-Baeder et al. 2007).

Auch Murphy (2013) betont die Bedeutung der Zielgruppe junger Menschen, da missbräuchliches Verhalten unter jungen Paaren häufig ist. Sie argumentiert, dass die Dynamik zwischen den Partnern eine entscheidende Rolle spielt, wie sich missbräuchliches Verhalten eskaliert. Murphy entwickelt ein dyadisches Slippery-Slope-Modell, das Verhaltenswarnzeichen skizziert, die das Potenzial haben, sich zu Missbrauch zu steigern. Sie glaubt, dass es entscheidend ist, jungen Menschen beizubringen, wie sie nachgiebige und aggressive Reaktionen auf Warnzeichen reduzieren können, wenn Partnermissbrauch verhindert werden soll. Die Evidenz für dieses Programm muss noch etabliert werden.

Verhinderung von Kindesmisshandlung

In diesem Abschnitt werden präventive Interventionen, die sich auf Kindesmisshandlung innerhalb der Familie konzentrieren, mit besonderem Schwerpunkt auf evidenzbasierten Interventionen überprüft.

Bildung von Kindern in Schulen

Viele Schulen bieten Programme im Klassenzimmer an, die darauf abzielen, Kinder über Missbrauch aufzuklären und ihnen Fähigkeiten zu vermitteln, wie sie sich selbst schützen können und wem sie sich anvertrauen können, wenn Missbrauch stattfindet. Evidenzbasierte präventive Bildungsprogramme mit dieser Kohorte sind sehr begrenzt. Der Großteil der Bildung, die stattfindet, handelt von Bewusstsein, und seine Auswirkungen werden nicht richtig bewertet, in dem Sinne, dass es das Wissen der Kinder über das Thema ist, das eher bewertet wird als die Ergebnisse in Bezug auf Kindesmissbrauch (Mikton und Butchart 2009; Topping und Barron 2009; MacMillan et al. 2009). In dieser Hinsicht wird mehr Forschung zur Wirksamkeit von Präventionsprogrammen mit Schulkindern empfohlen.

Elternbildung

Die Elternbildung wird seit den siebziger Jahren als sehr effektive Methode zur Bewältigung vieler vorherrschender sozialer Probleme wahrgenommen, aber erst im einundzwanzigsten Jahrhundert begannen Elternbildungsprogramme auf ihre Wirksamkeit hin überprüft zu werden. Diese Überprüfungen zeigten, dass die Programme mit niedrigeren Raten von Kindesmissbrauch und besseren Ergebnissen für Kinder in Bezug auf die Kinderentwicklung verbunden waren. Darüber hinaus verbesserte sich die Kommunikation zwischen Kindern und ihren Eltern, und letztere waren besser in der Lage, ihre Kinder zu disziplinieren (Ponzetti 2016).

Sobald ökologisch wichtige Richtlinien in Kraft getreten waren, insbesondere solche, die sich auf Beschäftigung und andere familienfreundliche Maßnahmen, Wohnen, Bildung und Gesundheit bezogen, begannen viele Länder, Erziehungsrichtlinien einzuführen. Die UN-Konvention über die Rechte des Kindes (1990) und die wachsende Forschung über die Kostenwirksamkeit von früher Prävention und Intervention trugen zu dieser Verschiebung bei. Weitere Faktoren, die Schwung verliehen, waren der zunehmende Trend, Bürger bei der Politikgestaltung zu stärken, und die Motivation der Eltern selbst, die begierig darauf waren, mehr über die Erziehung ihrer Kinder zu erfahren, anstatt sich auf traditionelle Modelle zu verlassen (Hermanns 2014). Auch die Europäische Union legte Wert auf Familienunterstützung, gute alternative Kinderbetreuung und evidenzbasierte Richtlinien. Der Europarat unterstützte die Initiative durch seine Politik zur Unterstützung positiver Elternschaft (Council of Europe 2006). Die Bedürfnisse von Eltern und Kindern, die von sozialer Ausgrenzung bedroht sind, wurden hervorgehoben (Abela und Berlioz 2007; Daly 2007).

Viele Länder in ganz Europa haben mittlerweile Erziehungsrichtlinien eingeführt. Die meisten dieser Richtlinien beinhalten Elternbildungsprogramme, die aus Australien, Kanada und den USA übernommen wurden. Die nordischen Länder und das Vereinigte Königreich haben universellere Erziehungsrichtlinien angenommen, die verschiedene Komponenten haben, wie das Parent Management Training-Oregon Model und das Multisystemic Therapy Programme in Norwegen. Norwegen hat auch eine ressortübergreifende Politik eingeführt, die speziell darauf abzielt, Kindesmissbrauch zu bekämpfen (Norwegian Ministry of Children, Equality and Social Inclusion, 2014–2017). Im Vereinigten Königreich wurden 1999 die *Sure Start* Kinderzentren eingeführt, um Kinderarmut zu bekämpfen. Diese Dienste ähneln sehr den Head Start-Diensten in den USA und Australien und bieten eine Reihe von Dienstleistungen für Eltern und Kinder unter vier Jahren an, einschließlich Gesundheitsdiensten, Kinderbetreuung, Vorschulbildung, Elternbildungsprogrammen und Unterstützung für Eltern, um ihre Ausbildung fortzusetzen oder Arbeit zu finden. Dies ist ein sehr gutes Beispiel für einen One-Stop-Shop-Service, bei dem sich durch die angebotenen Dienstleistungen verschiedene Regierungsabteilungen und -einrichtungen überschneiden, und ist ein Beispiel für gute Praxis, die die beiden Schlüsselelemente effektiver Gemeinschaftspräventionsprogramme nach Daro und Dodge in 2009 besitzt. Trotz der erheblichen Verbesserungen bei den Kindern (Melhuish et al. 2008) haben Sparmaßnahmen im Vereinigten Königreich zu einer Gesamtkürzung von 20 % der Kinderdienste zwischen 2012/2013 und 2014/2015 geführt (British Medical Association, September 2016).

Andere Länder, wie Italien, Portugal, Spanien, Polen, Bulgarien, Ungarn, Litauen und Lettland, zielen speziell darauf ab, Misshandlungen zu reduzieren. Laut Molinuevo (2013) ändert sich der Fokus in den letzteren Ländern langsam, um allgemeinere Anliegen in Bezug auf die Elternschaft einzubeziehen, indem Eltern durch Bildung und andere Unterstützungsdienste unterstützt werden, die der gesamten Bevölkerung angeboten werden. Solche Dienste werden in der Gemeinschaft angeboten und umfassen Familien, die gefährdet sind, sowie andere Familien, die möglicherweise geringfügige Unterstützung benötigen. Dieser Ansatz ist inklusiver, konzentriert sich mehr auf Prävention und stigmatisiert Familien weniger.

Es gibt eine Reihe von Elternbildungsprogrammen, die die Tests bestanden haben, die im Rahmen von zufälligen Kontrollen durchgeführt wurden. Obwohl die Studien nicht speziell Kindesmissbrauchsergebnisse messen (Mikton und Butchard 2009; MacMillan et al. 2009), zeigen systematische Überprüfungen, dass die Risikofaktoren für Kindesmissbrauch abnehmen und Eltern und Kinder eine bessere Beziehung genießen. Es gibt eine ganze Reihe von evidenzbasierten Elternbildungsprogrammen, die diese Ergebnisse zeigen (Ponzetti 2016), und wir werden hier auf drei dieser Programme verweisen, weil sie in verschiedenen Teilen der Welt weit verbreitet sind.

Triple-P, ein australisches Elternprogramm, berichtete über einen signifikanten Rückgang von Kindesmisshandlungsverletzungen und außerhäuslichen Unterbringungen im Vergleich zur üblichen Behandlung in den Vereinigten Staaten (Prinz et al. 2009). Die Studie wurde jedoch später in Frage gestellt, da die Wirksamkeitsstudie die strengen Anforderungen einer zufälligen Kontrollstudie nicht erfüllte (Wilson et al. 2012). Triple-P wurde in verschiedene europäische Länder importiert. Als das Programm in der Schweiz evaluiert wurde (Bodenmann et al. 2008), zeigten die Ergebnisse, dass Mütter weniger gestresst waren, ein besseres Selbstwertgefühl hatten und kompetentere Eltern waren. Väter verzeichneten jedoch kaum Verbesserungen. Dies liegt daran, dass das Programm stärker auf die Interaktionen zwischen Eltern und Kind mit einem der Elternteile ausgerichtet ist. Das Motherhood Mandate veranlasst Mütter dazu, dass sie das Gefühl haben, sie seien diejenigen, die solche Kurse besuchen sollten. Forschungen zu Elternprogrammen zeigen, dass bessere Ergebnisse erzielt werden, wenn beide Elternteile teilnehmen (Knox et al. 2011; May et al. 2013). Eine frühere Metaanalyse von Lundahl et al. (2008) kam zu ähnlichen Ergebnissen.

Das Incredible Years Programme ist ebenfalls ein evidenzbasiertes Elternprogramm, das soziales Lernen, Modellierung und Selbstwirksamkeitstheorie (Bandura 1977) als theoretischen Rahmen verwendet. Das Programm wird international weit verbreitet und wurde vom Office for Juvenile Justice and Delinquency Prevention als Modell für ein evidenzbasiertes Programm zur Prävention von Gewalt und zur Behandlung von Verhaltensstörungen anerkannt (Webster-Stratton und Mihalic 2001). Es wurde auch von unabhängigen Ermittlern bewertet. Ursprünglich richtete es sich an Kinder mit oppositionellem Verhalten, wird aber nun auch präventiv bei anderen Bevölkerungsgruppen eingesetzt (Webster-Stratton 2016). Das Programm konnte nachweislich Stress und Depressionen bei Eltern in Wales reduzieren (Hutchings et al. 2007) und verbesserte auch das Wohlbefinden von Müttern in Schweden (Axberg et al. 2007). Es wurde auch festgestellt, dass es harte Disziplin und schwere Verhaltensprobleme reduziert (Gross et al. 2003). Trotz der Tatsache, dass beide Elternteile eingeladen sind teilzunehmen, wird das Programm oft nur von einem der Elternteile verfolgt und in der Regel ist es die

Mutter, die teilnimmt. Dies ist möglich, weil das Programm sich auf die Interaktionen zwischen Kind und Eltern konzentriert und nicht auf die gemeinsame Elternschaft. Es beinhaltet auch Gruppensitzungen für Lehrer und Kinder.

Cowan und Cowan (2008) argumentieren, dass in der Politik der Qualität der Beziehung zwischen den Eltern, mit ihren Kindern und mit anderen, die Teil ihres informellen oder formellen Unterstützungsnetzwerks sind, unabhängig davon, ob die Eltern zusammenleben oder getrennt sind, mehr Bedeutung beigemessen werden sollte. Dies liegt daran, dass Untersuchungen zeigen, dass sich das Wohlbefinden von Kindern und Eltern steigert, wenn ihre Beziehungen gut laufen, und Kinder weniger problematisches Verhalten entwickeln.

Das Elternprogramm Supporting Father Involvement, oder das Parents as Partners Programm, wie es in Großbritannien bekannt ist, hat einen systemischen theoretischen Rahmen. Es betont die sichere Bindung als Quelle des Trostes für Kinder und Paare. In diesem Elternprogramm wird die Beziehung zwischen den Eltern als Paar und mit den Kindern hervorgehoben. Es werden bidirektionale Beziehungen zwischen dem Paar und zwischen den Eltern und den Kindern berücksichtigt. Das Programm wurde auch vom California Department of Social Service, dem Office of Child Abuse, für einkommensschwache Familien aus verschiedenen kulturellen Hintergründen finanziert. Viele dieser Familien hatten eine Geschichte von häuslicher Gewalt, körperlicher Misshandlung von Kindern, sexuellem Missbrauch von Kindern oder emotionaler Misshandlung und Vernachlässigung, und das Programm funktionierte ebenso gut für diese Hochrisikofamilien.

Das Programm begann 2009 in fünf Bezirken in Kalifornien mit 60 neuen Familien pro Standort. Pruett et al. (2016) weisen darauf hin, dass ihre Annahme war, dass das Programm „Symptome von Belastungen bei den Teilnehmern reduzieren, die Qualität der Beziehung als Paar und als Eltern beeinflussen, jede ihrer Beziehungen zum Kind und zu den Herkunftsfamilien verbessern und ihnen helfen würde, soziale Unterstützung effektiver zur Bewältigung von Lebensstress zu nutzen und dadurch eine positive präventive Wirkung auf Kindesmisshandlung und Vernachlässigung und die Förderung einer gesunden Familienentwicklung hätte" (S. 178). Das Programm wurde mit einer longitudinalen zufälligen klinischen Studienforschungsmethodik evaluiert (Cowan et al. 2014). Die Ergebnisse zeigten, dass das Programm die Beteiligung der Väter an der Pflege ihrer Kinder erhöhte, Symptome von Angst, insbesondere bei Vätern, reduzierte und den elterlichen Stress bei Müttern verringerte. Es gab auch einen Rückgang in der Verwendung von gewalttätigen Problemlösungsstrategien durch die Paare und weniger harte körperliche Bestrafung der Kinder. Die Kinder waren insgesamt auch weniger aggressiv. Neben seiner Wirksamkeit bei Kindern und Familien mit einer Geschichte von Gewalt und Missbrauch wird dieses Elternprogramm auch effektiv präventiv bei Eltern eingesetzt, die sich in den frühen Stadien einer Schwierigkeit befinden oder die ihre Ehe pflegen möchten. Weitere Projekte zu diesem Programm sind in Alberta, Kanada und in Großbritannien im Gange.

Programme für Hausbesuche

Programme für Hausbesuche werden eingeführt, sobald ein Problem begonnen hat. Das Nurse–Family Partnership (NFP) Hausbesuchsprogramm ist ein evidenzbasiertes Programm, das in der Regel einkommensschwachen schwangeren Müttern angeboten wird, die auf eine Reihe von ungünstigen Umständen in ihrem Leben untersucht werden, einschließlich häuslicher Gewalt und dem Risiko von Kindesmisshandlung. Speziell ausgebildete Krankenschwestern oder andere Gesundheitsfachleute machen 10 Hausbesuche während der Schwangerschaft und weitere 20 bis zum zweiten Geburtstag des Kindes, geben Gesundheitsratschläge, informieren über die Entwicklung des Kindes und coachen die Mütter, wie sie ihre familiären Umstände verbessern können. Eine Auswertung des Programms ergab einen Rückgang der Verletzungen in der frühen Kindheit (Olds et al. 1986). Fünfzehn Jahre später waren Mütter um 48 % weniger wahrscheinlich, ihre Kinder zu misshandeln oder zu vernachlässigen (Olds et al. 1997). Dennoch war Kindesmisshandlung noch immer weit verbreitet in Familien, in denen häusliche Gewalt hoch war (Eckenrode et al. 2000). Eine weitere Auswertung dieses Programms zeigte, dass häusliche Gewalt bis zum Ende des Besuchsprogramms abgenommen hatte (Olds et al. 2004). Mütter, die diesem Programm folgten, reduzierten auch ihren Gebrauch von Sozialdiensten und ihr kriminelles Verhalten (Olds et al. 1997), und Kinder verbesserten ihre schulischen Leistungen. Mädchen waren insbesondere weniger anfällig für ernsthaftes kriminelles Verhalten (Kitzman et al. 2010). Kosten-Nutzen-Analysen legen nahe, dass das Programm Einsparungen von $2,88 für jeden ausgegebenen Dollar generiert. Im Falle von Hochrisikofamilien steigen die Einsparungen auf $5,70 (Kilburn und Karoly 2008). Das NFP-Programm wurde nach Großbritannien und in die Niederlande importiert.

Es gibt auch andere Hausbesuchsprogramme, die evidenzbasiert sind, wie das *Early Start Programme* in Neuseeland. Das Attachment and Biobehavioural Catch-up (ABC) Hausbesuchsprogramm ist ein Pflegeprogramm. Laut Bavolek (2016) gibt es 50 solcher Programme. Sie sind zur Prävention und Behandlung von Kindesmisshandlung und Vernachlässigung konzipiert und richten sich an Kinder, die in Pflege sind und möglicherweise schwer traumatisiert sind und viel Aufmerksamkeit benötigen. Das ABC-Programm wurde von Mary Dozier für Betreuer von Säuglingen zwischen 6 und 24 Monaten entwickelt und umfasst Hochrisiko-Geburtseltern und Pflegeeltern, einschließlich derjenigen Betreuer, die nächste Verwandte sind. Dieses kurze, aber intensive Programm bietet solchen Kindern Fürsorge, die schwer traumatisiert wurden und Betreuer benötigen, die auf die Kinder abgestimmt sind. Das Programm legt Wert auf wechselseitig reaktive Interaktion, bei der die Betreuer den Bedürfnissen der Kinder folgen.

Heimunterbringung als letztes Mittel

Einige Kinder benötigen möglicherweise eine Heimunterbringung, um vor Gefahren zu Hause geschützt zu werden. Dies ist eine sehr schwierige Entscheidung, die Sozialarbeiter im besten Interesse des Kindes treffen müssen. Der WHO-Bericht zur Prävention von Kindesmisshandlung (2013) stellt die Hauptergebnisse dar, die nach einer systematischen Überprüfung der Ergebnisse für Kinder in Heimunterbringung im Vergleich zu Kindern, die in ihrem eigenen Elternhaus betreut werden, erzielt wurden. Die Ergebnisse waren nicht eindeutig und es muss mehr Forschung betrieben werden, insbesondere in Situationen, in denen Fachleute unsicher sind, was im besten Interesse des Kindes wäre. Andererseits sollten Sozialarbeiter nicht zögern, schnell zu handeln, wenn die Situation klarer ist und es eine Einigung über den besten Weg nach vorne gibt. In Bezug auf Heimunterbringungen scheint die Pflege durch Verwandte bessere Ergebnisse in Bezug auf die psychische Gesundheit des Kindes und die Stabilität der Unterbringung zu erzielen (Winokur et al. 2009). Natürlich ist die Unterbringung nicht die einzige notwendige Intervention. Es ist jedoch nicht das Ziel dieses Kapitels, über psychologische Therapien zu schreiben. Wir haben dieses Thema in den verschiedenen Kapiteln dieses Buches ausführlich diskutiert (siehe Kap. 3 und 6). Es genügt, hier den therapeutischen Wert der Wiedervereinigung, wo dies möglich ist, und die Notwendigkeit therapeutischer Arbeit mit der Familie und dem Kind vor der Wiedervereinigung zu erwähnen.

Schlussfolgerung

Der globale Statusbericht zur Gewaltprävention weist darauf hin, dass die Prävention von Gewalt einen hohen Stellenwert in der Entwicklungsagenda nach 2015 hat. Das Ziel ist, dass bis 2030 die gewaltbedingten Todesfälle halbiert werden, während Gewalt gegen Kinder, Frauen und Mädchen beseitigt wird (WHO 2014).

Unser Wissen und unsere Forschung zur Prävention von Partnergewalt und Kindesmisshandlung weisen den Weg, den wir gehen müssen. Dies ist äußerst wertvoll und Forscher müssen weiterhin die verschiedenen Forschungslücken in diesem Bereich angehen (Stith et al. 2013; WHO 2013; Baker et al. 2012). Gleichzeitig informiert uns der vorhandene Wissensstand, dass ein frühes Eingreifen bei gefährdeten Familien und im Leben eines Kindes durch Verbesserung der Erziehungspraktiken und Beziehungen im Haushalt die besten Ergebnisse für Kinder erzielen wird. Ähnlich sind frühere Interventionen bei Jugendlichen und jüngeren Menschen in Bezug auf häusliche Gewalt wirksamer. Darüber hinaus ist die Kombination von Interventionen zur Bekämpfung von Gewalt und Missbrauch bei der Bereitstellung universeller Dienste wie vorgeburtliche Pflegedienste eine wirksame Methode, um gefährdete Bevölkerungsgruppen zu erreichen. Wir müssen auch Ungleichheiten angehen, wenn wir uns mit Richtlinien zur Gewaltprävention und Kindesmisshandlung befassen.

Letztendlich hängt viel vom politischen Willen ab. Eine Reihe von Regierungen neigen dazu, Präventionsarbeit zu vernachlässigen, insbesondere in Zeiten der Sparmaßnahmen. Die von der WHO im Jahr 2014 durchgeführte Umfrage ergab, dass Länder nicht ausreichend in Prävention investieren. Derzeit besteht ein großes Ungleichgewicht zwischen den Investitionen in den Kinderschutz und den Investitionen in die Prävention von Kindesmisshandlung (WHO 2013). Wir hoffen, dass das jüngste Interesse und das wachsende Wissen über Kosten-Nutzen-Analysen bei der Umsetzung von politischen Interventionen Regierungen in verschiedenen Ländern weltweit zunehmend darauf aufmerksam machen, dass Prävention tatsächlich kosteneffektiv ist.

Literatur

Abela, A., & Berlioz, G. (2007). Support for parenting children at risk of social exclusion. In M. Daly (Hrsg.), *Parenting in contemporary Europe: A positive approach* (S. 87–101). Strasbourg: Editions du Conseil de l'Europe.

Abela, A., & Lanfranco, I. (2016). *Positive parenting: National strategic policy 2016–2024.* Ministry for the Family and Social Solidarity, Government of Malta. Retrieved from https://mfss.gov.mt/en/Pages/Policies.aspx.

Abela, A., & Renoux, M. C. (2014). Families living on the margin in affluent societies. In A. Abela & J. Walker (Hrsg..), *Contemporary issues in family studies: Global perspectives on partnerships, parenting and support in a changing world* (S. 302–316). Chichister: Wiley-Blackwell.

Adler-Baeder, F., Kerpelman, J. L., Schramm, D. G., Higginbotham, B., & Paulk, A. (2007). The impact of relationship education on adolescents of diverse backgrounds. *Family Relations, 56*(3), 291–303. doi:10.1111/j.1741-3729.2007.00460.x.

Amato, P. R., Booth, A., McHale, S. M., & Van Hook, J. (2015). *Families in an era of increasing inequality, diverging destinies.* Cham: Springer.

Antle, B. F., Karam, E., Christensen, D. N., Barbee, A. P., & Sar, B. K. (2011). An evaluation of healthy relationship education to reduce intimate partner violence. *Journal of Family Social Work, 14*(5), 387–406. doi:10.1080/10522158.2011.616482.

Appel, A. E., & Holden, G. W. (1998). The co-occurrence of spouse and physical child abuse: A review and appraisal. *Journal of Family Psychology, 12*(4), 578–599. doi:10.1037/0893-3200.12.4.578.

Axberg, U., Hansson, K., & Broberg, A. G. (2007). Evaluation of the incredible years series—An open study of its effects when first introduced in Sweden. *Nordic Journal of Psychiatry, 61*(2), 143–151. doi:10.1080/08039480701226120.

Baker, A., Schneiderman, M., Brassard, M. R., & Donelly, L. J. (2012). Do evidence-based parenting programs for high-risk or maltreating parents include content about psychological maltreatment?: A programme review. *Child Welfare, 91*(2), 7–37.

Balan-Cohen, A. (2008). *Sobering up: The impact of the 1985–1988 Russian anti-alcohol campaign on child health.* Boston, MA: Tufts University.

Bandura, A. (1977). Self-efficacy: Toward a unifying theory of behavioral change. *Psychological Review, 84*(2), 191. doi:10.1037/0033-295X.84.2.191.

Bavolek, S. (2016). Nurturing parenting programs for the prevention of child maltreatment. In J. J. Ponzetti (Hrsg.), *Evidence-based parenting education. A global perspective* (S. 206–225). New York: Routledge.

Bodenmann, G., Cina, A., Ledermann, T., & Sanders, M. R. (2008). The efficacy of the Triple P-Positive Parenting Program in improving parenting and child behavior: A comparison with two other treatment conditions. *Behaviour Research and Therapy, 46*(4), 411–427. doi:10.1016/j.brat.2008.01.001.

Bradford, K., Skogrand, L., & Higginbotham, B. J. (2011). Intimate partner violence in a statewide couple and relationship education initiative. *Journal of couple and relationship therapy: Innovations in clinical and educational interventions, 10*(2), 169–184. doi:10.1080/15332691.2011.562468.

British Medical Association. (2016). *Cutting away at our children's futures: how austerity is affecting the health of children, young people and families.* Retrieved from https://www.bma.org.uk/collective-voice/policy-and-research/public-and-population-health/child-health/cutting-away-at-our-childrens-future.

Callan, S. (2009). Preface. In H. Benson, & S. Callan (Hrsg..), *What works in relationship education? Lessons from academics and service deliverers in the United States and Europe* (S. 7–10). Retrieved from www.relationshipeducation.info.

Calvete, E., Orue, I., & Gámez-Guadix, M. (2013). Child-to-parent violence: Emotional and behavioral predictors. *Journal of Interpersonal Violence, 28*(4), 755–772. doi:10.1177/0886260512455869.

Campbell, J. (2002). Health consequences of intimate partner violence. *The Lancet, 359,* 1331–1336. doi:10.1016/S0140-6736(02)08336-8.

Center on the Developing Child at Harvard University. (2016). *From best practices to breakthrough impacts: A science-based approach to building a more promising future for young children and families.* Retrieved from http://www.developingchild.harvard.edu.

Coffin, B. (2009). Marriage.gov: A promising public policy. In H. Benson, & S. Callan (Hrsg..), *What works in relationship education? Lessons from academics and service deliverers in the United States and Europe* (S. 121–136). Retrieved from www.relationshipeducation.info.

Costello, E. J., Erlanki, A., Fairbank, J. A., & Angold, A. (2002). The prevalence of potentially traumatic events in childhood and adolescence. *Journal of Traumatic Stress, 15*(2), 99–112. doi:10.1023/A:1014851823163.

Council of Europe. (2006). *Policy to support positive parenting.* Retrieved from https://rm.coe.int/CoERMPublicCommonSearchServices/DisplayDCTMContent?documentId=090000168046d340.

Council of Europe. (2011). *Council of Europe convention on preventing and combating violence against women and domestic violence*: Istanbul, 11 V. Retrieved from https://rm.coe.int/CoERMPublicCommonSearchServices/DisplayDCTMContent?documentId=09000016804603 1c.

Cowan, P., & Cowan, C. (2008). Diverging family policies to promote children's well-being in the UK and US: Some relevant data from family research and intervention studies. *Journal of Children's Services, 3*(4), 4–16. doi:10.1108/17466660200800022.

Cowan, P. A., Cowan, C. P., Pruett, M. K., Pruett, K., & Gillette, P. (2014). Evaluating a couples group to enhance father involvement in low-income families using a benchmark comparison. *Family Relations, 63*(3), 356–370. doi:10.1111/fare.12072.

Daly, M. (Hrsg.). (2007). *Parenting in contemporary Europe: A positive approach.* Strasbourg: Editions du Conseil de l'Europe.

Daro, D., & Dodge, K. A. (2009). Creating community responsibility for child protection: Possibilities and challenges. *Future of Children, 19*(2), 67–93.

Daro, D., & Gelles, R. J. (1992). Public attitudes and behaviors with respect to child abuse prevention. *Journal of Interpersonal Violence, 7*(4), 517–531. doi:10.1177/088626092007004007.

Daro, D., & McCurdy, K. (2007). Interventions to prevent child maltreatment. In E. N. Haas, L. Doll, S. Bonzo, D. Sleet, & J. Mercy (Hrsg..), *Handbook of injury and violence prevention* (S. 137–156). New York: Springer Science & Business Media.

Desmarais, S. L., Reeves, K. A., Nicholls, T. L., Telford, R., & Fiebert, M. S. (2012a). Prevalence of physical violence in intimate relationships—part 1: Rates of male and female victimization. *Partner Abuse, 3*(2), 140–169. doi:10.1891/1946-6560.3.2.140.

Desmarais, S. L., Reeves, K. A., Nicholls, T. L., Telford, R., & Fiebert, M. S. (2012b). Prevalence of physical violence in intimate relationships—part 2: Rates of male and female perpetration. *Partner Abuse, 3*(2), 170–198. doi:10.1891/1946-6560.3.2.170.

Dubowitz, H., Feigelman, S., Lane, W., & Kim, J. (2009). Pediatric primary care to help prevent child maltreatment: The Safe Environment for Every Kid (SEEK) model. *Pediatrics, 123*(3), 858–864. doi:10.1542/pHrsg..2008-1376.

Dutton, D. G. (2006). *Rethinking domestic violence*. Vancouver, Canada: UBC Press.

Eckenrode, J., Ganzel, B., Henderson Jr, C. R., Smith, E., Olds, D. L., Powers, J.,... & Sidora, K. (2000). Preventing child abuse and neglect with a program of nurse home visitation: The limiting effects of domestic violence. *JAMA, 284*(11), 1385–1391. doi:10.1001/jama.284.11.1385.

Edleson, J. L. (1999). Children's witnessing of adult domestic violence. *Journal of Interpersonal Violence, 14*(8), 839–870. doi:10.1177/088626099014008004t.

Foshee, V. A., Bauman, K. E., Arriaga, X. B., Helms, R. W., Koch, G. G., & Linder, G. F. (1998). An evaluation of safe dates, an adolescent dating violence prevention program. *American Journal of Public Health, 88*(1), 45–50. doi:10.2105/AJPH.88.1.45.

Foshee, V. A., Bauman, K. E., Ennett, S. T., Linder, G. F., Benefield, T., & Suchindran, C. (2004). Assessing the long-term effects of the safe dates program and a booster in preventing and reducing adolescent dating violence victimization and perpetration. *American Journal of Public Health, 94*(4), 619–624. doi:10.2105/AJPH.94.4.619.

Foshee, V. A., Bauman, K. E., Greene, W. F., Koch, G. G., Linder, G. F., & MacDougall, J. E. (2000). The safe dates program: 1-year follow-up results. *American Journal of Public Health, 90*(10), 1619–1622.

Foshee, V. A., Linder, G. F., Bauman, K. E., Langwick, S. A., Arriaga, X. B., & Bangdiwala, S. (1996). The safe date project: Theoretical basis, evaluation design, and selected baseline findings. *American Journal of Prevention Medicine, 12*(5), 39–47.

George, J., & Stith, S. M. (2014). An updated feminist view of intimate partner violence. *Family Process, 53*(2), 179–193. doi:10.1111/famp.12073.

Gregory, A. C., Williamson,E., & Feder,G. S. (2016). The impact on informal supporters of domestic violence survivors: A systematic literature review. *Trauma, Violence & Abuse*, 1–19. doi:10.1177/1524838016641919.

Gross, D., Fogg, L., Webster-Stratton, C., Garvey, C., Julion, W., & Grady, J. (2003). Parent training of toddlers in day care in low-income urban communities. *Journal of Consulting and Clinical Psychology, 71*(2), 261–278. doi:10.1037/0022-006X.71.2.261.

Halford, W. K., Farrugia, C., Lizzio, A., & Wilson, K. (2010). Relationship aggression, violence and self-regulation in Australian newlywed couples. *Australian Journal of Psychology, 62*(2), 82–92. doi:10.1081/00049530902804169.

Halford, W. K., O'Donnell, C., Lizzio, A., & Wilson, K. L. (2006). Do couples at high risk of relationship problems attend premarriage education? *Journal of Family Psychology, 20*(1), 160–163. doi:10.1037/0893-3200.20.1.160.

Halford, W. K., & Simons, M. (2005). Couple relationship education in Australia. *Family Process, 44*(2), 147–159. doi:10.1111/j.1545-5300.2005.00050.x.

Hamel, J. (2005). *Gender inclusive treatment of intimate partner abuse: A comprehensive approach*. New York, NY: Springer.

Hamel, J., & Nicholls, T. L. (Hrsg..). (2007). *Family interventions in domestic violence. A handbook of gender-inclusive theory and attachment*. New York: Springer.

Hartman, A. (2003). Family policy: Dilemmas, controversies and opportunities. In F. Walsh (Hrsg.), *Normal family processes: Growing diversity and complexity* (3rd Hrsg., pp. 635–662). London, UK: The Guilford Press.

Harvey, A., Garcia-Moreno, C., & Butchart, A. (2007). *Primary prevention of intimate-partner violence and sexual violence: Background paper for WHO expert meeting May 2–3, 2007*. Geneva: World Health Organization, Department of Violence and Injuy Prevention and Disability.

Haskins, C. (2003). Treating sibling incest using a family systems approach. *Journal of Mental Health Counseling, 25*(4), 337–350. doi:10.17744/mehc.25.4.r0vm1whayctmlmww.

Helskog, H. G. (2009). The Norwegian state: A relationship educator. In H. Benson, & S. Callan (Hrsg..), *What works in relationship education? Lessons from academics and service deliverers in the United States and Europe* (S. 137–148). Retrieved from www.relationshipeducation.info.

Hermanns, J. (2014). Parenting support in Europe: What it brings and what it can take away. In R. Fukkink, C. Vink, & N. Bosscher (Hrsg..), *Think parents! Putting parents at the heart of parenting support* (S. 11–25). Amsterdam: SWP.

Herzog, E. P., Gara, M. A., & Rosenberg, S. (1992). The abused child as parent: Perception of self and other. *Infant Mental Health, 13*(1), 83–98. doi:10.1002/1097-0355(199221)13:1<83:AID-IMHJ2280130111>3.0.CO;2-6.

Hutchings, J., Bywater, T., Daley, D., Gardner, F., Whitaker, C.,… Edwards, R. T. (2007). Parenting intervention in Sure Start services for children at risk of developing conduct disorder: Pragmatic randomised controlled trial. *Bmj, 334*(7595), 678–682. doi:10.1136/bmj.39126.620799.55.

Ibabe, I., Jaureguizar, J., & Bentler, P. M. (2013). Risk factors for child-to-parent violence. *Journal of Family Violence, 28*(5), 523–534. doi:10.1007/s10896-013-9512-2.

Jakubowski, S. F., Milne, E. P., Brunner, H., & Miller, R. B. (2004). A review of empirically supported marital enrichment programs. *Family Relations, 53*(5), 528–536. doi:10.1111/j.0197-6664.2004.00062.x.

Jewkes, R. (2002). Intimate partner violence: Causes and prevention. *The Lancet, 359*(9315), 1423–1429. doi:10.1016/S0140-6736(02)08357-5.

Johnson, M. P. (2008). *A typology of domestic violence: Intimate terrorism, violent resistance, and situational couple violence*. Boston, MA: Northeastern University Press.

Jouriles, E. N., McDonald, R., Smith Slep, A. M., Heyman, R. E., & Garrido, E. (2008). Child abuse in the context of domestic violence: Prevalence, explanations, and practice implications. *Violence and Victims, 23*(2), 221–235. doi:10.1891/0886-6708.23.2.221.

Kitzman, H. J., Olds, D. L., Cole, R. E., Hanks, C. A., Anson, E. A., Arcoleo, K. J., et al. (2010). Enduring effects of prenatal and infancy home visiting by nurses on children: Follow-up of a randomised trial among children at age 12 years. *Archives of Pediatrics and Adolescent Medicine, 164*(5), 412–418. doi:10.1001/archpediatrics.2010.76.

Kilburn, M. R., & Karoly, L. A. (2008). *The economics of early childhood policy: What the dismal science has to say about investing in children*. Santa Monica, CA: The RAND Corporation.

Klevens, J., & Whitaker, D. J. (2007). Primary prevention of child physical abuse and neglect: gaps and promising directions. *Child Maltreatment, 12*(4), 364–377. doi:10.1177/1077559507305995.

Knox, V., Cowan, P. A., Cowan, C. P., & Bildner, E. (2011). Policies that strengthen fatherhood and family relationships: What do we know and what do we need to know? *The Annals of the American Academy of Political and Social Science, 635*(1), 216–239. doi:10.1177/0002716210394769.

Krug, E. G., Mercy, J. A., Dahlberg, L. L., & Zwi, A. B. (2002). The world report on violence and health. *The Lancet, 360*(9339), 1083–1088. doi:10.1016/S0140-6736(02)11133-0.

Langhinrichsen-Rohling, J., McCullars, A., & Misra, T. (2012). Motivations for men and women's intimate partner violence perpetration: A comprehensive review. *Partner Abuse, 3*(4), 429–468. doi:10.1891/1946-6560.3.4.429.

Lawrence, J. A. (2014). Managing dissonance: Implications for therapeutic practice with partner violence. *Partner Abuse, 5*(2), 119–151. doi:10.1891/1946-6560.5.2.119.

Leonard, K. E., & Schencak, M. (1996). Prospective prediction of husband marital aggression with newlywed couples. *Journal of Abnormal Psychology, 105*(3), 369–380. doi:10.1037/0021-843X.105.3.369.

Long, N. (2016). Future trends in parenting education. In J. J. Ponzetti (Hrsg.), *Evidence-based parenting education. A global perspective* (S. 311–328). New York: Routledge.

Lundahl, B. W., Tollefson, D., Risser, H., & Lovejoy, M. C. (2008). A meta-analysis of father involvement in parent training. *Research in Social Work Practice, 18*(2), 97–106. doi:10.1177/1049731507309828.

Lyons-Ruth, K., & Block, D. (1996). The disturbed caregiving system: Relations among childhood trauma, maternal caregiving, and infant affect and attachment. *Infant Mental Health Journal, 17*(3), 257–275. doi:10.1002/(SICI)1097-0355(199623)17:3<257:AID-IMHJ5>3.0.CO;2-L.

MacMillan, H. L., Wathen, C. N., Barlow, J., Fergusson, D. M., Leventhal, J. M., & Taussig, H. N. (2009). Interventions to prevent child maltreatment and associated impairment. *The Lancet, 373*(9659), 250–266. doi:10.1016/S0140-6736(08)61708-0.

Main, M., Kaplan, N., & Cassidy, J. (1985). Security in infancy, childhood and adulthood: A move to the level of representations. *Monographs of the Society for Research in Child Development, 50*(1/2), 66–104. doi:10.2307/3333827.

Mansfield. (2009). Intervening early: Helping couples manage relationship issues when they first arise. In H. Benson, & S. Callan (Hrsg..), *What works in relationship education? Lessons from academics and service deliverers in the United States and Europe* (S. 87–97). Retrieved from www.relationshipeducation.info.

Markman, H. J., Renick, M. J., Floyd, F. J., Stanley, S. M., & Clements, M. (1993). Preventing marital distress through communication and conflict management training: A 4-and 5-year follow-up. *Journal of Consulting and Clinical Psychology, 61*(1), 70–77. doi:10.1037/0022-006X.61.1.70.

Markowitz, S., & Grossman, M. (1998). Alcohol regulation and domestic violence towards children. *Contemporary Economic Policy, 16*(3), 309–320. doi:10.1111/j.1465-7287.1998.tb00521.x.

May, F. S., McLean, L. A., Anderson, A., Hudson, A., Cameron, C., & Matthews, J. (2013). Father participation with mothers in the signposts program: An initial investigation. *Journal of Intellectual and Developmental Disability, 38*(1), 39–47. doi:10.3109/13668250.2012.748184.

Melhuish, E., Belsky, J., Leyland, A. H., Barnes, J., & National Evaluation of Sure Start Research Team. (2008). Effects of fully-established sure start local programmes on 3-year-old children and their families living in England: A quasi-experimental observational study. *Lancet*, 372(9650), 1641–1647. doi:10.1016/S0140-6736(08)61687-6.

Mikton, C., & Butchart, A. (2009). Child maltreatment prevention: A systematic review of reviews. *Bulletin of the World Health Organization, 87*(5), 353–361. doi:10.2471/BLT.08.057075.

Molinuevo, D. (2013). *Parenting support in Europe (Eurofound report ef1270).* Retrieved from http://www.eurofound.europa.eu/publications/report/2013/quality-of-life-social-policies/parenting-support-in-europe.

Murphy, K. A. (2013). Partner abuse prevention education: An integrative approach to programme development and evaluation. *Partner Abuse*, *4*(2), 255–273. doi:10.1891/1946-6560.4.2.255.

Nicholls, T. L., Pritchard, M. M., Reeves, K. A., & Hilterman, E. (2013). Risk assessment in intimate partner violence: A systematic review of contemporary approaches. *Partner Abuse, 4*(1), 76–168. doi:10.1891/1946-6560.4.1.76.

Noack, T., Bernhardt, E., & Aarskaug Wiik, K. (2014). Cohabitation or marriage? Contemporary living arrangements in the west. In A. Abela & J. Walker (Hrsg..), *Contemporary issues in family studies: Global perspectives on partnerships, parenting and support in a changing world* (S. 16–30). Chichister: Wiley-Blackwell.

Norwegian Ministry of Children, Equality and Social Inclusion. (2014–2017). *A good childhood lasts a lifetime. Action plan to combat violence and sexual abuse against children and youth (2014–2017)*. Norwegian Government Security and Service Organisation. Retrieved from https://www.endviolenceagainstchildren.org/assets/uploads/2016/05/Norway-A-Good-Childhood-lasts-a-lifetime-.pdf.

Olds, D. L., Henderson, C. R., Chamberlin, R., & Tatelbaum, R. (1986). Preventing child abuse and neglect: A randomized trial of nurse home visitation. *Pediatrics, 78*(1), 65–78.

Olds, D. L., Eckenrode, J., Henderson, C. R., Kitzman, H., Powers, J., Cole, R.,… & Luckey, D. (1997). Long-term effects of home visitation on maternal life course and child abuse and neglect: Fifteen-year follow-up of a randomized trial. *JAMA, 278*(8), 637–643. doi:10.1001/jama.1997.03550080047038.

Olds, D. L., Kitzman, H., Cole, R., Robinson, J., Sidora, K., Luckey, D. W., et al. (2004). Effects of nurse home-visiting on maternal life course and child development: Age 6 follow-up results of a randomized trial. *Pediatrics, 114*(6), 1550–1558. doi:10.1542/pHrsg..2004-0962.

Perry, B. D. (1997). Incubated in terror: Neurodevelopmental factors in the „cycle of violence", pp. 123–149. In J. D. Osofsky (Hrsg.), *Children in a Violent Society* (S. xx–xx). New York: Guilford Press.

Petch, J. F., Halford, W. K., Creedy, D. K., & Gamble, J. (2012). A randomized controlled trial of a couple relationship and coparenting program (Couple CARE for Parents) for high- and low-risk new parents. *Journal of Consulting and Clinical Psychology, 80*(4), 662–673. doi:10.1037/a0028781.

Ponzetti, J. J. (2016). Overview and history of parenting education. In J. J. Ponzetti (Hrsg.), *Evidence-based parenting education. A global perspective* (S. 3–11). New York: Routledge.

Povich, D., Roberts, B., & Mather, M. (2015). *The working poor families project.* Retrieved from www.workingpoorfamilies.org.

Pruett, K. D., Pruett, M. K., Cowan, C. P., & Cowan, P. A. (2016). Supporting father involvement project: A value-added co-parenting program. In J. J. Ponzetti (Hrsg.), *Evidence-based parenting education. A global perspective* (S. 176–191). New York: Routledge.

Prinz, R. J., Sanders, M. R., Shapiro, C. J., Whitaker, D. J., & Lutzker, J. R. (2009). Population-based prevention of child maltreatment: The US Triple P system population trial. *Prevention Science, 10*(1), 1–12. doi:10.1007/s11121-009-0123-3.

Reeves, C., & O'Leary-Kelly, A. M. (2007). The effects and costs of intimate partner violence for work organizations. *Journal of Interpersonal Violence, 22*(3), 327–344. doi:10.1177/0886260506295382.

Ridge, T. (2009). *Living with poverty: A review of the literature on children's and families' experiences of poverty,* Research Report No. 594. London: Department for Work and Pensions.

Rodrigo, M. J., Almeida, A., & Reichle, B. (2016). Evidence-based parent education programs: A European perspective. In J. J. Ponzetti (Hrsg.), *Evidence-based parenting education. A global perspective* (S. 85–104). New York: Routledge.

Sammut Scerri, C. (2015). *Living with contradictions of love and violence: A grounded theory study of women's understanding of their childhood experiences of domestic violence*. Unpublished doctoral dissertation, University of Surrey, UK.

Siegel, J. P. (2013). Breaking the links in intergenerational violence: An emotional regulation perspective. *Family Process, (52)*2, 163–178. doi:10.1111/famp.12023.

Slaska, K. M., & Edwards, K. M. (2013). Disclosure of intimate partner violence to informal social support network members: A review of the literature. *Trauma, Violence & Abuse, 15*(1), 3–21. doi:10.1177/15248380/3496335.

Stanley, S. M., Amato, P. R., Johnson, C. A., & Markman, H. J. (2006). Premarital education, marital quality, and marital stability: Findings from a large, random household survey. *Journal of Family Psychology, 20*(1), 117–126. doi:10.1037/0893-3200.20.1.117.

Stanley, S. M., Pearson, M., & Kline, G. H. (2005). *The development of relationship education for low income individuals: Lessons from research and experience*. Paper presented at the meeting of the Association for Public Policy Analysis and Management, Washington, DC.

Steele, H., & Steele, M. (Hrsg..). (2008). *Clinical applications of the adult attachment interview*. New York: Guilford Press.
Stets, J. E. (1991). Cohabiting and marital aggression. The role of social isolation. *Journal of Marriage and Family, 53*(3), 669–680. doi:10.2307/352742.
Stith, M., Lechtenberg, M., & Cafferky, B. (2013). Implications for partner abuse state of knowledge. Findings for prevention, treatment and policy. *Partner Abuse*, 4(2), 241–254. doi:10.1891/1946-6560.4.2.241.
Taket, A., O'Doherty, L., Valpied, J., & Hegarty, K. (2014). What do Australian women experiencing intimate partner abuse want from family and friends? *Qualitative Health Research, 27*(7), 983–996. doi:10.1177/1049732314540054.
Topping, K. J., & Barron, I. G. (2009). School-based child sexual abuse prevention programs: A review of effectiveness. *Review of Educational Research, 79*(1), 431–463. doi:10.3102/0034654308325582.
UNICEF Innocenti Research Centre. (2012). Measuring child poverty: New league tables of child poverty in the world's rich countries (Innocenti Report Card 10). Florence: UNICEF Innocenti Research Centre. Retrieved from https://www.unicef-irc.org/publications/660/.
United Nations. (1990). *Convention on the Rights of the Child (UNCRC)*. Retrieved from http://www.ohchr.org/EN/ProfessionalInterest/Pages/CRC.aspx.
Van der Kolk, B. (2015). *The body keeps the score: Brain, mind, and body in the healing of trauma*. Great Britain: Penguin Books.
Van Wyk, J. A., Benson, M. L., Fox, G. L., & DeMaris, A. (2003). Detangling individual-partner- and community-level correlates of partner violence. *Crime and Delinquency*, 49(3), 412–438. doi:10.1177/0011128703049003004.
Webster-Stratton, C. (2016). The incredible years parent programs: Methods and principles that support program fidelity. In J. J. Ponzetti (Hrsg.), *Evidence-based parenting education: A global perspective* (S. 142–160). New York: Routledge.
Webster-Stratton, C., & Mihalic, S. F. (2001). *The incredible years: Parent, teacher and child training series*. Center for the Study and Prevention of Violence, Institute of Behavioral Science, University of Colorado at Boulder.
Wilson, P., Rush, R., Hussey, S., Puckering, C., Sim, F., Allely, C. S., et al. (2012). How evidence-based is an „evidence-based parenting program"? A PRISMA systematic review and meta-analysis of Triple P. *BMC Medicine, 10,* 130. doi:10.1186/1741-7015-10-130.
Winokur, M., Holtan, A., & Valentine, D. (2009). Kinship care for the safety, permanency, and well-being of children removed from home for maltreatment. *Cochrane Database of Systematic Reviews, 21*(1), CD006546. doi:10.1002/14651858.CD006546.pub2.
World Health Organisation. (2013). *European report on preventing child maltreatment*. Copenhagen, Denmark: World Health Organisation. Retrieved from http://www.euro.who.int/en/publications/abstracts/european-report-on-preventing-child-maltreatment-2013.
World Health Organization. (2014). *Global status report on violence prevention 2014* (NLM classification: HV 6625). Luxembourg: World Health Organisation. Retrieved from http://www.who.int/violence_injury_prevention/violence/status_report/2014/en/.
World Health Organisation. (2016). *Violence against women: Intimate partner and sexual violence against women*. Retrieved from http://www.who.int/mediacentre/factsheets/fs239/en/.